O ATIVISTA QUÂNTICO

O ATIVISTA QUÂNTICO

PRINCÍPIOS DA FÍSICA QUÂNTICA PARA TRANSFORMAR O MUNDO E A NÓS MESMOS

AMIT GOSWAMI

2ª EDIÇÃO / 3ª REIMPRESSÃO

goya

TRADUÇÃO: MARCELLO BORGES

O ATIVISTA QUÂNTICO

TÍTULO ORIGINAL:
The quantum activist

COPIDESQUE:
Tânia Rejane A. Gonçalves

REVISÃO:
Hebe Ester Lucas

REVISÃO TÉCNICA:
Adilson Silva Ramachandra

CAPA:
Desenho Editorial

PROJETO GRÁFICO:
Neide Siqueira

EDITORAÇÃO:
Join Bureau

goya
É UM SELO DA EDITORA ALEPH LTDA.

Rua Tabapuã, 81, cj. 134
04533-010 – São Paulo – SP – Brasil
Tel.: [55 11] 3743-3202
www.editoraaleph.com.br

DADOS INTERNACIONAIS DE CATALOGAÇÃO NA PUBLICAÇÃO (CIP)
(ANGÉLICA ILACQUA CRB-8/7057, SP, BRASIL)

Goswami, Amit
O ativista quântico : princípios da física quântica para transformar o mundo e a nós mesmos / Amit Goswami ; tradução Marcello Borges. - 2. ed. - São Paulo : Goya, 2015.
280 p.

Bibliografia
ISBN 978-85-7657-276-3
Título original: The quantum activist : a manisfesto for personal and social change

1. Espiritualidade 2. Mudança social 3. Relações interpessoais 4. Religião e ciência 5. Teoria quântica I. Título

15-0936 CDD 215

ÍNDICES PARA CATÁLOGO SISTEMÁTICO:
1. Ciência e religião

2ª edição - 3ª reimpressão

sumário

Prefácio 7

1. As evidências científicas da espiritualidade estão aí – o que você tem feito a respeito? 11

PARTE 1 – PENSANDO CORRETAMENTE: É A VISÃO DE MUNDO, SEU TONTO!

2. É a visão de mundo, Senhor Presidente 45
3. Uma breve história do novo paradigma e dos primórdios do ativismo quântico 50
4. Como resolver paradoxos quânticos e descobrir um deus científico por conta própria 61
5. A importância de ser sutil 90
6. *Do-be-do-be-do*: pense quântico, seja criativo 99

PARTE 2 – SENDO UM EXEMPLO – A JORNADA QUÂNTICA PARA A TRANSFORMAÇÃO

7. Kennedy deu-nos a Lua. Senhor Presidente, pode devolver-nos Deus? 119
8. Para o ativista quântico, a vida correta é um ato de equilíbrio 124

9. Da informação à inteligência 138
10. Explorando as ferramentas quânticas para uma vida correta 154
11. Será que um punhado de pessoas pode fazer diferença? 170

PARTE 3 – VIDA CORRETA PARA TODOS

12. Quer fazer mudanças de verdade, Senhor Presidente? Eis o manifesto quântico para a mudança social 177
13. Ação correta, vida correta 181
14. Rumo a uma economia espiritual 191
15. Como os negócios estão mudando 208
16. Do poder ao significado: o pensamento quântico pode salvar a democracia? 215
17. Fazendo as religiões funcionarem: pós-secularismo 237
18. Ativismo quântico para uma boa saúde e uma vida melhor 255
19. Nosso caminho de volta à educação liberal 265
20. 2012 e além 271

Bibliografia 275

prefácio

A física quântica, na forma de seu famoso "efeito do observador" (como o ato de ver algo, por parte do observador, transforma possibilidades quânticas em experiências concretas na consciência dele mesmo), está nos forçando a mudar de paradigma, passando do paradigma da primazia da matéria para o da primazia da consciência (para mais detalhes, ler meu livro *O universo autoconsciente*). O novo paradigma é abrangente; trata-se de uma ciência da espiritualidade que inclui a materialidade. Ativismo quântico é a ideia de transformarmos a nós mesmos e nossas sociedades segundo as mensagens transformadoras da física quântica e do novo paradigma.

A ciência materialista, sem enfrentar desafios nas cinco últimas décadas, causou danos. Podemos alegar que nossas instituições sociais – capitalismo, democracia, educação liberal, instituições de saúde e de cura – estão enraizadas no idealismo ou, mesmo, na espiritualidade. Mas, atualmente, muito poucas dessas instituições podem ser chamadas de humanísticas, menos ainda de espirituais. O materialismo alterou tanto suas fisionomias que suas raízes espirituais quase não podem ser reconhecidas. Para nos mantermos vivos, dependemos de instituições que se valem das forças da separação, que, cada vez mais, estão se tornando o vento predominante da cultura mundial.

Temos problemas a granel em nossa sociedade e cultura – os maiores são o aquecimento global, o terrorismo e as constantes crises econômicas. Mas há outros itens, não menos importantes. Um imenso abismo está se abrindo entre os ricos e os pobres, e a classe média está sendo comprimida, ao contrário do que esperaria o capitalismo de Adam Smith. Nossa democracia está com problemas, graças à influência sempre crescente da mídia e do dinheiro. A educação não inspira. Os custos de saúde estão crescendo assustadoramente, e assim por diante.

A origem de todos esses problemas está no conflito entre espiritualidade e materialidade. A boa notícia é que o conflito de perspectiva entre a espiritualidade e a ciência materialista pende a favor de uma visão de mundo abrangente, baseada na primazia da consciência e da física quântica. Levar essa mensagem para nossas instituições sociais e devolvê-las ao caminho da unidade é o novo desafio!

Num lampejo, senti o desafio, e a ideia do livro e o movimento de que ele faz parte vieram-me à mente. Foi preciso existir a física quântica para que descobríssemos a espiritualidade dentro da ciência. Devemos usar a orientação da física quântica para devolver a espiritualidade e a unidade ao nosso meio social, às nossas instituições sociais.

Provocar mudanças na sociedade é tarefa do ativista. Precisamos do ativismo que usa o poder da física quântica. A física quântica nos dá ideias transformadoras, que podem nos modificar e as nossas instituições sociais, devolvendo unidade àquilo que estava separado.

Para enxergar isso, é importante lembrar-se de que a física quântica é a física das possibilidades. O pensamento quântico nos devolve nosso livre-arbítrio para podermos escolher algumas dessas possibilidades. Essas escolhas livres estão nos libertando descontinuamente de hábitos passados. Elas provêm de uma inter-relação cósmica que chamamos de não localidade quântica – a capacidade de comunicação sem sinais.

A física quântica tem até o poder de romper as hierarquias de cunho materialista clássico. Daí a ideia de ativismo quântico – um ativismo que usa o poder transformador da física quântica para nos modificar e as nossas instituições sociais. Os cineastas Ri Stuart e Renee Slade fizeram um documentário chamado *O ativista quântico*, que proporciona uma visão geral das ideias básicas. Este livro é a explicação dessas ideias de forma mais prática, criando um manifesto para mudanças pessoais e sociais.

De diversas maneiras, trata-se de um livro que confere forças, que mostra um pensamento reto e uma vivência reta, preparando-nos para implementar soluções para muitos problemas "impossíveis" que o materialismo nos legou – crises econômicas, terrorismo, aquecimento global etc. São impossíveis, caso tentemos resolvê-los mantendo-nos dentro do materialismo. Ser um ativista quântico é ter o poder de passar do espaço do problema da ciência materialista para o espaço da solução da nova ciência quântica, baseada na primazia da consciência.

Discuto essas soluções neste livro: a economia espiritual, que lida com nosso bem-estar holístico, e não apenas com nossas necessidades de consumo material; a democracia, que usa o poder para servir ao significado, em vez de usá-lo para dominar os outros; a educação, que nos liberta do jugo do conhecido; a religião, que integra e une; e novas e econômicas práticas de saúde, que restauram nossa plenitude.

E, evidentemente, discuto as soluções no contexto do desenvolvimento de um modo de vida correto para ativistas quânticos e seus amigos, o que inclui todo mundo.

Um dos pontos altos do livro são as cartas abertas ao Presidente Obama, sugerindo o que o governo pode fazer para ajudar a resolver os grandes problemas atuais, segundo os princípios do ativismo quântico.

O livro foi escrito num estilo não técnico, compreensível para os que não são cientistas, mas o ativismo quântico convida tanto os cientistas quanto os não cientistas, todos os que queiram ver mudanças sociais coerentes com os movimentos da consciência – movimentos evolucionários que, mais cedo ou mais tarde, permitirão a criação do céu na terra.

Agradeço a todos os cientistas, filósofos e místicos que contribuíram para a ideia do ativismo quântico. Agradeço a Ri Stuart e a Renee Slade por terem feito o documentário *O ativista quântico*, que levou a ideia do ativismo quântico para o primeiro plano da atenção pública. Agradeço a todas as pessoas que se tornaram ativistas quânticos desde o lançamento do documentário. Agradeço ainda a Ri, por ter ajudado com as figuras. Finalmente, agradeço à equipe editorial e de produção da Hampton Roads, pelo excelente trabalho na publicação deste livro.

capítulo 1

as evidências científicas da espiritualidade estão aí – o que você tem feito a respeito?

A ciência descobriu a espiritualidade. Hoje, há uma teoria científica logicamente consistente sobre Deus e a espiritualidade com base na física quântica e na primazia da consciência (a ideia de que a consciência, e não a matéria, é a base de toda a existência). E temos dados experimentais replicados apoiando essa teoria. Em outras palavras, embora a mídia ainda não alardeie isso, temos agora uma ciência viável da espiritualidade ameaçando uma mudança de paradigma e passando da atual ciência com base na matéria que estimula exclusivamente a materialidade (Goswami, 2008a). Você pode chamar a nova ciência de ciência de Deus, mas não precisa fazê-lo. Na nova ciência, não existe Deus como um imperador todo-poderoso, fazendo julgamentos a torto e a direito; existe uma inteligência pervasiva que também é o agente criativo da consciência, e que você pode chamar de Deus, se quiser. Mas, esse Deus é objetivo, é científico.

E o que devemos fazer a respeito disso? O que podemos fazer para devolver Deus – na verdade, nossa própria fonte superior de causação – e a espiritualidade a nossas vidas e à sociedade? A resposta que apresento neste livro é esta: ativismo quântico.

Na verdade, apresento aqui um novo tipo de ativismo; chamo-o de ativismo quântico porque o propósito desse ativismo é tríplice. Primeiro, empregamos o ativismo a fim de chamar a atenção da mídia para o pensamento quântico, a primazia da consciência e o novo paradigma; isso vai gerar um apoio para novas pesquisas e suscitar aplicações do novo paradigma com tamanho peso e valor que o velho paradigma vai sucumbir a ele. Segundo, usamos o poder transformador da física quântica para nos transformar individualmente e nos tornar exemplos e arautos da mudança social na direção apropriada. Terceiro, reconhecemos que as atuais estruturas de nossos sistemas sociais, dominados pelo materialismo, pendem marcadamente contra a iniciativa das pessoas comuns que desejam ter uma vida significativa, criativa e transformadora. Assim, usamos o ativismo para mudar nossos sistemas sociais de maneira a permitir que as pessoas comuns possam ter uma vida transformadora e significativa, realizando seu potencial humano e buscando a felicidade, que só metas criativas e espirituais podem oferecer.

Mas estou me antecipando; permita-me, caro leitor, começar do começo. Vários anos atrás, estava apresentando uma palestra no Brasil sobre o recém-surgido novo paradigma da ciência baseado na física quântica, que devolve Deus (definido de nova maneira como a fonte de nossa eficácia causal) e a espiritualidade à nossa visão de mundo. Um ouvinte me desafiou:

– Ouvi falar muito sobre novos paradigmas que integram ciência e espiritualidade. Mas isso não é só teoria? Quando é que vocês vão trabalhar para nos apresentar algumas comprovações ou dados?

Por um instante, fiquei abalado, mas depois a resposta saiu:

– Na verdade, fizemos nosso trabalho. As evidências científicas da espiritualidade, incluindo dados experimentais, já estão aqui. O que eu pergunto é: o que estamos fazendo com elas?

Isso gerou muitas discussões acaloradas em meio à plateia. Eis uma amostra nos itens seguintes.

1. Se a ciência estabeleceu a espiritualidade, então devemos fazer o que a espiritualidade ditar. Minha formação religiosa diz que a espiritualidade mostra que devemos ser virtuosos. Eu gostaria de desenvolver virtudes – ser capaz de amar, de apreciar a beleza, de ser verdadeiro, de praticar a justiça, de ser bom para o próximo. Mas já tentei fazer isso e estou confuso. Preciso ter livre-arbítrio para mudar? Preciso de orientação. A nova ciência pode me orientar?
2. Admito, quando penso na espiritualidade, penso em Deus, e tenho dúvidas sobre Deus, certamente uma reação à minha formação religiosa simplista. Essas dúvidas fizeram-me procurar metas materiais, que, pelo que vivi, não me deixaram mais feliz. Se a ciência puder me oferecer provas convincentes, então eu gostaria de experimentar a espiritualidade, o

que, segundo dizem as tradições, vai me trazer felicidade. O que tem a dizer a nova ciência?

3. Se a espiritualidade é real, isso significa ter de abdicar de metas materiais em nome da espiritualidade? E se eu quiser explorar meu potencial criativo? A espiritualidade e Deus podem esperar um pouco. O que a nova ciência diz a respeito? Ela pode ajudar?
4. Desisti de Deus, pois não entendo como um Deus bom permite que aconteçam tantas coisas ruins. Não consigo engolir a divisão bem e mal do cristianismo popular. A nova ciência pode me ajudar nessa confusão?
5. Gostaria de trabalhar em soluções para nossos problemas sociais. Isso é espiritual?

Hoje, muita gente está confusa em relação à ética, ao valor da religião e da espiritualidade, mesmo sobre o livre-arbítrio e a criatividade na busca do potencial humano, em virtude de alegações exorbitantes feitas pelos cientistas convencionais a favor do materialismo científico – a ideia de que todas as coisas (objetos materiais, pensamentos e conceitos como espiritualidade e Deus) podem ser reduzidas a partículas elementares de matéria e suas interações. Por causa de suas ideias simplistas, o cristianismo popular não ajuda a lidar com essas afirmações. Assim, a ideia de que Deus é uma ilusão e que seria melhor esquecê-lo está ganhando terreno. Em 2009, havia até um anúncio nos ônibus ingleses: "Provavelmente, Deus não existe. Por isso, relaxe e aproveite a vida". Nesse conselho, está implícito um estímulo: como não existe um Deus para puni-lo, por que não aproveitar os prazeres de uma vida hedonista em vez de sofrer com a disciplina de uma vida ética e espiritual? Afinal, as chances de se sentir falta de algo como alegria espiritual são mínimas.

Esses cientistas não estão totalmente enganados, pois o Deus que eles denigrem é o Deus da crença popular simplista: um Deus que fica sentado como imperador num trono celeste (seja ele onde for!) e julga pessoas quando elas morrem, mandando os bons para o céu e os malvados para o inferno; um Deus que criou o mundo e todas as espécies vivas nele de uma só vez, há seis mil anos; um Deus que permite que coisas ruins aconteçam com pessoas boas; um Deus que se supõe perfeito, e que, no entanto, tem imagens – ou seja, nós – imperfeitas etc.

Ainda por cima, existe a crítica adicional e válida daquilo a que se dá o nome de dualismo – como essa dupla, o mundo material e um Deus imaterial, interage? Para que haja uma interação, os sinais que transportam energia devem se mediar. Mas a energia do mundo material é sempre constante – esta é a sacrossanta lei de conservação da energia. Como isso é possível se temos sinais transportadores de energia mediando a interação da matéria e da não matéria? Este é o paradoxo do dualismo.

"Vamos encarar os fatos", dizem os proponentes do materialismo científico. Não existe Deus, existe apenas matéria e suas interações, que são a única fonte de causação. Assim como Deus, nosso livre-arbítrio, a liberdade de optar por Deus, também é uma ilusão. "Caia na real!", advertem os psicólogos behavioristas de nossas prestigiosas academias. O comportamento das pessoas, com toda certeza, é um comportamento previsível, condicionado pelos genes e pelo ambiente.

Assim, em vista disso, precisamos ser claros. Que natureza de Deus a física quântica e o pensamento da primazia da consciência estão postulando? O Deus da nova ciência é compatível com o Deus de que falam as grandes tradições religiosas? Discuti essas questões num livro recente, *Deus não está morto* (Goswami, 2008a).

Apresento um rápido resumo dos pontos básicos deste livro. Na ciência materialista existe apenas uma fonte de causação: as interações materiais. Damos a elas o nome de causação ascendente, pois a causa sobe desde o nível básico das partículas elementares até os átomos, as moléculas e a matéria densa que inclui as células vivas e o cérebro. Tudo bem, só que, segundo a física quântica, os objetos são ondas de possibilidade, e tudo que as interações materiais conseguem fazer é transformar possibilidade em possibilidade, mas nunca em algo concreto que experimentamos. Como o dualismo, este também é um paradoxo (Figura 1).

Para transformar possibilidade em experiência concreta, é necessária uma nova fonte de causação; podemos chamá-la de causação descendente. Quando percebemos que a consciência é a base de toda a existência e que objetos materiais são possibilidades da consciência, então também percebemos a natureza da causação descendente – ela consiste na escolha de uma das facetas do objeto multifacetado da onda de possibilidades, que então se manifesta como uma experiência concreta. Como a consciência está escolhendo uma de suas próprias possibilidades e não algo separado, não existe dualismo.

Um exemplo ajuda a esclarecer isso. Se soltarmos um elétron num recinto, a onda do elétron vai se espalhar rapidamente pelo lugar como possibilidade. Ainda como possibilidade, o elétron pode estar simultaneamente no recinto todo, em seus mais diferentes lugares. Quando fazemos uma medição, encontramos o elétron num lugar específico

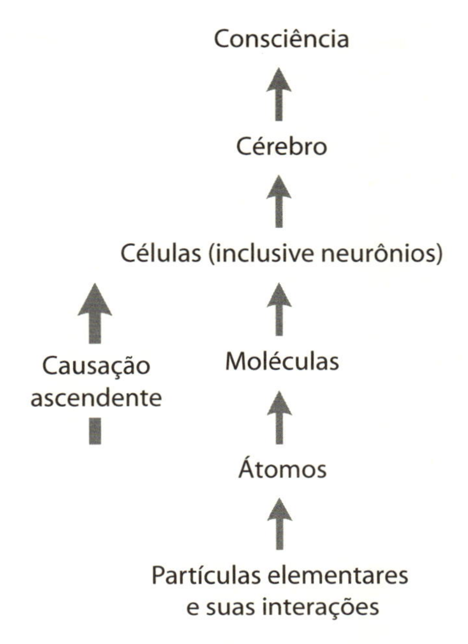

Figura 1. Modelo de causação ascendente do materialista. A causa ascende desde as partículas elementares, dos átomos para as moléculas, e assim por diante, até os conglomerados mais complexos que incluem o cérebro. Nesta visão, a consciência é um fenômeno cerebral cuja eficácia causal provém apenas das partículas elementares – o nível básico da matéria.

num dado experimento, o lugar que escolhemos para ele naquele instante particular (Figura 2). Em outro instante, em outra medição, podemos fazer uma escolha diferente. Com muitos eventos de medição envolvendo elétrons idênticos, preparados de maneira também idêntica, a soma total das medições individuais se ajustará a uma curva

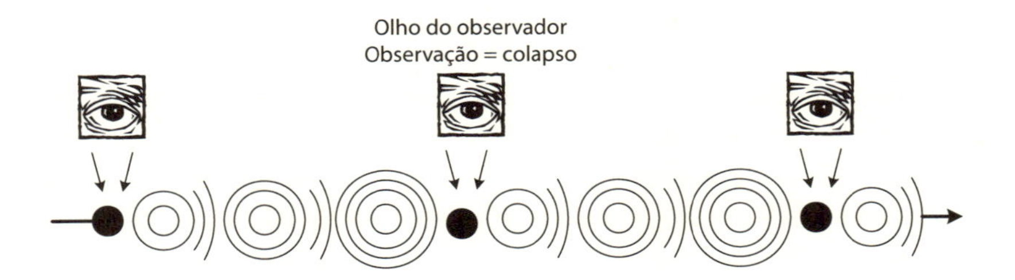

Figura 2. Ondas de possibilidade quântica e causação descendente quando a escolha consciente produz colapso.

probabilística normal, conforme previsto pela matemática quântica (Figura 3). Desse modo, a física quântica é preditiva e determinista para um grande número de eventos e coisas. Contudo, para eventos isolados e/ou objetos individuais, existe espaço para a liberdade de escolha e a criatividade.

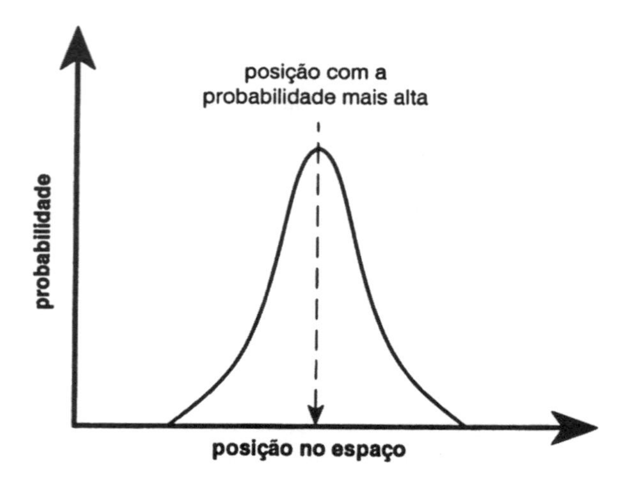

Figura 3. Uma distribuição típica de probabilidade.

Por que não posso usar minha liberdade de escolha para criar minha própria realidade e fazer com que só aconteçam coisas boas? É uma boa pergunta. Como não estamos conscientes de que estamos fazendo escolhas da maneira como sugeri? A resposta é crucial. O estado de consciência a partir do qual fazemos escolhas é um estado mais sutil, não ordinário, de uma consciência interconectada na qual somos todos um, uma consciência quântica "superior". Por isso, é apropriado chamar a causação proveniente dela de causação descendente, e sua fonte de Deus.

Veja, a unidade interconectada da consciência é aquela em que as conexões se dão sem sinal; o nome técnico para essas conexões sem sinal é não localidade quântica. Como você deve saber, na teoria da relatividade de Einstein, todas as interações no espaço e no tempo devem ocorrer por meio de sinais. Assim, para usar as palavras do físico Henry Stapp, a causação descendente não local deve ocorrer "fora" do espaço e do tempo, embora seja capaz de produzir um efeito – a experiência concreta – no espaço e no tempo.

Se você percebeu paralelos entre a ideia acima e a afirmação evocativa que costuma ser feita em discussões espirituais de alto nível – Deus é tanto transcendente ao mundo como imanente a ele –, isso é bom. Antes do advento da física quântica, era desse modo que os mestres espirituais tentavam mostrar que a relação entre Deus e o mundo não é dualista. E, quando as pessoas reclamavam que essas afirmações eram vagas, eles diziam que Deus é inefável, o que só aumentava, para as pessoas comuns e práticas, a dificuldade de compreender a sabedoria espiritual.

Na nova ciência, a relação entre consciência-Deus e a consciência comum egoica é clara: nesta última, conexões e comunicações devem usar sinais; naquela, a comunicação sem sinal é a norma.

A existência de comunicações não locais entre pessoas foi confirmada e replicada em milhares de experimentos. Como as interações materiais nunca podem simular a não localidade, essa prova experimental da existência de Deus, vista como uma consciência superior, uma interconexão não local de todas as coisas, é definitiva.

Temos livre-arbítrio? Se somos capazes de acessar nossa consciência superior e fazer escolhas a partir dela, pode apostar que existe livre-arbítrio, a completa liberdade de escolha dentre as possibilidades quânticas apresentadas em qualquer ocasião. O livre-arbítrio para escolher o mundo, bem como Deus e a natureza divina, a criatividade e a transformação espiritual.

A física quântica é a física das possibilidades, e sua mensagem incontroversa é que temos potencialmente a liberdade de escolher, dentre essas possibilidades, resultados que podem ser vivenciados. Com certeza, isso ajuda a dar forças para algumas pessoas que precisam fazer mudanças pessoais, buscando a iluminação espiritual ou a salvação de que falam as tradições. Mas são poucos aqueles que ouvem os clarins da transformação espiritual. E os demais? E aqueles que preferem formas mundanas de significado para resolver problemas mundanos?

A verdade é que temos realizado atos individuais de transformação espiritual em pequena escala há milênios, mas isso não tem ajudado muito nossas sociedades. Isso pode ter sido interessante no passado, quando estávamos desconectados localmente. Nos últimos tempos, porém, o aumento no número de conexões locais entre nós foi exponencial. Hoje, problemas locais tornam-se globais com velocidade espantosa. A solução de problemas globais exige nada menos do que criatividade e transformação globais. Como produzir uma mudança transformadora em escala global? É preciso um novo tipo de espiritualidade. É disto que trata o ativismo quântico.

Além disso, o modo como as pessoas ganham a vida hoje impede a maioria de se ocupar com questões como significado e transformação. Se você trabalha numa linha de montagem e não faz nada que agregue significado à sua vida enquanto trabalha, depois que você sai da fábrica só vai querer se divertir, para manter-se em seu estilo de vida condicionado, previsível e controlável. Precisamos mudar nossos sistemas sociais a fim de dar às pessoas a oportunidade da transformação.

Problemas sociais em escala global

Dois problemas e a tentativa de solucioná-los me ajudaram a escrever este livro. O primeiro já foi mencionado. Agora que temos evidências científicas da espiritualidade e de um Deus objetivo e científico como fonte causal de criatividade e espiritualidade, como podemos voltar a instalar Deus em nossas vidas e no mundo? O segundo problema, ou melhor, conjunto de problemas, é ainda mais urgente.

Há um aquecimento global. Há terrorismo, guerras e violência por toda parte. Armas de destruição em massa estão nas mãos de alguns países, mas seu número está aumentando. Uma guerra nuclear e/ou o terrorismo nuclear não são mais possibilidades fantasiosas. Há crises econômicas em escala global, e sua frequência está aumentando. Estes são os três maiores, porém há outros problemas, não menos importantes.

- O capitalismo foi idealizado para dar capital a todos; mas, hoje, a prática do capitalismo tornou a criar a mesma lacuna entre ricos e pobres que víamos na época feudal. O que deu errado em nossa prática econômica?
- A democracia surgiu da ideia de um governo "pelo povo e para o povo". Como foi que nossa política se deixou cercar pela mídia e pelo dinheiro, de maneira que o poder se concentrou novamente nas mãos de uns poucos e está sendo usado para a dominação?
- A educação liberal foi idealizada para estimular todos a usarem a mente com o propósito de processar novos significados, de um modo que nunca fora feito antes. Todos deveriam compartilhar o sonho americano de criar o significado que vislumbravam para suas vidas. Bah! Hoje, a educação liberal prepara-nos

mais para empregos que outros nos indicam e menos para explorarmos os significados que imaginamos.

E não é tudo. Os custos cada vez maiores com a saúde constituem outro problema para o qual não há uma cura à vista. As religiões estão deixando rapidamente de ser as instituições para investigação e disseminação da espiritualidade e dos valores espirituais, que deveriam ser, e tornando-se mais e mais parecidas com outras instituições mundanas, que procuram meios para dominar os demais. Que outro motivo as religiões teriam para se interessar tanto por política? E, por último, mas não menos importante, mesmo diante de um novo e nascente paradigma, oferecendo uma teoria séria e dados replicados, a comunidade científica parece pouco interessada em revisar sua visão de mundo, muito menos em mudar sua postura baseada num materialismo científico segundo o qual tudo é matéria; a consciência, Deus e, na verdade, todos os nossos fenômenos interiores são epifenômenos, secundários à matéria.

Encaremos os fatos. A criatividade individual e a transformação de um punhado de pessoas não causam sequer uma mossa na disposição da mente global para iniciar mudanças que levarão a soluções para esses problemas. É preciso um novo tipo de ativismo – o ativismo quântico –, no qual o foco está tanto nas mudanças individuais como nas mudanças coletivas necessárias para transformar. E, para dar impulso à criatividade e à transformação em grande escala, devemos mudar os sistemas sociais, tornando-os mais abertos à possibilidade de modificações significativas.

O que nos reconforta e serve de prova definitiva de que os atuais problemas críticos também fazem parte de um movimento da consciência, destinado a nos levar a investir de forma global na exploração de significados e transformações, é o seguinte: as mudanças de que nossos sistemas sociais necessitam para abrirmos espaço à criatividade e à transformação das pessoas em escala global são as mesmas mudanças necessárias para a solução da atual situação de crise. Finalmente, o movimento da consciência de que estamos falando é o movimento evolucionário dela própria, começando com uma mudança de paradigma.

Um novo tipo de ativismo

É justo admitir que, assim como temos problemas a granel, temos ativistas tentando resolvê-los. Temos guerras injustas, mas também temos pacifistas protestando contra elas, com o propósito de fazê-las cessar. Temos a perigosa destruição contínua de nosso ambiente, mas também temos ativistas do ambiente protestando contra isso. Temos a ciência materialista e religiões que ameaçam a tecnologia, e, por isso, temos ativistas religiosos defendendo estilos antiquados de vida religiosa para preservar seus valores. Qual a importância de introduzir outro tipo de ativismo quando, por toda a parte, os ativistas parecem não conseguir resultado algum?

Afirmo que atualmente o ativismo praticado tem dois defeitos. Primeiro, uma notável falta de sincronia em sua abordagem – falta de sincronia entre aquilo que os ativistas pensam e falam e o modo como realmente vivem e agem. Em outras palavras, os ativistas não têm autoridade moral. Desse modo, vemos ativistas da paz, que pregam a paz, mas não têm paz pessoal – seus protestos só polarizam, não unem as pessoas na paz. Temos ativistas do ambiente perdidos em atividades consumistas e materiais, que destroem o próprio ambiente. E, por último, mas não em último lugar, temos ativistas religiosos recorrendo a uma das atividades mais antirreligiosas: a violência na forma do terrorismo.

Segundo: os ativistas de hoje não têm novos paradigmas a oferecer, não têm um novo paradigma para a solução de conflitos ou para diminuir diferenças ou para demonstrar por que a arte, as humanidades e a espiritualidade são importantes. Na ausência de novos paradigmas organizadores, não surge nenhuma solução de longo prazo para os problemas que enfrentamos.

Mesmo assim, quem pode duvidar da importância atual do ativismo? Precisamos de mudanças sociais, precisamos de ativistas que produzam mudanças sociais; quanto a isso, não há dúvida. Nos Estados Unidos, chegamos a eleger presidente um antigo organizador de comunidades carentes, pensando em mudanças. O governo não vai mudar por iniciativa própria, pois nunca o fez. Com efeito, iria apenas tentar perpetuar seus costumes, fazendo, na melhor das hipóteses, somente mudanças triviais para mostrar que fez algo.

A falta de sincronia entre aquilo em que acreditamos e o modo como vivemos deve-se à incongruência de nosso sistema de crenças. Quem somos nós, cujo sangue ferve com as energias ativistas que faltam em nosso plano de ação?

Queremos ser ativistas porque acreditamos num mundo ideal, no qual vençam a justiça, a paz e o amor. São conceitos idealistas que tiveram origem no pensamento platônico no Ocidente e nos *Upanishads*, no taoísmo e na Cabala no Oriente. Fazem parte de uma filosofia chamada idealismo monista – a consciência e suas ideias vêm primeiro, a consciência é a base holística de toda a existência; tudo o mais, como manifestações materiais, é secundário. Em outras palavras, a plenitude é primária enquanto a fragmentação material do mundo manifestado é secundária.

Nós temos nos esquecido de vivenciar essa natureza holística fundamental de nossa existência; hoje, nossos ativistas, não muito diferentes dos arautos do bem contra o mal, perpetuam a separação que cria os problemas que desejamos resolver. Supostamente, "combatemos" os criadores de problemas, negatividade com negatividade. Pense na linguagem que usamos para descrever nosso conflito: ela é separatista. Já perdemos a plenitude que desejamos atingir.

A principal razão para nossa amnésia coletiva é a ciência moderna (pré-quântica) baseada no materialismo científico, a ideia já apresentada de que a matéria – consistente em objetos separados e independentes – é a base de toda a existência, e que tudo o mais, inclusive a consciência, é secundário. (Não ligue para o fato de que o materialismo científico em si é uma ideia.) O sucesso dessa moderna ciência materialista em explicar os fenômenos naturais e, em especial, o sucesso de um fruto dessa ciência – a tecnologia, na melhoria de nossas condições de vida – são tão grandes, tão generalizados, que toda a nossa cultura tem sido influenciada, aberta ou veladamente, pela metafísica materialista subjacente a ela. E os ativistas nascidos e criados nessa cultura materialista mundial não conseguem deixar de alimentar conceitos metafísicos conflitantes, que causam a falta de sincronia entre seu pensamento, seu discurso e suas ações.

Ao preparar um artigo sobre Gandhi, um repórter ficou impressionado com o fato de o líder indiano dirigir-se a grandes multidões sem consultar anotações. Quando perguntou à Sra. Gandhi como ele fazia isso, ela respondeu: "Bem, nós, pessoas comuns, pensamos uma coisa, dizemos outra e fazemos uma terceira; mas, para Gandhiji, são todas a mesma coisa". Não podemos nos tornar Gandhis da noite para o dia, mas podemos adaptar uma prática visando a essa meta. É disso que trata o ativismo quântico.

A (re)descoberta científica de Deus e a elucidação do que é Deus fazem parte de uma mudança de paradigma que está acontecendo na ciência: passamos de uma ciência apoiada na primazia da matéria para uma ciência firmada na primazia da consciência, de uma metafísica materialista para outra idealista. O novo paradigma apoia-se em duas premissas metafísicas. Uma premissa consiste em postular que a consciência é a base de toda a existência. Esta é muito antiga, a base do idealismo monista, já mencionado, ou filosofia perene. Mas nossa segunda premissa – a física quântica é a lei do movimento dinâmico das possibilidades, dentre as quais a consciência manifesta os mundos de nossas experiências externas e internas – é que torna científico o novo paradigma. E é esta premissa que nos abre para um novo modo de vida integral, e que pode nos levar a instituir mudanças individuais e sociais. Adotar esse novo modo de vida integral, do qual a meta é atingir a congruência entre pensamento, vida e experiência, é um dos objetivos declarados do ativismo quântico.

O poder do ativismo quântico provém do uso dos aspectos transformadores da física quântica, tanto para a exploração interior (o *self*) como para a exterior (a sociedade). Mas o que significa isso? Vou detalhar um pouco mais a questão do *quantum*.

Uma breve história da física quântica e dos primeiros ativistas quânticos

O vocábulo *quantum* significa, literalmente, quantidade. O físico Max Planck usou a palavra para denotar uma quantidade discreta de energia. Em 1900, Planck propôs que a aparente continuidade da energia não seria tudo. Em sua base, a energia consiste de unidades discretas, que ele chamou de *quanta*. Essa ideia pareceu tão revolucionária para o próprio Planck, que ele praticamente lutou a vida toda tentando conciliar essa ideia com sua visão de mundo, baseada na física que o famoso Isaac Newton construiu no século 17 e que hoje chamamos de física clássica. A física clássica deu-nos grandes preconceitos que esses pioneiros da física quântica tentaram resolver, mas, até hoje, a batalha paradigmática continua. Dentre esses preconceitos, temos a continuidade do movimento, o determinismo (a ideia de que todos os movimentos são determinados por leis físicas), a localidade (todas as interações e comunicações são mediadas por sinais que passam pelo espaço e pelo tempo), a objetividade (os objetos são coisas independentes e separadas) e, naturalmente, o monismo material ou materialismo (tudo é matéria).

Embora Planck nunca tenha feito qualquer acréscimo notável à sua ideia quântica, outros, porém, fizeram progressos. Em meros cinco anos, Einstein deu continuidade à ideia de Planck e mostrou que, em alguns experimentos, a própria luz se revela como onda contínua; mas que, em outros, a luz se comporta como partícula discreta, como sugeriu Planck. Parece absurdo? Deveria. Como a mesma entidade, a luz, pode exibir um comportamento tão contrastante como *ondas* que se espalham, que podem literalmente aparecer em dois ou mais lugares ao mesmo tempo, e como *partículas* localizadas que se movem segundo uma trajetória? Não tardou para isso ser considerado um paradoxo que deveria ser resolvido para que a física quântica chegasse a ser aceita.

A dualidade onda-partícula não foi o fim da "estranheza quântica". Mais tarde, em 1913, o físico Niels Bohr teorizou que, quando um elétron salta de uma órbita atômica para outra inferior, emitindo uma discreta quantidade de energia luminosa, ele o faz de forma descontínua, sem passar pelo espaço intermediário entre as órbitas. Num instante, ele está na órbita superior, e *voilà*! Ei-lo instantaneamente na órbita inferior. Esse movimento descontínuo foi chamado por Bohr de salto quântico. A teoria do átomo de Bohr foi tão bem-sucedida, na explicação de alguns dados atômicos, que encontrou aceitação imediata. No entanto, essa ideia de salto quântico descontínuo ainda é uma afronta à visão de mundo da maioria dos cientistas. Dizem que Niels Bohr teve essa ideia num sonho, e que Bohr nunca teve uma centelha de dúvida sobre sua veracidade. Outros, no entanto, tiveram de lutar muito. Erwin Schrödinger, um dos codescobridores da equação matemática da física quântica, certa vez disse a Niels Bohr, em extrema frustração, que, "se soubesse que teria de aceitar esse desgraçado desse salto quântico, nunca teria me envolvido com a mecânica quântica".

Alguns anos depois, em 1923, o físico Louis de Broglie introduziu a ideia de que não só a luz, como a matéria, também é dupla, tanto onda (em alguns experimentos) como partícula (em outros experimentos). Essa ideia também foi confirmada por novos dados experimentais. A dualidade onda-partícula era universal.

Em 1925-1926, os físicos Werner Heisenberg e Erwin Schrödinger descobriram as equações matemáticas da física quântica em formas levemente diferentes, e a conceitualização newtoniana clássica do mundo tem estado sob a ameaça de uma mudança de visão, de uma mudança de paradigma, desde então. Heisenberg chegou à sua descoberta porque teve a intuição de que há certas quantidades na física para as quais a ordem de medição faz diferença.

Vou fazer uma analogia: você já percebeu que, num namoro, a ordem em que são feitas as perguntas "Você gosta de mim?" e "Você me ama?" faz uma grande diferença na reação. De qualquer modo, o caminho seguido por Heisenberg, e que levou à sua descoberta da equação quântica do movimento, conduziu-o a outra descoberta de abalar paradigmas. É o chamado princípio da incerteza ou princípio da indeterminação de Heisenberg. Ele é fundamental para a física quântica – nunca somos capazes de determinar tudo em relação ao movimento de objetos quânticos!

Lembre-se de que o antigo paradigma newtoniano considera objetos como "coisas" independentes, determinadas. Em função da incerteza básica, a física quântica considera os objetos como possibilidades, não como coisas determinadas. Os objetos quânticos são ondas de possibilidade que residem em *potentia transcendente* (expressão cunhada por Heisenberg), transcendendo (descontinuamente fora do) espaço e tempo; só quando os observamos é que se tornam coisas ou partículas independentes e separadas no espaço e no tempo. Perceba que, embora esclareça o significado e resolva o paradoxo da dualidade onda-partícula (ou complementaridade, nome que Niels Bohr deu a essa situação), a nova visão ameaça novamente a visão de mundo clássica com a ideia de *potentia transcendente*. Quantas vezes você já ouviu falar de cientistas reclamando do conceito de um Deus transcendente como "sobrenatural", fora da natureza e, portanto, não científico? Mas a física quântica e a nova visão dizem que a natureza inclui a sobrenatureza.

Não importa. Os pioneiros da era quântica tinham sua própria cota de materialistas que tentaram interpretar a física quântica de modo a permitir que os objetos pudessem ser considerados coisas estatisticamente determinadas. As possibilidades vêm com as probabilidades calculadas pela física quântica. É disso que precisamos para fazer nossas previsões! Assim, o determinismo caso a caso da física newtoniana precisa ser substituído pelo conceito do determinismo estatístico – esta é toda a lição da física quântica segundo esses materialistas. Com efeito, podemos aceitar a míope interpretação estatística quando estão envolvidos grandes números de objetos e de eventos, como na maioria das aplicações da física e da química. Até isso Einstein tinha dificuldades em aceitar. "Deus não joga dados", costumava dizer.

Agora, nós sabemos: a interpretação estatística é inútil quando levamos em conta objetos e eventos singulares, como devemos fazer para seres vivos. Consequentemente, a ciência materialista com base na interpretação estatística da física quântica nos oferece apenas uma parte da história no caso de seres biológicos como nós, pois, para o ser biológico, indivíduos e eventos singulares são importantes.

Wolfgang Pauli foi um dos pioneiros da física quântica, muito famoso em sua época. Eu ouvi uma história sobre ele. Um dia, perto de uma esteira de bagagens, um físico reconheceu Pauli e percebeu que ele estava muito irritado. Tentando ajudar, disse a Pauli: "Caso você esteja imaginando onde a bagagem vai sair, fique tranquilo, eu já perguntei. Esta é a esteira correta, e toda a bagagem vai sair aqui". E Pauli respondeu: "Meu jovem, não estou interessado em toda a bagagem, só na minha bagagem".

Quando discutimos objetos e eventos singulares, precisamos enfrentar o problema da mensuração, também chamado de "efeito do observador": de que modo nossa mensuração ou observação altera (ou "causa o colapso", para usar o jargão predileto dos físicos quânticos) a possibilidade e a transforma em experiência concreta. Como já discutimos, a solução do problema da mensuração é pensar no colapso como o resultado da escolha feita por uma consciência não local. E Deus não joga dados. Temos o determinismo estatístico para muitos objetos e muitos eventos, assegurando uma ciência preditiva das coisas não vivas. Mas também temos liberdade de escolha, livre-arbítrio, para atos individuais de seres biológicos, sempre que isso for capaz de funcionar por meio da consciência não local. Nesse caso, também, a memória adquirida de reações prévias a estímulos produz um comportamento previsível e condicionado do estado ordinário de consciência ao qual damos o nome de ego (Mitchell & Goswami, 1992; Goswami, 1993), o domínio do comportamento previsível na psicologia. Nosso desafio é erguermo-nos acima do ego e chegarmos à consciência superior, com acesso à criatividade e à transformação.

Mas, voltando ao conflito desses pioneiros quânticos, ou melhor, ativistas quânticos, a magnitude de seu conflito foi enorme. O próprio Einstein apresentou o conceito de não localidade quântica num texto escrito com outros dois físicos, Nathan Rosen e Boris Podolsky, em 1935, mas rejeitou a ideia porque ela parecia contradizer sua alegação de que nada pode existir fora do universo espaço-temporal. Erwin Schrödinger não conseguiu suportar o conceito da onda de possibilidades e tentou ridicularizá-la com seu paradoxo do gato de Schrödinger (ver Capítulo 4). E Bohr sentiu-se compelido a afirmar que uma medição feita por um contador Geiger seria suficiente para causar o colapso da onda de possibilidades quânticas e perdeu uma excelente oportunidade de derrubar a visão de mundo materialista muito antes que ela se arraigasse, no começo da década de 1950.

No entanto, esses pioneiros também fizeram progressos ao mostrar a inadequação do materialismo científico. Como mencionado, Heisenberg apegou-se à ideia de uma *potentia* quântica "fora" do espaço-tempo; Bohr apegou-se à sua ideia de saltos quânticos descontínuos; e Einstein nunca se entendeu com o determinismo estatístico. No processo de abalar a visão de mundo clássica de seus contemporâneos, eles mesmos sofreram uma transformação parcial. Einstein tornou-se humilde: "Não descobri a relatividade apenas com o pensamento racional", disse, já mais velho. Bohr aceitou de tal maneira a complementaridade em seu modo de vida que usou o símbolo do *yin-yang* sobre seu brasão de armas quando o rei da Dinamarca o fez cavaleiro. Schrödinger passou a estudar a filosofia hindu do Vedanta e disse, após uma experiência "superconsciente": "Eu sou o mundo todo". Wolfgang Pauli sonhou com o arquétipo budista da compaixão, trabalhou em seu sonho com o psicólogo Carl Jung e endossou o revolucionário conceito do novo paradigma da sincronicidade – coincidências devidas a uma causa comum não local. E Heisenberg praticou um fundamento básico do modo de vida de um ativista quântico – complementando o fazer com o ser. Depois de iniciar alunos num problema para a tese de doutorado deles, disse-lhes para relaxarem durante duas semanas antes de tornarem a lidar com o problema.

Incluindo a totalidade da experiência humana em nossa ciência

Na verdade, para um ser biológico, nem mesmo a inclusão da consciência em nossa ciência, coisa que a física quântica nos força a fazer, é suficiente. Para incluir o ser humano como um todo em nossa ciência, precisamos validar nossas experiências interiores; chamá-las de epifenômenos da matéria não ajuda. Como codificou o psicólogo Carl Jung, além de sentir o externo, há outros aspectos internos discerníveis de nossa experiência consciente, consistentes em pensamento, sentimento e intuição. Desses três, sentimento e intuição não são computáveis, e, por isso, não podemos sequer processá-los.

O que sentimos? Sentimos movimentos semelhantes a energias, que instrumentos materiais não podem medir. Na China, chamam esses movimentos de *chi*; na Índia, são chamados de *prana*; e, no Ocidente, são chamados de energia vital. Essas culturas antigas criaram todo um sistema medicinal baseado no conceito de energia vital, como a acupuntura e a ayurveda, que não podem ser reduzidas a uma medicina alopática tradicional.

O que intuímos? Esta é a mais sutil de nossas experiências sutis, e por isso as opiniões variam um pouco. Mas uma longa lista de tradições e filosofias aponta que as coisas que intuímos podem ser imaginadas como arquétipos, contextos de alguns dos conceitos que mais prezamos. Para citar os principais exemplos, temos a verdade, a beleza, a justiça, o amor e a bondade. Naturalmente, não podemos computar o pensamento intuitivo.

Mesmo no caso de pensamentos mentais, os computadores podem processar seu conteúdo, mas não seu significado (Searle, 1994; Penrose, 1989; ver também Capítulo 5). Obviamente, portanto, sentimento, intuição e pensamento não podem ser reduzidos a fenômenos secundários da matéria. O pensamento correto exige que, nessas experiências de pensamento, sentimento e intuição, estejamos causando o colapso de possibilidades quânticas de três mundos não materiais distintos, cada um correspondendo a cada uma dessas experiências. Como o mundo físico, todos esses múltiplos mundos de possibilidade são mundos dentro da consciência. O mundo da consciência é um multiverso!

Desse modo, a classificação das possibilidades quânticas da consciência em quatro compartimentos, quatro mundos diferentes – físico (dos sentidos), vital (dos sentimentos), mental (dos pensamentos) e supramental (das intuições) –, decorre da estrutura conceitual da física quântica, apresentada acima, e de nossa experiência direta. Como esses compartimentos distintos da realidade interagem sem o paradoxo do dualismo? A consciência medeia sua interação quando, simultânea e não localmente, causa o colapso de possibilidades nos diversos compartimentos para sua experiência (Figura 4). Assim, não há dualismo.

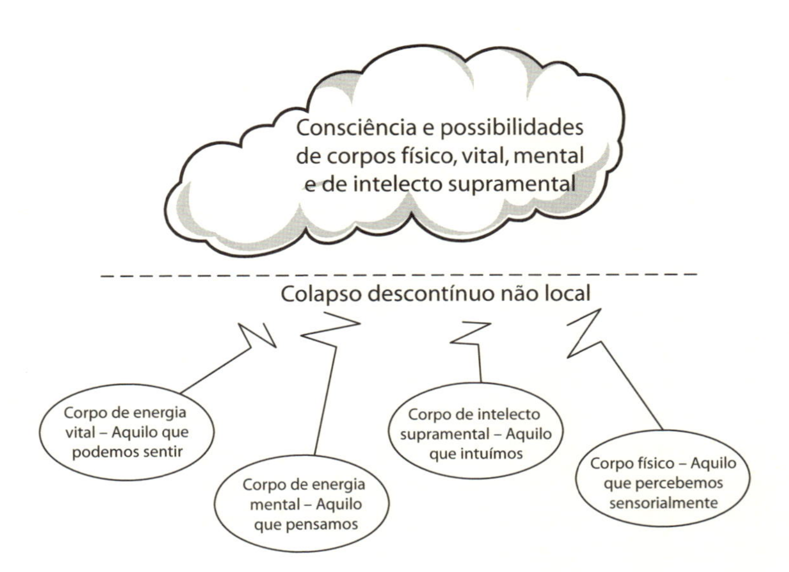

Figura 4. Paralelismo quântico psicofísico. A consciência medeia os domínios de possibilidades quânticas físico, vital, mental e supramental, funcionando em paralelo.

Você vê uma pessoa atraente do sexo oposto. Há a sensação de um corpo físico manifestado. Há um sentimento associado a um ponto na região do corpo próxima a seu coração, que os orientais chamam de chakra cardíaco. Há um pensamento em sua mente: "Puxa, seria bom conhecer essa pessoa". Pode até haver uma intuição supramental, mapeada num pensamento: "Estou apaixonado". Este é um exemplo de consciência mediando a interação de seus diversos compartimentos, para que possam se manifestar de uma só vez.

Recriar um mundo de soluções

A beleza do novo paradigma é que a causação ascendente de cunho materialista e a causação descendente que coloca Deus no cenário, ambos, juntos, posicionam-se para nos proporcionar a realidade manifestada. Materialidade e espiritualidade se integram. É por isso que acredito que um ativismo fundado na nova ciência de base quântica, o ativismo quântico, vai ter sucesso, enquanto outros movimentos ativistas falharam por estarem baseados na separação.

Você precisa perceber o único aspecto comum de cada um dos problemas catastróficos que mencionei antes – o conflito. O terrorismo de hoje tem raízes no conflito entre materialismo e religião. Não são apenas os muçulmanos fundamentalistas do Oriente Médio que estão lutando contra o império materialista do "Grande Satã", os Estados Unidos, mas também cristãos fundamentalistas dentro dos Estados Unidos. Problemas econômicos e ecológicos devem-se superficialmente ao conflito entre interesses individuais e coletivos, entre valores do ego (como egoísmo e competitividade excessiva) e valores do ser (como cooperação, filosofia ganha-ganha, intuição, criatividade, sentimento, felicidade). Em última análise, essas causas também podem ser decorrentes do conflito entre materialismo e espiritualidade. Examinando de perto, a principal razão para que os custos com saúde cresçam é nosso medo da morte e a ignorância acerca do que constitui a vida, a saúde e a sabedoria – novamente, materialidade e espiritualidade. O declínio do significado, da ética e dos valores em nossas religiões, famílias, sociedades e escolas deve-se claramente ao conflito entre exterior e interior. A educação liberal está dividida entre valores materiais e valores humanísticos e espirituais. Entrar no mundo das soluções verdadeiras é resolver o conflito entre materialidade e espiritualidade, entre exterior e interior. E é este o poder da nova ciência. Ela integra.

Na primeira vez em que vi as coisas dessa forma, as soluções desfilaram diante do olho da mente: a ciência dentro da consciência, integrando materialidade e espiritualidade, imanência e transcendência, exterior e interior; a economia espiritual, que lida tanto com as necessidades externas e materiais quanto com as necessidades internas e sutis; empresas profundamente ecológicas, ecologicamente sustentáveis, que se dedicam tanto ao modo exterior quanto ao interior de produção e de consumo; uma democracia a serviço do significado; uma educação liberal que nos prepara não só para empregos como para a exploração do significado da vida; uma saúde integradora que usa tanto a medicina alopática materialista quanto a medicina alternativa sutil; e religiões abertas que ensinam a universalidade dos valores e a vivem segundo eles num espírito pós-secular.

Todas essas soluções, como você irá perceber, têm mais um aspecto comum: elas aumentam o acesso das pessoas comuns à exploração de significados e valores.

Mas como instalar essas soluções em nossa sociedade? Enquanto pensava nessa questão, veio-me novamente um velho sonho. Certa vez, tive um sonho no qual havia apenas figuras abstratas. Elas estavam dançando, brincando, divertindo-se muito. Uma voz ao fundo disse: "Eles são os anjos do fazer". Então, a cena mudou. Apareceram outras figuras abstratas, e elas também pareciam felizes, mas eram diferentes, estavam apenas sentadas em silêncio. Uma voz disse que eram os anjos do ser. E a cena mudou novamente, os anjos do fazer voltaram. E assim por diante. Apareciam e sumiam os anjos do fazer e os anjos do ser, alternadamente. Quando acordei, compreendi o mistério fundamental da criatividade e da transformação. É a alternância entre fazer e ser. *Do-be-do-be-do**. Combinar as forças do fazer e do ser. Levar as lições da física quântica à criatividade.

Materialistas e racionalistas veem a criatividade como um processo racional de tentativa e erro, consistente apenas no fazer. Focalize um problema, engendre uma teoria, descubra consequências comprováveis dessa teoria, faça um experimento, se funcionar, "bingo!", você tem uma solução. Se os dados experimentais não se ajustarem à previsão da teoria, volte à prancheta e idealize outra teoria experimental. Tudo fazer-fazer-fazer.

* O autor faz um jogo de palavras lembrando uma frase cantarolada por Frank Sinatra em algumas canções, como *Strangers in the Night*, e que remete aos verbos *do* (fazer) e *be* (ser). [N. de T.]

Em contraste, as religiões e tradições espirituais do mundo enfatizam o ser, ser-ser-ser. O mundo do fazer é considerado ilusório e, por isso, ignorado.

A física quântica nos ajuda a integrar. A física quântica é a física das possibilidades; as possibilidades proliferam quando ficamos sentados em silêncio no modo "ser", sem fazer nada. De vez em quando, escolhemos uma dentre as possibilidades que precipitam uma ação, no modo "fazer". Vamos alternando entre o modo "ser" e o modo "fazer" até chegarmos descontinuamente ao nosso *insight* – a solução. Podemos processar inúmeras possibilidades de uma só vez no modo "ser", e nossas chances de encontrar a solução desse modo serão muito superiores ao método no qual exploramos uma tentativa de cada vez. E os pesquisadores da criatividade nos dizem que essa é mesmo a maneira pela qual o processo de criatividade funciona em pessoas criativas (Briggs, 1990; Goswami, 1999).

Produzimos os problemas do nosso mundo e temos de recriar o mundo das soluções. A criatividade quântica é nossa principal ferramenta. Mas, de modo algum, isso é tudo que o ativismo quântico tem a oferecer. O ativismo convencional separa nós (os corretos) deles (os malfeitores). A física quântica diz que tudo é movimento da consciência; nós somos o mundo. Não existe isso de nós contra eles. Só o movimento na direção da consciência ou afastando-se dela, e nem sempre é fácil perceber a diferença. De uma coisa podemos ter certeza: quando a consciência é não local, ela é abrangente. Quando praticamos a inclusão na solução de conflitos, aspiramos pela consciência não local.

No ativismo convencional, tentamos mudar o sistema, mas queremos nos manter imutáveis – nós, os sujeitos, permanecemos numa hierarquia superior a um mundo-objeto – numa hierarquia simples. Não nos damos conta de que fazemos parte do sistema, que o sistema já corrompeu nosso modo de pensar. Podemos permitir que nosso ativismo nos mude enquanto mudamos o sistema? Este é um relacionamento hierárquico entrelaçado com o processo de mudança: nós nos recriamos quando recriamos o mundo.

Por isso, o ativismo quântico; por isso, este manifesto quântico pela mudança pessoal e social. Usamos os aspectos transformadores da física quântica – causação descendente, criatividade quântica, não localidade e hierarquia entrelaçada, ou emaranhada, no relacionamento entre sujeito e objeto – para mudarmos a nós mesmos e a sociedade.

Como saber se a nova ciência é científica?

Antes que você se entusiasme com esses argumentos, deve estar pensando: até agora, tudo o que li ainda é teórico. Onde estão os dados?

Para recapitular, o novo paradigma baseado na consciência quântica ou em Deus fundamenta-se numa premissa ontológica impossível de ser comprovada: a premissa consiste em afirmar que a consciência é a base da existência. Não podemos comprovar isso porque a ciência nunca nos permite comprovar sua premissa ontológica mais básica. Mas nossa próxima premissa – a de que a física quântica é a lei obedecida pelas possibilidades da consciência – é de fácil comprovação científica. A causação descendente e a classificação das possibilidades da consciência em quatro compartimentos decorrem da estrutura conceitual da física quântica e de nossa experiência direta. Assim, centralizamos as duas consequências cientificamente comprováveis da teoria: a causação descendente e a existência da estrutura quádrupla das possibilidades quânticas.

Certa vez, perguntaram a Bertrand Russell, ateu declarado, o que ele diria se, após a morte, descobrisse que Deus existe. E Russell respondeu que perguntaria a Deus "por que você não nos mostrou os dados, Senhor?". Muito bem, Bertrand, Deus mostrou-nos os dados! Comprovamos Deus, a causação descendente e a existência de corpos sutis de forma bem adequada.

Comprovo a causação descendente numa imensa variedade de dados. Há dados definitivos sobre visão remota (um psíquico concentra-se na estátua no meio de uma praça e outro psíquico, agindo em duplo-cego, faz um desenho da estátua dentro de um armário) e potencial transferido (transferência de atividades cerebrais de um cérebro para outro, situado a distância, sem conexão elétrica). As qualidades sentidas da percepção (chamadas *qualia*), os *insights* ahá! da criatividade, as lacunas fósseis nos dados da evolução biológica e os diversos casos de cura espontânea são exemplos de causação descendente e proporcionam evidências para ela. Se tentarmos explicar qualquer desses dados com modelos materiais da realidade, teremos paradoxos de lógica.

As evidências dos corpos sutis são abundantes em fenômenos como doenças psicossomáticas, sonhos, telepatia mental, experiências de quase morte e reencarnação, cura pelo uso da medicina alternativa, como a ayurveda, a acupuntura e a homeopatia, o altruísmo e a espiritualidade (para uma lista abrangente de todas essas comprovações, ver Goswami, 2008a).

Em suma, temos procurado pela realidade, e ela consiste na consciência, tanto em seu aspecto não manifestado (que, na física quântica, chamamos de *potentia*, e que os psicólogos rotulam como inconsciente) como no manifestado! Ficou entusiasmado? E o que você pretende fazer a respeito?

A ciência materialista não tem valores e não incorpora o significado como uma entidade viável. Logo, no materialismo, não há escopo para o ativismo. Coisas que acontecem conosco e em nosso mundo são epifenômenos sem significado e sem valor para a dança da matéria. Podemos atribuir um falso significado e valor às coisas para tornar nossas sociedades toleráveis (como na filosofia do existencialismo), mas a falta de autenticidade de qualquer significado e valor atribuído está destinada a criar ambiguidades nas interpretações que fizermos deles. Acabamos com uma débil força de vontade, especialmente quando o significado e o valor pertencem a outra pessoa.

Mas, se a consciência é primária, então significado e valores são reais e devem ser o foco de nossas vidas. No entanto, o novo paradigma ainda não substituiu o antigo – longe disso. Logo, o ativismo é necessário para mudarmos paradigmas, para restaurar o significado e o valor em nossas vidas e em nossos sistemas sociais.

Não vai ser fácil. Em 1999, eu e outros 29 cientistas e pensadores do novo paradigma fomos convidados a visitar Dharamsala, na Índia, para conversar com o Dalai Lama sobre a aplicação da nova ciência aos cenários sociais nos quais as pessoas ganham a vida. Mas qual de nós serviria de porta-voz para explicar as sutilezas paradigmáticas ao Dalai Lama? Começou uma imensa batalha de egos. O documentário do cineasta Kashyar Darvich, *Dalai Lama renaissance* (*Renascença do Dalai Lama*), trata do drama que se desenrolou nessa conferência.

Evolução

Graças à força da propaganda feita por seus partidários, hoje em dia a maior parte das pessoas educadas acredita que evolução biológica é sinônimo de darwinismo. O fato é que os dados fósseis proporcionam fortes evidências para a evolução, mas são bem antagônicos ao darwinismo por conta das famosas lacunas fósseis e de outras anomalias. O fato inegável é que a evolução darwiniana é contínua, mas as lacunas fósseis são provas de ocasionais descontinuidades na evolução

(Eldredge & Gould, 1972). Sugeri antes que as lacunas fósseis são evidências da causação descendente pela consciência, consistente na criatividade biológica. Não estou exagerando, de modo algum. Leia meu livro *Evolução criativa das espécies* (Goswami, 2008b).

Na nova ciência, a evolução deve ser vista como a manifestação progressiva das possibilidades da consciência. Nessa óptica, o mundo físico é como o *hardware* de um computador – faz representações dos outros três mundos sutis. Com o tempo, as representações vão melhorando. Evolução é o processo de desenvolvimento dessa capacidade da matéria: fazer representações (Figura 5).

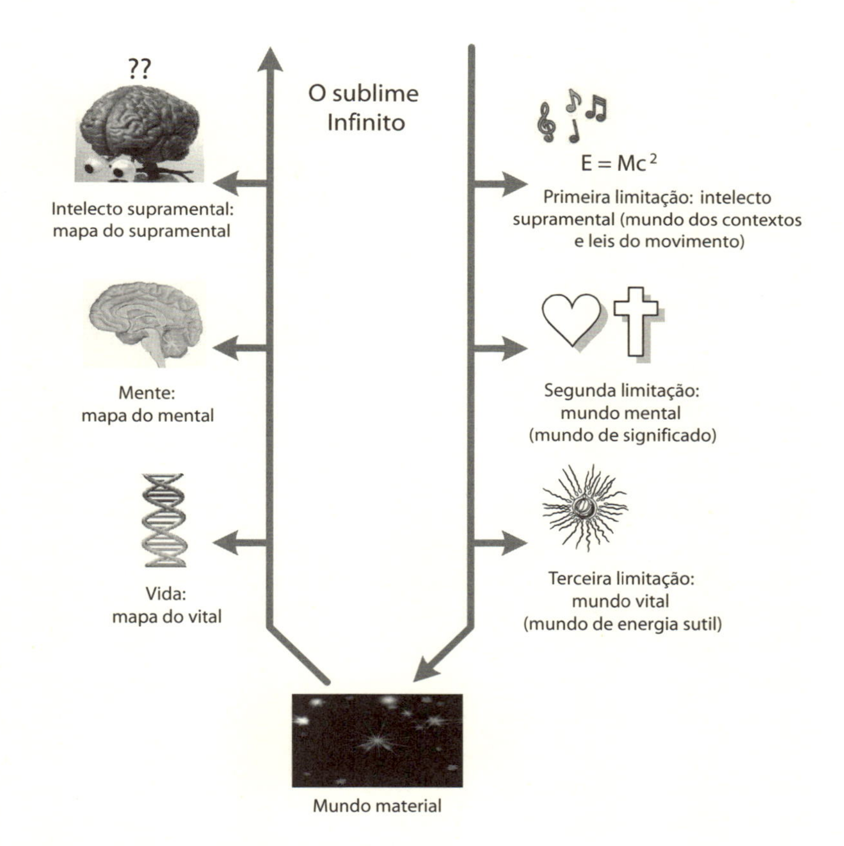

Figura 5. Involução e evolução da consciência.

Agora, a primeira fase da evolução biológica está completa. Ela consiste em fazer representações cada vez melhores das possibilidades dos movimentos vitais da consciência, que representam mais e mais possibilidades desses mesmos movimentos vitais, que representam funções biológicas na forma de órgãos cada vez melhores.

A segunda fase começa com a evolução do sofisticadíssimo órgão do neocórtex do cérebro, no qual o significado mental pode ser representado. Como você sabe, o neocórtex se parece muito com um computador, e sua tarefa consiste em fazer representações em *software* (memórias) de significado mental no *hardware* neural. Falando em termos evolucionários, neste exato momento estamos no meio da era mental, ocupados em fazer representações cada vez mais sofisticadas de significado em contextos também cada vez mais sofisticados – físico, vital, mental e supramental. Esse processo ainda não terminou; ainda estamos no terceiro de quatro estágios de evolução mental, entretidos em dar significado à própria mente, o estágio da mente racional. A meta de curto prazo de nossa evolução é concluir o terceiro e iniciar o quarto e último estágio de evolução mental (Goswami, 2008b).

A terceira fase da evolução consiste em desenvolver a capacidade de representar os arquétipos supramentais diretamente no plano físico. Isso está em nosso futuro evolucionário de longo prazo.

O que está nos detendo é que ainda não conseguimos integrar pensamento racional e sentimento. O que nos impede? Os circuitos cerebrais instintivos de emoções negativas com os quais nascemos.

Os arquétipos do supramental proporcionam-nos os mais profundos contextos de pensamento mental. Neste momento, intuímos os arquétipos supramentais – como o amor – e fazemos imagens mentais (representações) deles. Quando vivemos essas imagens, criamos novos circuitos cerebrais que nos permitem viver o arquétipo quase sem esforço. A neuroplasticidade do cérebro, que nos permite criar novos circuitos cerebrais com nosso aprendizado, é uma das mais recentes e espantosas descobertas da neurociência.

Você se apaixona fazendo uma representação mental desse arquétipo em associação com o sentimento de amor no seu chakra cardíaco, que está sendo processado subsequentemente em sua mente-cérebro. Depois, você se relaciona na vida íntima com o(a) parceiro(a), criando circuitos cerebrais do amor. Mas este é um amor dirigido por uma pessoa. Nos desdobramentos subsequentes desse relacionamento, se você conseguir transformar seu amor pessoal e condicional num amor impessoal e incondicional, você será capaz de amar todo mundo quase sem esforço algum. Você criou um circuito cerebral do amor. A atual meta de curto prazo de nossa evolução é fazer o fruto de tais criações individuais de circuitos do amor no cérebro disponíveis para toda a humanidade através da evolução (ver Goswami, 2008b). Quando isso acontecer, todos nós teremos a capacidade de compensar as emoções negativas instintivas do ódio e da competitividade com a emoção positiva do amor. Só então poderemos ser plenamente racionais.

Perceba, porém, que as representações feitas pela mediação do pensamento e do sentimento não correspondem à realidade, e são sempre imperfeitas. Assim, precisamos da terceira fase para que nossa capacidade de amar possa florescer de fato.

Neste momento, nossa capacidade de amar está sendo testada por ameaças catastróficas, como o aquecimento global, o terrorismo e a guerra nuclear. E o amor é apenas um dos arquétipos. A justiça social é ameaçada pelo fracasso. O arquétipo do bem é ameaçado pelo colapso da ética. Nossa plenitude está sendo ameaçada por doenças causadas por emoções e pela nossa incapacidade de curá-las, em virtude de custos médicos que crescem assustadoramente.

Precisamos evoluir, e precisamos fazê-lo depressa. Alguns sentem essa pressão evolucionária e desejam mudar o mundo para que ele se entenda com o movimento evolucionário da consciência – assim tornam-se ativistas.

Até agora, porém, o ativismo tem uma história de altos e baixos. Os mestres espirituais explicam. Você não pode mudar o mundo sem mudar a si próprio. Primeiro, evolua observando o seu interior; o mundo exterior cuidará de si mesmo.

Mas essa visão também é incompleta. Somos o mundo em nosso interior e exterior. Sim, precisamos transformar o interior; mas também precisamos prestar atenção à evolução que envolve o exterior. Desse modo, interior e exterior precisam ser integrados. Esta é a tarefa do ativismo quântico.

A evolução nos deu o caminho correto para responder ao enigma: por que um Deus bom parece permitir que coisas ruins aconteçam com pessoas boas? As representações que fazemos inicialmente de Deus e de suas possibilidades são um tanto imperfeitas; elas melhoram com o tempo. Nesta imperfeição está a semente do mal. Evolução é um movimento na direção do bem. A presença do mal só mostra que nossa evolução ainda não acabou.

Ativismo quântico e evolução

O trabalho do ativismo quântico começa com a tentativa de mudar sua visão de mundo. Deve passar de uma postura baseada na matéria para outra baseada na física quântica e na primazia da consciência. Começamos a pensar corretamente e nos perguntamos: "agora que sei ver adequadamente o meu mundo, o que devo fazer?".

Quando interpretada pela filosofia do idealismo monista, a física quântica é transformadora. O pensamento correto – abrir mão de ideias separatistas e míopes e abranger Deus e a unidade, a causação descendente e os corpos sutis em nossas vidas – é a primeira etapa de uma jornada transformadora rumo à plenitude. Mas há outras.

As tradições espirituais veem a jornada de transformação como uma jornada espiritual – uma jornada rumo ao espírito, ao não manifestado, deixando para trás as necessidades do mundo manifestado. A jornada transformadora da pessoa moderna, do ativista quântico, é diferente.

Nossa ciência dentro da consciência nos diz que o mundo manifestado foi idealizado para representar as possibilidades do não manifestado cada vez melhor à medida que o tempo passa, graças à evolução. A transformação é importante, em primeiro lugar, para atender ao jogo evolucionário da consciência, e só secundariamente como salvação pessoal em espírito. O objetivo supremo é atingir a plenitude enquanto se está no meio da separação manifestada.

Livre-arbítrio e o acesso à verdadeira liberdade: os aspectos transformadores da física quântica e da causação descendente

A causação descendente, como mencionado antes, envolve escolhas dentre as possibilidades quânticas. Mas há sutilezas.

Fazemos escolhas o tempo todo. Qual o seu sabor de sorvete preferido: chocolate ou creme? Ficamos tão apegados à nossa preferência que, se escolhemos um sorvete de creme em vez do sorvete de chocolate, de que gostamos mais, achamos que fizemos uma grande descoberta criativa. Este é o tipo de escolha que os economistas do consumo exploram em nós. É um exemplo de causação descendente, sim, mas não há nele a liberdade plena do movimento quântico; qualquer que seja nossa escolha, nossa liberdade de opção estará comprometida pelo condicionamento passado.

Quando estamos condicionados, não vemos mais as possibilidades como tal. No filme de Will Smith, *Em Busca da Felicidade*, um pai (representado por Will Smith) explica a seu filho a diferença entre a possibilidade e a probabilidade de irem ao jogo de beisebol. Seu filho olha para ele e diz: "Entendi, entendi. **Possivelmente** quer dizer que a gente não vai". Como superar a mente condicionada e ter acesso à liberdade plena?

A nova ciência nos diz como. O colapso consciente com verdadeira liberdade de escolha é (a) descontínuo; trata-se de um salto quântico no estilo de um elétron saltando de uma órbita atômica para outra sem passar pelo espaço intermediário; (b) não local, envolvendo não a consciência individual, mas a coletiva ou cósmica; e (c) hierarquia entrelaçada, nós e aquilo que escolhemos somos cocriações.

Este último item requer mais explicações. A hierarquia simples você conhece: quando você é o manda-chuva e tem um subordinado, você é o nível causal de uma hierarquia simples. Uma mulher de Hollywood encontra uma amiga que não vê há tempos. "Vamos tomar um café e pôr a conversa em dia". Elas vão a uma cafeteria, e a mulher começa a falar. Depois de uns 30 minutos, ela se dá conta: "Nossa, estive falando de mim todo esse tempo. Vamos falar de você. O que você acha de mim?". Esta é a tendência do nível de existência egoico – ser o nível causal de uma hierarquia simples.

Um relacionamento é uma hierarquia entrelaçada quando a causalidade flutua de um lado para o outro entre os níveis, *ad infinitum*. E mais: a eficácia causal dos níveis de uma hierarquia entrelaçada é apenas aparente. A verdadeira eficácia causal está num domínio que transcende a ambos.

Como exemplo, veja o quadro de Escher, *Desenhando-se* (Figura 6). Embora pareça que a mão esquerda está desenhando a direita, e que a direita está desenhando a esquerda, na verdade Escher está desenhando ambas desde um nível transcendental.

É isso que acontece num evento de colapso quântico com verdadeira liberdade de escolha. Sempre que você está tendo uma experiência na qual faz escolhas, escolhe entre coisas conhecidas; você não tem de fato a liberdade de optar por algo desconhecido. Quando escolhemos algo desconhecido, como numa experiência criativa, nunca sentimos que estamos fazendo escolhas. Chamo esse estado não ordinário do sujeito/*self* de ***self* quântico** (que as tradições chamam de espírito ou estado de superconsciência), em contraste com o ego condicionado, normalmente experimentado. A verdade é que a autêntica escolha é a de uma consciência transcendente – ou, se preferir, Deus.

Atingimos a verdadeira liberdade quando adotamos qualquer um dos três aspectos quânticos da causação descendente da escolha – descontinuidade, não localidade e hierarquia entrelaçada. Praticamos o primeiro na criatividade, o segundo no desenvolvimento da cons-

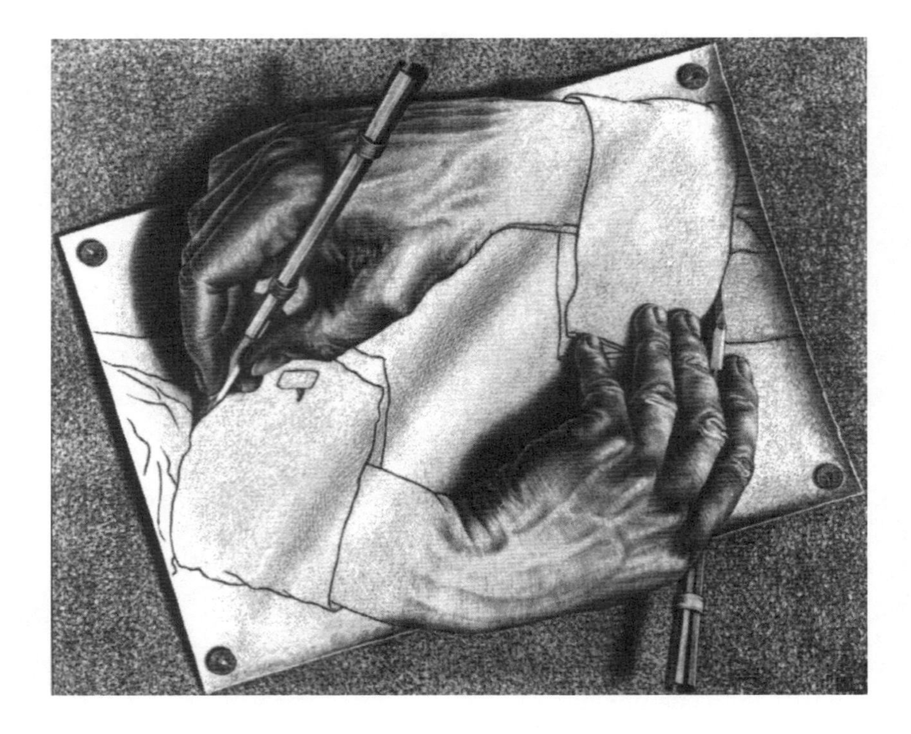

Figura 6. "Desenhando-se", de M. C. Escher. A interpretação do artista.

ciência social e o terceiro nos relacionamentos íntimos. Tudo isso envolve não apenas o que nos é interno, como também o externo.

Assim, como ativistas quânticos, não saímos do mundo; nós vivemos o mundo. Combinamos pensamento correto com vida correta. Agimos conforme falamos. Fazemos viagens frequentes até o sutil.

Há quatrocentos anos, o filósofo René Descartes separou mente e matéria e nos deu a filosofia do modernismo. Como humanos modernos, usamos nosso livre-arbítrio para manifestar o potencial humano na dimensão individual do cenário exterior com algum sucesso; mas não nos saímos tão bem na dimensão interna ou na coletiva e social. E, agora, a visão de mundo pós-moderna do materialismo científico nos privou até de nosso livre-arbítrio! Mas não tema, a física quântica está aqui para devolver a nossa liberdade de escolha dentre possibilidades quânticas. Agora, temos de usar a nossa liberdade para escolher o restabelecimento da unidade – a unidade dentro da separação da diversidade.

Viver corretamente

Pensar corretamente proporciona o contexto, e viver corretamente – pondo em prática nosso discurso – proporciona o aspecto transformador para um ativista quântico. A questão de se viver corretamente tem dois aspectos. O primeiro está relacionado com a escolha pessoal de se viver corretamente. Seu modo de vida deve propiciar sua própria jornada pessoal de criatividade e transformação. Deve proporcionar-lhe mais tempo para relaxar e apenas ser, por exemplo. Este é o aspecto que as tradições espirituais convencionais, especialmente o budismo, enfatizam.

O segundo aspecto da vida correta é mais parecido com o ativismo convencional, pois tentamos mudar nossas instituições sociais para fazer com que acompanhem nossa jornada evolucionária. É fato que, através de boa parte de nossa história após a revolução agrícola, estabelecemos hierarquias simples tão fortes que a maior parte da humanidade foi impedida de explorar significado e valores. No século 18, com o advento do capitalismo, da democracia e da educação liberal, as coisas mudaram um pouco. Essas instituições levaram ao desenvolvimento de uma classe média cuja prerrogativa é a exploração do significado.

As coisas mudaram novamente no século 20, na década de 1950, quando o materialismo científico começou a ganhar forças. Uma moléstia pós-moderna tomou conta da psique coletiva da humanidade, com o que virou moda a desconstrução de nossos grandes ideais. Em trinta anos, por volta da década de 1980, a classe média norte-americana já estava encolhendo, mas só recentemente é que nos demos conta disso. Coincidentemente, estamos no processo de criar uma mudança de paradigma na ciência que promete devolver o significado e os valores à nossa visão de mundo. A jornada evolucionária que agora conduz as pessoas à exploração do significado pode recomeçar. Isso exige uma revisão de nossas instituições sociais.

Além disso, as metas materialistas criaram condições de crise, cuja solução também exige a revisão de nossos sistemas sociais. A referida revisão para propiciar a exploração de significados e valores é uma meta importante do ativismo quântico. Participar dessa revisão é um exemplo daquilo que o *Bhagavad Gita* chamou de karma yoga – a transformação pela ação social – para o ativista quântico.

E o que há no resto do livro?

Acima, analiso o que é o ativismo quântico e a que um ativista quântico deve aspirar: a convicção ardente da fé pessoal, científica e internalizada, forte o suficiente para transformar a sociedade e a si, vivendo, individual e coletivamente, os aspectos mutantes da física quântica. Também apresentei alguns dos princípios básicos que orientam nossas escolhas de vida e os princípios que devem orientar a mudança de alguns de nossos mais importantes cenários de vida.

No resto do livro, falo mais do "saber-por que" e do "saber-como": saber por que pensar corretamente (Parte 1); saber como viver no equilíbrio entre criatividade e condicionamento, entre denso e sutil, e entre pensar e sentir; saber como desenvolver a consciência social e agir conscienciosamente com os outros; saber como viver segundo a ética evolucionária e estimular a ecologia profunda em nossas vidas (Parte 2); e, finalmente, saber como mudar nossos cenários de trabalho para que eles fiquem em sincronia com o movimento evolucionário da consciência, e assim possamos nos dedicar a uma existência correta e à karma yoga enquanto ganhamos a vida (Parte 3).

Depois de ler o livro, você perceberá que cada uma das três partes que o compõem trata de um caminho específico que a física quântica prescreve para uma vida iluminada na plenitude crescente. A Parte 1 é a culminação, no Ocidente, de um caminho de sabedoria puramente ocidental. Como você sabe, o cristianismo, a tradição espiritual dominante no Ocidente, é, fundamentalmente, um caminho de vida devocional (caminho de amor). Assim, desde Descartes, os filósofos ocidentais têm procurado desenvolver um caminho de sabedoria para complementar o caminho devocional. E tem sido difícil porque eles insistem em usar a razão pura. No Oriente, eles evitam essa dificuldade usando a intuição e a experiência para complementar a razão. E, agora, descobrimos que a física quântica e os testes de laboratório constituem outro modo de definir um caminho de sabedoria ocidental.

Contudo, alguns têm dito – e corretamente, creio – que sabedoria sem amor é tão incompleta quanto amor sem sabedoria. Desse modo, a vida correta e as ações coerentes com nosso modo de pensar, tema da Parte 2, procuram integrar os dois: levar o amor à sabedoria e a sabedoria ao amor.

No entanto, devemos aprender isso tudo não distantes da vida, mas na vida cotidiana, dentro da premissa do modo como ganhamos a vida. Este é o caminho ativista orientado pela ação de que trata a Parte 3.

Se qualquer um desses caminhos que levam à plenitude e à vida integrada o atraem, então você está pronto para o ativismo quântico. Se você vê por meio da vacuidade de significado e valores da vida centralizada no prazer que o materialismo científico cria, se a filosofia do existencialismo e do desconstrucionismo pós-moderno não o satisfazem, então você está maduro para lidar com o ativismo quântico. Se você percebe a extrema importância de mudar nossa visão de mundo, como todos os participantes da nova era, você está pronto. Se vê por meio do amor das tradições religiosas, tão estreitas em seu amor, tão carentes de sabedoria, você está pronto.

O mais importante é que, se sua ocupação não lhe traz significado e satisfação, você está pronto para o ativismo quântico. E se a sua vida não lhe proporciona canais de aprendizado e de expressão de seus valores, você está pronto para ser um ativista quântico.

E, naturalmente, se já encontrou sabedoria, amor e propósito na vida e deseja auxiliar os outros em seus conflitos, então o ativismo quântico também é para você.

PARTE 1

PENSANDO CORRETAMENTE: É A VISÃO DE MUNDO, SEU TONTO!

capítulo 2

é a visão de mundo, senhor presidente

Carta aberta ao Presidente Obama

Caro Presidente Obama,
Na campanha eleitoral do presidente Clinton, eles criaram esse lema bem eficiente, "É a economia, seu tonto". O seu lema, "Mudança na qual você pode acreditar", embora não seja tão bom ou eficiente quanto o de Clinton, também não foi ruim. Funcionou, não foi? Pode ser, mas creio que "É a visão de mundo, seu tonto" teria sido adequada. Por favor, ouça-me.

Agora que está no comando do país e começou a instituir mudanças, suas mudanças se parecem cada vez mais com uma mistura de coisas. Quase todos que votaram no senhor (e ainda o apoiam) sentem-se um pouco inseguros sobre poder acreditar em todas as suas mudanças. Em algumas delas, sim, mas em outras, não.

Em termos específicos, as mudanças necessárias tratam de significado e de valores. O senhor acertou direitinho, Sr. Presidente, quando estava em campanha. Quando põe em prática programas a favor da classe média, de sistema de saúde e educação universal ou economia verde, está se pondo, sem qualquer dúvida, ao lado do significado e de valores, e não há confusão quanto a isso. Mas, quando o senhor se põe ao lado de programas para salvar organizações financeiras como AIG (*American International Group)*, será que está apoiando significado e valores? Nem um pouco. Sr. Presidente, essas instituições tipificadas pela AIG têm se posicionado entre as empresas menos éticas de nosso país. E dinheiro representa significado; em si, ele não tem significado intrínseco. Assim, não podemos dizer que pessoas que ganham dinheiro jogando com dinheiro estejam envolvidas numa atividade econômica dotada de significado (assim como o jogo também não é significativo).

O senhor não está sozinho ao confundir essas questões, Sr. Presidente. Quase todos em nossa sociedade, democratas ou republicanos, estão confusos quanto a esses problemas. Aqui entra a questão da visão de mundo. Há uma grande confusão sobre isso na mente das pessoas. Por um lado, temos a visão de mundo religiosa, na qual significado e valores são claramente importantes, sem ambiguidades. A ciência, de todas as maneiras, deveria ser neutra em termos de valores, e físicos pós-modernos, com certeza, veem o universo como algo desprovido de significado. Embora alguns filósofos evolucionistas tentem dar significado e valores a seu trabalho como o resultado da evolução darwiniana, esse trabalho é fundamentalmente errado e ineficiente, pois interações materiais sequer podem processar significado ou valor. Em sua grande maioria, os democratas adotaram a visão "secular", aparentemente mais científica, do "Mantenha a religião distante dos assuntos do Estado e da política" (mesmo que isso signifique ser ambíguo sobre significado e valores). Por outro lado, os republicanos acham que comprometer os valores (que, para eles, consistem na moralidade) é tão repulsivo que preferem ficar ao lado de cristãos fundamentalistas e aceitar sua visão um tanto rígida de significado e valores a abraçar o secularismo.

E, então, temos um debate da velha ciência *versus* religião? Ou será ciência *versus* cristianismo? Sabemos quem vai ganhar essa discussão? Nos últimos anos, apareceram alguns livros sugerindo (evocando o lema do filósofo Friedrich Nietzsche, do século 19) que o Deus cristão, que distribui recompensas e punições por nossos atos sentado num trono no céu, está morto. Recentemente, vi um anúncio num ônibus londrino: "Deus provavelmente não existe, por isso, relaxe e aproveite a vida". A mensagem oculta é a seguinte: se não existe Deus para puni-lo, ora, tenha valores equivocados e torne-se hedonista.

Sr. Presidente, algumas pessoas em nossos bancos de investimentos levaram essa mensagem hedonista demasiadamente a sério e desenvolveram os esquemas que produziram os ativos podres que entupiram nosso sistema bancário. Que tipo de mensagem o senhor acha que envia quando ajuda a salvá-los?

Sei que não é hedonista, Sr. Presidente. Sei também que não acredita no Deus simplista do cristianismo fundamentalista. Seu Deus é mais sofisticado. Quando um pregador cristão evangélico lhe perguntou sobre o confronto com o mal, durante a campanha, o senhor disse: "O mal me torna humilde". Em outras palavras, o senhor não separa o mal do bem. Percebe que existem o mal e o bem em nós.

Mas sua resposta confundiu a mídia, que não conseguiu compreendê-lo. Muitos preferiram a resposta obrigatória de seu oponente: "Vou derrotar o mal". Este é o problema. Aparentemente, estamos presos entre a visão dualista e dividida entre o bem e o mal de Deus e da espiritualidade, postulada pelo fundamentalista cristão, e a visão sem significado e sem valores da realidade alimentada pelo cientista médio.

E o fato de o senhor frequentar a igreja sem qualquer motivação política cínica cria mais confusão. Como pode acreditar na ciência (é claro que acredita, do contrário como poderia apoiar a evolução e a pesquisa de células-tronco?) e ainda assim ir à igreja rezar para Deus? E, se acredita mesmo em Deus, à maneira do cristianismo, como pode apoiar a evolução?

Sr. Presidente, essa questão da visão de mundo divide profundamente os Estados Unidos. Quando em campanha, o senhor estava sempre expressando seu ardente desejo de integração: "Não somos republicanos ou democratas, somos americanos".

Sim, somos americanos, Sr. Presidente, mas, enquanto nos identificarmos com a ciência errada (a ciência hedonista tem de estar errada como modelo da realidade, caso a realidade envolva significado e valores) ou a religião errada (Deus dualista), como podemos resolver nossas diferenças? Por isso é muito importante resolvermos a questão da visão de mundo.

Agora, o senhor pode jogar as mãos para o alto e dizer: "Mas essas questões são difíceis; os maiores filósofos não conseguiram resolvê-las". Espero que não. Numa coisa, todos nós estamos de acordo. O senhor é uma pessoa destemida; não receia lidar com questões difíceis. E, Sr. Presidente, o senhor tem ajuda. Nas últimas décadas, alguns cientistas, e eu mesmo sou um deles, têm procurado desenvolver um novo paradigma integrador da ciência para resolver essas questões divisoras mencionadas antes. E sou um dos cientistas que acreditam que conseguimos.

"É a visão de mundo, seu tonto." Se somos estúpidos a ponto de não conseguir resolver o problema da visão de mundo, integrando-nos como estadunidenses ao seu lado, a solução dos problemas norte-americanos vai sempre ficar fora de alcance. Mas, se o senhor estiver disposto a me ouvir falar das possibilidades da nova visão de mundo, isso pode ser diferente.

A nova ciência integradora não se baseia na primazia da matéria, como a ciência divisora de que estivemos falando, mas na primazia da consciência. Podemos basear a ciência numa metafísica na qual a consciência é primária, é a base de tudo o que existe, inclusive a matéria? Sim, nós podemos, Sr. Presidente. Mas temos de ouvir as lições da física quântica. A física quântica descreve os objetos como possibilidades, e a consciência serve à função causalmente potente de transformar a possibilidade em experiência concreta por meio da liberdade de escolha. Essa potência causal não é material. Nossa pesquisa deixa muito claro que essa potência causal é a mesma que as tradições espirituais esotéricas (inclusive o cristianismo esotérico) chamam de "causação descendente", que essas tradições atribuem a Deus. Deus é esse estado não ordinário de nossa consciência no qual temos completa liberdade de escolha, livres de qualquer condicionamento pessoal.

As ideias rodam, Sr. Presidente. Para minha surpresa, um respeitado colunista do *The New York Times*, David Brooks, estava criticando-o numa de suas colunas porque o senhor está tentando lidar com muitos problemas ao mesmo tempo. Disse ele: "Não consigo entender por que ele [Obama] não decidiu passar suas noites aprofundando-se em mecânica quântica para descobrir a origem da consciência".

Olhe só, Sr. Presidente. O Sr. Brooks deve ser clarividente. A fim de integrar a nação, a fim de enxergar o caminho em meio a complexos problemas relacionados com significado e valores que estão destruindo nossa economia e nosso ambiente (e gerando o terrorismo em algumas partes do mundo), o senhor precisa descobrir uma nova visão de mundo integradora, que lhe dê tanto Deus como a ciência. Mas, para descobrir e conciliar essa visão de mundo dentro de si, será preciso passar algumas noites com a física quântica.

Se gosta do que lê e leva a sério o novo paradigma, então eis o que gostaria de lhe pedir. No mandato de Clinton, o governo fez uma coisa muito importante para o sistema de saúde: criou uma secretaria para aplicar verbas em pesquisas sobre medicina alternativa. Isso ajudou muito a dar legitimidade à medicina alternativa em nossa sociedade. (Por falar nisso, se realmente deseja reduzir o custo do sistema de saúde, procure a medicina que integra a alopatia e a medicina alternativa sob um mesmo guarda-chuva.) Do mesmo modo, pode ser útil criar uma secretaria para pesquisas em ciência alternativa, dedicada ao estudo de paradigmas científicos alternativos, como aqueles baseados na física quântica e na primazia da consciência. Na verdade, o senhor pode se sair ainda melhor do que Clinton.

Em 1960, o presidente Kennedy deu início ao projeto lunar, e fomos à Lua em menos de dez anos. O senhor não poderia dar início a um projeto científico para investigarmos Deus e a causação descendente, estabelecendo a existência de Deus (ou não) para satisfazer um consenso científico? Se fomos à Lua, será que não podemos fazer isso? Sim, nós podemos.

capítulo 3

uma breve história do novo paradigma e dos primórdios do ativismo quântico

Uma mudança de paradigma na ciência, que está nos levando de uma ciência divisória, baseada na matéria e que nega a espiritualidade, para uma ciência que se integra com a espiritualidade, é agora uma conclusão ultrapassada. Hoje, a ideia de um novo paradigma baseia-se em teoria e evidências sólidas, não mais numa imaginação fantasiosa ou em ideias vagas como antes (Ferguson, 1980). E, como todo empreendimento criativo, a mudança de paradigma veio com uma surpresa: que a própria ciência precisa operar dentro de uma metafísica espiritual.

As fantasias de décadas passadas favoreciam um paradigma holístico no qual a melhor acomodação possível para a espiritualidade era o panteísmo, ou a espiritualidade baseada na natureza (Capra, 1975). Segundo o holismo, o todo é maior do que as partes. Como maior é o surgimento de novos fenômenos que, segundo teorizaram seus proponentes, não podem ser reduzidos à soma de suas partes. A vida, a mente, a consciência e a espiritualidade foram explicadas como tais fenômenos holísticos emergentes da matéria. Na época, quase ninguém questionou a viga mestra do materialismo – tudo é feito de matéria.

O holismo não é o único caminho de integração. A psicologia profunda, iniciada por Freud e Jung, postulava abertamente o conceito do inconsciente que pressupõe uma consciência irredutível. No entanto, até Jung (1971) – talvez o mais revolucionário de todos os pensadores do novo paradigma dentro da psicologia –, volta e meia se perguntava se seu conceito de inconsciente coletivo não teria uma base genética. Claro, tivemos Abraham Maslow (1971), Ken Wilber (1977) e outros psicólogos transpessoais, mas eles estavam apenas fazendo coro com a sabedoria antiga, sem mesclar a ciência moderna em quantidade suficiente para chamarem a atenção. O paradigma holístico dominou a maior parte do pensamento vanguardista da Nova Era: Gregory Bateson, Fritjof Capra, Eric Wantsch, Francisco Varela, Humberto Maturana, John Lilly, o Prêmio Nobel Ilya Prigogine, Karl Pribram, David Bohm e Roger Sperry, Prêmio Nobel de Biologia, que fez significativas contribuições para o grande debate sobre a simetria entre os hemisférios cerebrais direito e esquerdo como resposta para tudo etc. A lista é repleta de nomes distintos e é bem grande.

Muitos partidários do holismo, como Capra, dependeram da teoria de sistemas para desenvolver sua análise; no entanto, o escopo desse tipo de análise é limitado, e só generalidades podem ser discutidas. Outros, como Pribram, Bohm e Edgar Mitchell, tentaram a ideia do holograma, tanto literal como metaforicamente. Mas o holograma é um objeto, enquanto a consciência também é um sujeito. Como surge a percepção-consciente* do sujeito-objeto? Essa "pergunta difícil" não pode ser discutida sob uma óptica materialista (Chalmers, 1995).

E a espiritualidade é mais do que o panteísmo, e ainda faltava uma base teórica integradora para proporcionar uma ponte entre o pensamento holístico dentro da ciência e o pensamento psicológico dentro da consciência. O trabalho do físico David Bohm cobriu parte do problema porque Bohm (1980) conseguiu demonstrar a causação descendente na física quântica na forma de um "potencial quântico" que é não local, e não o resultado de interações materiais. Mas Bohm se manteve dentro dos confins do determinismo causal e não percebeu a descontinuidade e a hierarquia entrelaçada implícitas na física quântica. E essa base complexa só surgiu quando a física quântica foi interpretada apropriadamente, sem paradoxos e dentro da primazia da consciência (Goswami, 1989, 1993; ver também a seguir).

A física quântica não ficou propriamente quieta enquanto se travavam as primeiras discussões sobre mudanças de paradigma. John von Neumann (1955) foi o primeiro a injetar a consciência na física – e, portanto, na ciência como um todo – ao afirmar que a consciência escolhe o evento concreto da experiência dentre todas as possibilidades quânticas representadas por um objeto na física quântica. Seu postulado explica o efeito do observador – os observadores sempre convertem

* No original, awareness. Não há uma tradução exata em português. O termo é comumente traduzido como "consciência" ou "percepção". Em muitas publicações, awareness é mantido em inglês, pois tem um sentido mais amplo que o de "consciência": refere-se a um "estado de alerta" que compreende, inclusive, a consciência da própria consciência.

possibilidades quânticas em eventos efetivamente experimentados. Na década de 1970, foi Fred Alan Wolf que popularizou a ideia de Von Neumann com o lema "Nós criamos nossa própria realidade". Ainda hoje, o livro *O segredo* e o filme desse mesmo nome estão reciclando a popularização da ideia de Von Neumann feita por Wolf.

A seriedade da ideia de Von Neumann só pode ser avaliada quando estudamos o dito paradoxo da mensuração quântica, um espinho muito desagradável nas tentativas materialistas de explicar e interpretar a física quântica. No modelo materialista baseado no reducionismo, partículas elementares formam átomos, átomos formam moléculas, moléculas formam células, células formam cérebros e cérebros formam a consciência. Damos a esse modelo de causalidade o nome de causação ascendente. No entanto, como todos os objetos são possibilidades quânticas segundo a física quântica, numa visão dessas, partículas elementares possíveis formam átomos possíveis, e assim por diante, estruturando um cérebro possível e uma consciência possível (ver Figura 1, no Capítulo 1). Como uma consciência possível, associada a possibilidades de um objeto, pode nos dar um evento concreto? Uma possibilidade associada a outra possibilidade produz apenas uma possibilidade maior. Assim, a postura materialista-reducionista acerca da consciência não pode explicar o efeito do observador. Este é o problema da mensuração quântica, um paradoxo lógico para o pensamento materialista.

Mas os materialistas apresentam objeções à abordagem da mensuração quântica de Von Neumann porque tem ares dualistas. Como a consciência, se é um objeto independente e duplo, não material, interage com um objeto material? Essa interação deve exigir a mediação de sinais que transportam energia. Mas a energia do próprio universo físico é sempre constante, afastando tal mediação.

A ideia revolucionária é que a consciência não é nem um produto material do cérebro nem um objeto duplo; na verdade, é a base de toda a existência, na qual os objetos materiais existem como possibilidades. No evento da mensuração quântica, a consciência (na forma do observador) escolhe, dentre todas as possibilidades oferecidas, a experiência concreta que ela vive de fato, tornando-se, nesse processo, a percepção-consciente da divisão sujeito-objeto (Goswami, 1989, 1993). Em outras palavras, a escolha consciente é responsável por manifestar tanto a proverbial árvore caindo na floresta como o "eu" que ouve o som da queda. Sem observador, não há som, não há sequer a árvore.

Quando nos damos conta de que a física quântica exige que adaptemos uma nova base metafísica para nossa ciência, consistente com a primazia da consciência, o modo como vemos a "estranheza" e os paradoxos quânticos passa por uma mudança radical. Agora, eles se tornam nosso modo de investigar a natureza da consciência. Como ativista quântico, você vai se interessar por essa aventura, que é tema do próximo capítulo. Mas, antes, uma breve introdução.

Para a introdução da interpretação da física quântica sob o prisma da primazia da consciência, foi crucial a solução do paradoxo do amigo de Wigner – num caso em que dois observadores estão fazendo escolhas conflitantes ao mesmo tempo, quem acaba escolhendo? O paradoxo foi resolvido por três físicos que trabalharam independentemente: Ludwig Bass (1971), Amit Goswami (1989) e Casey Blood (1993). Todos propuseram a não localidade – a interconexão das consciências sem troca de sinais – como solução (ver detalhes no Capítulo 4). Não escolhemos com total liberdade a partir de nossa consciência local, ou ego individual, mas a partir de uma consciência cósmica não local e não ordinária.

De diversas formas, essa é uma ideia revolucionária. Primeiro, agora está claro que a escolha consciente numa situação objetiva (em que há um grande número de objetos e/ou eventos) é objetiva porque a consciência, sendo não local, é objetiva. Isso comprova porque a física quântica é capaz de prever possibilidades. Segundo, para um evento isolado, mantém-se o escopo da criatividade. O segredo por trás de *O segredo* é que devemos escolher criativamente, em sincronia com a consciência quântica, para manifestar nossas intenções. No ego, nosso suposto livre-arbítrio fica seriamente comprometido, tornando-se uma escolha entre alternativas condicionadas: que sorvete você prefere, chocolate ou creme? Esse tipo de escolha. Terceiro, a não localidade da consciência é um conceito comprovável experimentalmente.

Já tínhamos os trabalhos de Einstein, Podolsky & Rosen (1935) e o de John Bell com seu famoso teorema (Bell, 1965), que sugeriam que a não localidade está envolvida na mensuração quântica e no modo de comprovar a existência da não localidade. Alain Aspect e seus colaboradores (1982) comprovaram efetivamente a não localidade quântica em laboratório em 1982. No mesmo ano, o médico Larry Dossey começou a alardear a eficácia da não localidade quântica na cura, uma ideia que foi comprovada por Randolph Byrd, em 1988 (Byrd, 1988), demonstrando a consciência não local e a causação descendente na cura a distância por meio de preces. Além disso, o parapsicólogo Robert Jahn (1982) publicou dados objetivos convincentes da visão remota, e ele e outro parapsicólogo, Dunn (1986), usaram a consciência quântica, embora de maneira levemente vaga, para interpretar seus novos dados.

Willis Harman criou a frase "ciência dentro da consciência", em 1986, antevendo desdobramentos futuros de uma nova ciência baseada na primazia da consciência. Menos de três anos depois, publiquei meus trabalhos sobre criatividade quântica (Goswami, 1988) e a interpretação idealista da física quântica, na qual Deus foi redescoberto na forma da consciência quântica (Goswami, 1989). A criatividade quântica revela outro aspecto importante da causação descendente além da não localidade: a ideia da descontinuidade. As ideias criativas chegam até nós graças a eventos descontínuos do *insight*, quase sempre com uma surpresa, um ahá!. Para o pensamento do antigo paradigma, isso é um anátema. Mas no paradigma da primazia da consciência, a descontinuidade da criatividade é explicada como saltos quânticos, semelhantes aos saltos do elétron entre uma órbita atômica e outra, sem passar pelo espaço intermediário (Figura 7).

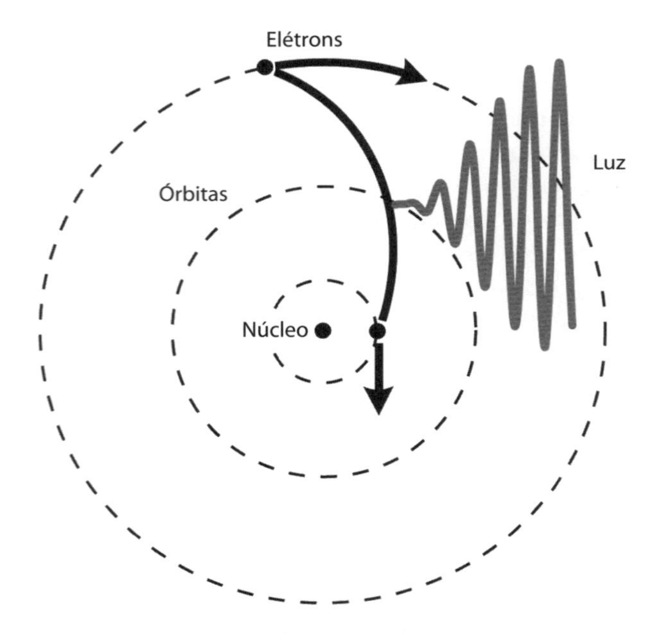

Figura 7. A órbita de Bohr e o salto quântico. Os átomos emitem luz quando os elétrons saltam de uma órbita para outra. Para dar o salto quântico, não é necessário que os elétrons passem pela esfera intermediária.

E, por último, mas não menos importante, o médico Deepak Chopra (1990) descobriu, de forma independente, a consciência quântica e a causação descendente com sua revolucionária ideia de cura quântica. A ciência dentro da consciência estava a caminho.

Jacobo Grinberg (Grinberg *et al.*, 1994) descobriu o potencial transferido – a transferência de potencial elétrico e físico de um cérebro para outro a distância, sem qualquer sinal ou conexão eletromagnética, confirmando que a consciência quântica é, de fato, não local. Os dados de Grinberg (ver detalhes no Capítulo 4) foram ratificados posteriormente por diversos experimentos (Sabel *et al.*, 2001; Wackermann *et al.*, 2003; Standish *et al.*, 2004).

Em 1993, publiquei o original de *O universo autoconsciente* (Goswami, 1993). No mesmo ano, o físico Henry Stapp publicou o livro *Mind, matter and quantum mechanics*, apresentando praticamente as mesmas conclusões que meu livro, só levemente camufladas. Os parapsicólogos Helmuth Schmidt (1993) e Dean Radin (1997) fizeram importantes contribuições em prol da causação descendente e da intenção do experimentador, assim como William Tyler (2001), professor de Engenharia de Stanford.

Estamos testemunhando nada menos do que a redescoberta de Deus e da causação descendente por parte da ciência. Mas as tradições espirituais, além da causação descendente, também evocam a ideia de corpos sutis não materiais, como a mente e um corpo de energia vital, até um corpo supramental de arquétipos, dos quais se originam nossos valores. Como dito antes, os materialistas rejeitam a ideia de corpos sutis não materiais por causa do dualismo.

Além do pensamento holístico, da nova psicologia e da física quântica, outros desenvolvimentos tiveram lugar rapidamente após a publicação de *A conspiração aquariana* (Ferguson, 1980), sugerindo que deveria haver alguma coisa além do materialismo. Em 1981, foi lançado o revolucionário livro do biólogo Rupert Sheldrake, *Uma nova ciência da vida*, revitalizando a noção, antes descartada, do corpo vital. Antes, o corpo vital era a fonte de uma misteriosa força vital. A teoria acertada de Sheldrake diz que o corpo vital é o reservatório de campos morfogenéticos não locais e não físicos, usados para a construção de formas biológicas. John Searle (1987, 1994) apresentou uma redescoberta da mente, apoiada por Roger Penrose (1991) com matemática rigorosa, ambos mostrando que a matéria não pode processar significado; só a mente pode, e o faz.

Acumulavam-se outros dados apoiando os corpos sutis. Os pesquisadores de experiências de quase morte fizeram descobertas (Sabom, 1982; Ring, 1984), provando a sobrevivência após a morte. Stanislav Grof (1992) descobriu a nova técnica da respiração holotrópica para codificar memórias de outras vidas que, até então, só podiam ser comprovadas por meio de recordações de crianças (Stevenson, 1974, 1977).

Os materialistas têm objeções aos corpos sutis por causa do "dualismo" – não existe mediador para a interação entre o sutil e o material.

Mas, no pensamento quântico, pensar em objetos sutis como objetos quânticos ou possibilidades quânticas dentro da consciência elimina o dualismo. A consciência é o mediador (ver Figura 4, no Capítulo 1). Quando a consciência escolhe entre diversas possibilidades materiais, ela também escolhe dentre uma ou mais possibilidades de corpo sutil. No processo de escolha simultânea, a consciência faz uma representação do sutil na matéria (Goswami, 2000, 2001; Blood, 2001).

Isso deu à ciência dentro da consciência novo poder, novos horizontes a integrar. Um deles é a física da sobrevivência após a morte e da reencarnação. O que sobrevive? O que encarna? Os corpos sutis, naturalmente; na verdade, sua matemática quântica de probabilidades condicionadas (Goswami, 2001; também, ver adiante). Outra aplicação da nova ciência foi a questão da saúde e da cura.

A acupuntura entrou na América do Norte, *chi* tornou-se uma palavra popular da noite para o dia e, em pouco tempo, energias sutis (vitais) estavam sendo estudadas por pessoas do nível de Elmer Green (Green & Green, 1977; Page, 1992; Eden, 1999). Em pouco tempo, formaram-se pontes entre o progresso na modelagem quântica da consciência e o trabalho empírico e teórico de pesquisadores médicos de vanguarda (Goswami, 2004).

Na década de 1980, a escola organísmica de biologia (os biólogos que atribuem eficácia causal a todo o organismo, e não apenas aos genes), liderada por Brian Goodwin, Mae Wan Ho e Peter Saunders, lembrou a comunidade científica da incompletude do neodarwinismo, e diversos livros populares (por exemplo, Goodwin, 1994; Ho & Saunders, 1984) sobre o assunto foram publicados com o seu incentivo. O biólogo Michael Behe (1996) fez seu trabalho pioneiro, apoiando o desígnio inteligente de sistemas vivos por um desenhista inteligente, também na década de 1990. O astrofísico Arnie Wyller (1999) sugeriu que a consciência tem um papel crucial na evolução. E, finalmente, num livro recente (Goswami, 2008b), foi feita uma ponte entre o darwinismo e a teoria do desígnio inteligente da evolução, usando as ideias da causação descendente e dos corpos sutis. A ideia crucial aqui é que as famosas lacunas fósseis da macroevolução (também chamados de sinais de pontuação, ver Eldrege & Gould, 1972) são o resultado de saltos quânticos de criatividade biológica.

Essa forma de ver a evolução proporcionou uma base científica para as primeiras ideias revolucionárias sobre nosso futuro evolutivo, por luminares como Teilhard de Chardin (1961), Sri Aurobindo (1996) e Ken Wilber (1981).

Estou lhe dando uma noção, e não a história completa, do modo como o novo paradigma da ciência, reconfirmando a existência de Deus, a causação descendente e os corpos sutis, chegou novamente até a vanguarda do pensamento científico e da experimentação científica.

Agora, a pergunta quintessencial. Se temos os dados, bem como a teoria (ambos adequadamente demonstrados nas décadas anteriores, tal como mostramos aqui) para um paradigma da ciência com base na consciência, então por que a maioria dos cientistas (o *establishment*) não aceita a mudança de paradigma? Por que a mensagem quântica não está chegando aos cientistas convencionais? Por que nem mesmo os holistas teriam se convertido a esse novo paradigma, baseado na nova física quântica?

Não há razão para espanto. A situação da aceitação da ciência dentro da consciência por parte de cientistas estabelecidos é bem parecida e paralela com a situação da aceitação da espiritualidade esotérica entre pessoas de religiões estabelecidas. A anuência é lenta, e há bons motivos para isso.

A ciência moderna foi criada num ambiente de antagonismo entre ciência e cristianismo. No Ocidente, essa batalha passou por muitos altos e baixos, mas continua até hoje. Assim, quando os cientistas ocidentais pensam em espiritualidade, eles não conseguem dissociar espiritualidade de cristianismo (é uma coisa emocional, entende?), não conseguem pensar que há outras religiões no mundo, não conseguem aceitar que até o cristianismo tem uma tradição esotérica na qual o conceito de Deus é bem sofisticado e exige uma investigação muito mais complexa antes de ser rejeitado de imediato. E eles continuam com suas querelas com o cristianismo, fruto de mentalidades estreitas, enquanto outras religiões populares do mundo prosseguem em suas próprias querelas.

O paralelo não termina aí. A religião popular não tem problemas com responsabilidade. Você nasce nela e é salvo de qualquer maneira (se acha que só no cristianismo é que "Jesus salva", creia-me, essa forma simplória de pensar está presente em toda religião popular). Mas aceitar a espiritualidade esotérica baseada na não dualidade entre você e Deus torna-o responsável por suas escolhas. A responsabilidade não pode ser assumida enquanto você não estiver pronto para ela.

O mesmo vale para a ciência dentro da consciência. Cientistas que a aceitam não podem fugir da responsabilidade. Não podem mais praticar a ciência sem respeitar valores. Não podem mais ficar alheios à transformação enquanto fingem ter objetividade científica. Ser cientista consciente é pesquisar a consciência em sua vida pessoal e em sua vida profissional. Trata-se de uma mudança muito grande, uma responsabilidade igualmente considerável.

Além disso, você precisa se lembrar que o materialismo ficou embrenhado no modo como cientistas e tecnólogos ganham a vida. Como disse Upton Sinclair: "É difícil fazer um homem entender alguma coisa quando seu salário depende de que ele não a entenda".

Finalmente, os cientistas de hoje são muito especializados. Um físico quântico não compreende a consciência, e por isso mostra-se cético quando dizem que aquele que ele imagina ser um fenômeno psicológico pode resolver um problema da física. O psicólogo cognitivo ou o neurocientista mostra-se alheio ao fato de que a solução para os paradoxos da percepção (porque existiria um sujeito além do objeto, a qualidade subjetiva etc.) pode ser encontrada da primazia da consciência e na física quântica. O biólogo evolucionário preocupa-se com a explicação das lacunas fósseis, sem dúvida, mas não está a par dos saltos quânticos descontínuos. O oncologista sabe que é quase impossível haver a cura de um câncer da noite para o dia, mas suspeita do conceito de cura quântica – como a física quântica pode ter qualquer coisa a dizer sobre cura? E assim por diante.

Seja como for, o lento progresso do pensamento do novo paradigma não é necessariamente ruim. A aceitação lenta significa que os cientistas não são ingênuos; eles sabem o que está em jogo. Certa vez, o filósofo Victor Frankl disse: "Devemos complementar a Estátua da Liberdade na Costa Leste com a Estátua da Responsabilidade na Costa Oeste". É possível argumentar que não existe pressa para uma mudança completa de paradigma enquanto não tivermos erguido tal estátua da responsabilidade – em termos metafóricos, é claro. Enquanto isso, o importante é conseguir a aceitação para uma abordagem multicultural em todas as ciências sociais e relacionadas com a vida, acompanhando a liderança da psicologia e da medicina.

Por outro lado, como tenho dito em voz alta há algum tempo, o materialismo é uma ferida no corpo da evolução da consciência. Não seria prudente curar essa ferida o mais depressa possível? Daí a importância do ativismo quântico.

Devemos curar essa ferida antes que ela se mostre maligna. Antes, eu estava falando da aceitação científica do novo paradigma dentro de seu próprio ritmo. Mas a aceitação popular não precisa esperar. Graças ao tempo em que a espiritualidade oriental está no Ocidente e à renovação ocidental do esoterismo do holomovimento (usando uma expressão criada pelo físico David Bohm) da consciência, muito mais leigos do que cientistas estão prontos para aceitar a responsabilidade. Na verdade, imagino que essa aceitação popular do novo paradigma é que vai motivar a aceitação científica.

O que significa assumir responsabilidades? Significa que você se compromete a modificar-se segundo a necessidade da evolução da consciência, usando os aspectos transformadores da física quântica, como a descontinuidade e a não localidade. Quando você faz isso, torna-se um ativista quântico. Um ativista comum procura mudar o mundo sem fazer quaisquer mudanças por conta própria; o ativista espiritual procura transformar acreditando que o mundo cuidará de si mesmo. O ativista quântico faz a jornada de transformação, tendo sempre em mente a transformação do mundo todo.

Logo, levar agora mesmo à ciência o ativismo quântico significa que, se não pudermos convencer os materialistas a abrir mão de seu velho paradigma, vamos apoiar pessoalmente o desenvolvimento de ciências alternativas onde quer que estejam surgindo. Não competimos uns com os outros; nós cooperamos. Não dividimos; integramos. Mais cedo ou mais tarde, o paradigma da ciência que integrar mais receberá a aprovação para ser o novo paradigma.

É a visão de mundo, seu tonto!

Assim, que lição isso tudo traz para a mudança de paradigma da ciência em geral? Se as pessoas apoiam um campo específico que produz pesquisas, mais cedo ou mais tarde esse campo recebe o reconhecimento oficial do governo, que passa a endossar pesquisas nesse campo. O reconhecimento oficial atrai mais cientistas para o referido campo, o que atrai mais apoio popular, e assim por diante.

O apoio popular também depende muito da utilidade prática que se depreende do novo paradigma. O apoio governamental para a física cresceu muito nos Estados Unidos e na Europa, bem como na – hoje extinta – União Soviética, por causa, primeiro, do papel espetacular que a física e a tecnologia baseada na química tiveram na Segunda Guerra Mundial, e, segundo, da competição da Guerra Fria na fabricação de armas e na exploração espacial. E, acredite ou não, a principal aplicação "útil" da física que continua a atrair o apoio governamental para as pesquisas da física ainda são as armas. Um paradigma de paz e de consciência pode ser útil, na percepção popular, a ponto de merecer apoio governamental, especialmente financeiro?

Este ponto é crucial. A menos que haja apoio para pesquisas, não haverá uma mudança significativa de cientistas, nenhum êxodo em massa, do paradigma materialista para o paradigma baseado na consciência, por mais satisfatório em termos espirituais ou por mais próximo da verdade que este último possa ser.

Assim, a agenda imediata do ativista quântico está clara: consolidar apoio suficiente do público para gerar apoio a pesquisas sobre o novo paradigma. Dados recentes (Ray & Anderson, 2000, 2003) sugerem que pode haver um reservatório de cerca de 20% dos norte-americanos a apoiar – em segredo – o novo paradigma. Cabe ao ativista quântico tirá-los do armário. O sucesso de filmes recentes como *What the Bleep Do We Know?* (Quem Somos Nós?) e *The Quantum Activist* (O Ativista Quântico) sugere ainda um aumento similar a favor do novo paradigma. Talvez não estejamos tão distantes da Terra Prometida.

Precisamos também levar em conta uma fonte de apoio para a nova ciência que ainda não foi explorada. Excetuando-se os fundamentalistas, a maioria das religiões receberia muito bem uma ciência que apoia Deus, que apoia a essência de todas as religiões, e que apoia a ética e os valores religiosos que estão mais ou menos de acordo com as práticas religiosas. Assim, uma das prioridades do ativismo quântico é iniciar e dar prosseguimento ao diálogo entre as religiões existentes e os cientistas do novo paradigma. A maioria das pessoas religiosas deste e de outros países é composta por não fundamentalistas. Devemos nos lembrar disso sempre.

capítulo 4

como resolver paradoxos quânticos e descobrir um deus científico por conta própria

A física quântica é paradoxal. É por causa disso que o grande físico Richard Feynman disse: "Ninguém compreende a mecânica quântica". E o famoso Niels Bohr afirmou: "Se você não ficou intrigado quando se deparou com a física quântica, provavelmente não poderia compreendê-la".

Por que esses paradoxos? É que a maioria dos cientistas atuais (como nos primeiros tempos, ver Capítulo 1) tenta interpretar e compreender a física quântica com a metafísica do materialismo científico – tudo é feito de matéria, de partículas elementares de matéria. Estudando os paradoxos e suas soluções encontramos pistas espantosas e desconhecidas, não só sobre a incompletude do materialismo científico, como também sobre a natureza de nossa consciência. Literalmente, esses paradoxos são o portal para conhecermos Deus, um Deus científico e criador que é o agente criativo da causação descendente.

A grande novidade é que, na física quântica, todos os objetos são representados como possibilidades, ondas de possibilidades com muitas facetas. No entanto, quando as medimos ou observamos, nunca vemos possibilidades; vemos um evento concreto, uma partícula. Esse é o efeito do observador. Mas como é que o ato de observar converte objetos, transformando-os de ondas de possibilidade em partículas de algo concreto? O que o observador tem de especial? Uma máquina material pode converter possibilidade em experiência concreta? Essa conversão é mesmo necessária? Essas são as questões do problema de mensuração quântica na mudança de paradigma.

Mas você vai dizer que, antes de lidar com o problema da mensuração, precisa se convencer de que objetos quânticos são mesmo ondas de possibilidade. Ótimo. Para isso, vamos investigar o experimento da fenda dupla e o chamado paradoxo onda-partícula.

O experimento da fenda dupla e a solução do paradoxo onda-partícula

Na instalação da fenda dupla, um feixe de elétrons passa por uma tela com duas fendas antes de atingir uma segunda tela fluorescente na qual eles são observados (Figura 8a). Segundo a física quântica, a onda de possibilidades de cada elétron se divide em duas, passando pelas duas fendas ao mesmo tempo. O resultado, visto como pontos na tela fluorescente, mostra (Figura 8b) franjas alternadas brilhantes (onde estão os pontos) e escuras (onde não há pontos). Você há de concordar que isso é um pouco incomum, caso esteja acostumado a ver apenas objetos (aproximadamente) newtonianos como bolas de beisebol comportando-se em situações similares; no caso das bolas, porém, haveria apenas duas franjas atrás das fendas.

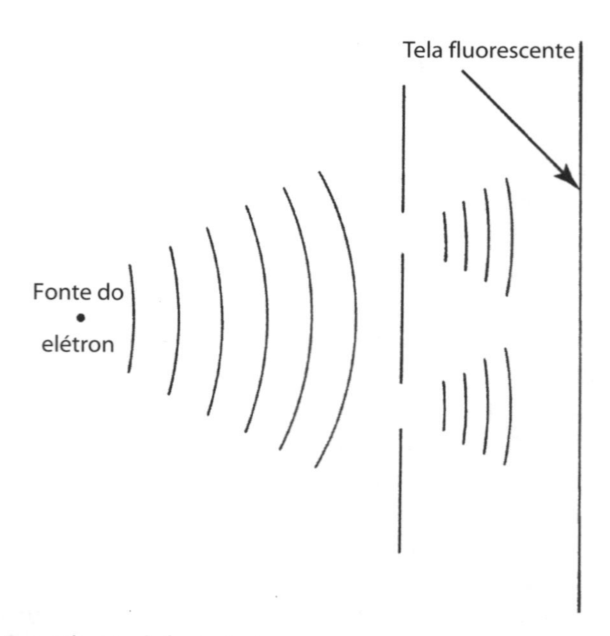

Figura 8a. O experimento da fenda dupla.

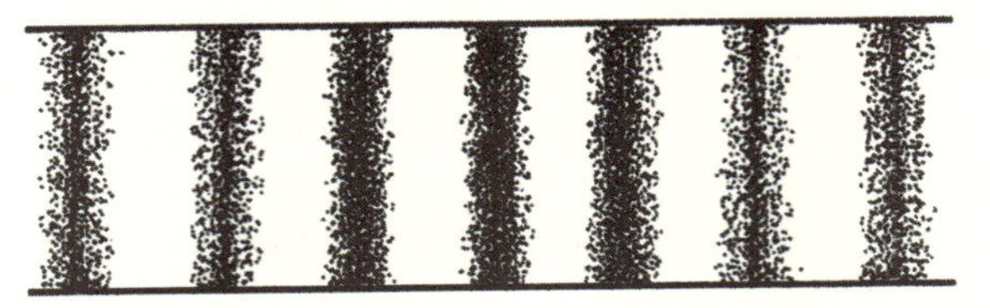

Figura 8b. O padrão de interferência resultante, com franjas brilhantes e escuras alternadas.

Para compreender o padrão, precisamos invocar a interferência de onda, algo que só ondas podem fazer. Se as cristas das duas ondas de cada elétron que passa pela fenda dupla chegam juntas à tela fluorescente, "em fase", as possibilidades aumentam e se reforçam (Figura 9) e a probabilidade de se encontrar o elétron é máxima nesses lugares. Essa é a chamada interferência construtiva e explica as franjas brilhantes. Se a crista de uma onda chega "fora de fase", com a base da outra em algum ponto da tela, temos um problema. As ondas se destroem mutuamente, sem possibilidade para o elétron sequer chegar a esses lugares: é a interferência destrutiva. Isso explica as franjas escuras.

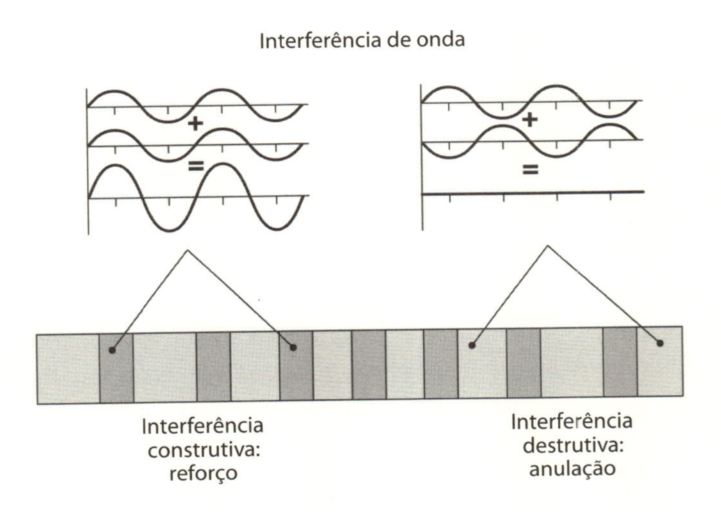

Figura 9. Interferência de onda.

Quando os elétrons sofrem colapso ou se convertem em experiências concretas, aparecem como pontos localizados, como costuma acontecer com as partículas. Mas a única forma pela qual você pode racionalizar como um elétron, um objeto material, passa por duas fendas ao mesmo tempo, é aceitar que o elétron o faz em possibilidade, como uma onda de possibilidades. Os elétrons devem ser, ao mesmo tempo, partículas e ondas.

Se você ainda está um tanto cético, suponha que tentemos definir por qual fenda o elétron passa numa mensuração. Metaforicamente, apontamos uma lanterna para as fendas para ver o elétron. Sabe o que acontece? Assim que fazemos isso, nossa tentativa de vê-lo causa o colapso da onda do elétron, este se comporta como uma partícula, e o que acontece de fato é o que você esperaria, se fossem bolas de beisebol (Figura 10).

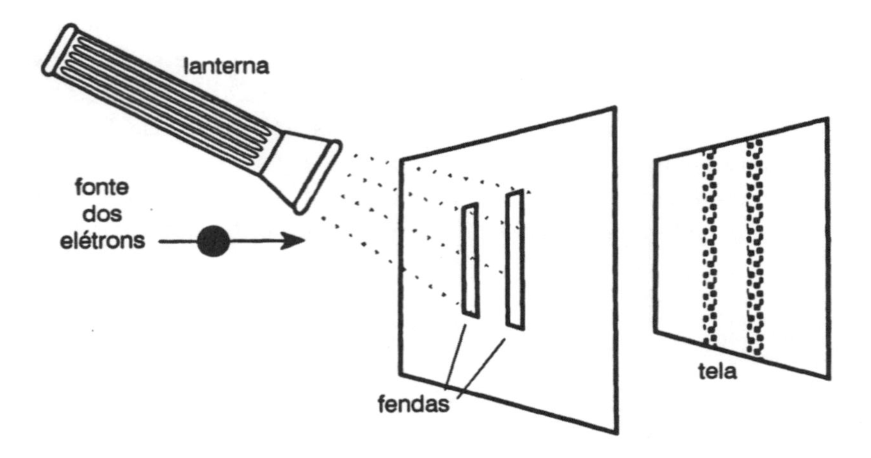

Figura 10. Quando tentamos identificar a fenda pela qual passa o elétron, focalizando uma lanterna sobre as fendas, o elétron exibe sua natureza de partícula – exatamente o que esperaríamos se os elétrons fossem bolas de beisebol em miniatura.

Pense nisso. Não há alternativa, exceto aceitar que um elétron é uma onda de possibilidades, com a capacidade de estar em duas fendas ao mesmo tempo sempre que não o observamos; e, sempre que o observamos, manifesta-se como uma partícula localizada.

Para compreender plenamente o exemplo, é útil perceber que, como ondas de possibilidades, os elétrons habitam uma *potentia transcendente* situada além do tempo e do espaço, como percebeu Heisenberg há muito tempo. Quando sofrem colapso, elas se tornam partículas imanentes. O evento do colapso não apenas manifesta o elétron como partícula, mas também manifesta consigo o tempo e o espaço.

De volta ao paradoxo da mensuração quântica

Na metafísica materialista, tudo é matéria, e nós – nossa própria consciência – também somos fenômenos ou epifenômenos materiais. Assim, segundo dizem os materialistas, a consciência é um epifenômeno do cérebro. Agora, analise novamente o problema da mensuração quântica segundo esse ponto de vista. Partículas elementares possíveis formam átomos possíveis, formam moléculas possíveis, formam um cérebro possível, formam uma consciência possível. Agora, essa consciência possível está olhando para uma possível partícula elementar ou interagindo com ela. Possibilidade associada a outra possibilidade. O que acontece? Só uma possibilidade maior. Pense em peixes possíveis no rio. E em iscas de pesca possíveis. Mas você pode pescar um peixe de verdade com sua isca possível associada a peixes possíveis?

Assim, pensar na consciência como um epifenômeno cerebral nunca pode explicar o efeito do observador – como nossa observação converte em experiência concreta uma onda quântica de possibilidades. Temos um paradoxo.

O grande matemático John von Neumann provou matematicamente que interações materiais entre ondas de possibilidades de objetos só conseguem produzir outras ondas de possibilidade. Mesmo um número infinito de "aparatos de mensuração" materiais, como câmeras e contadores Geiger – chamados de "cadeia de Von Neumann" – conseguem transformar o colapso em experiência concreta. Este é o chamado teorema de Von Neumann. Assim, este matemático percebeu que um agente não material é necessário para causar o colapso de uma onda de possibilidades e criar uma partícula concreta. Como nossa observação faz isso rotineiramente, devemos ser dotados de um componente não material – nossa consciência. A consciência escolhe, dentre as possibilidades quânticas, os eventos concretos da experiência – as partículas da experiência concreta.

Infelizmente, podemos suscitar uma pergunta: como uma consciência não material interage com o objeto material? Como não há nada em comum entre eles, é necessário um mediador, um sinal que transporte energia. Mas a energia do universo material em si é sempre uma constante – esta é a sacrossanta lei de conservação da energia. Se sinais levassem a energia da consciência até um corpo material e vice-versa, a lei de conservação da energia seria violada de vez em quando. Mas, como disse, isso nunca acontece. Por isso, temos aqui outro paradoxo, o paradoxo do dualismo, discutido anteriormente.

Não estamos pensando na consciência corretamente – isso está bem claro. Quando comecei a pensar no problema da mensuração quântica, também fiquei intrigado com esses paradoxos. Procurei até professores de psicologia, mas sem resultados. A maioria dos psicólogos acadêmicos pensa no cérebro como um computador e imagina a consciência como uma unidade de processamento central. Mas isso não ajuda a compreender o paradoxo da mensuração quântica. Nossa observação de um objeto quântico ainda é possibilidade associada a outra possibilidade – uma CPU possível olhando um elétron possível.

Numa medida desesperada, voltei-me para a mística. Certa noite, conversando com um místico, veio-me a claridade – outra forma de pensar na consciência. Esse místico, chamado Joel Morwood, disse: "Não existe nada exceto Deus". E minha metafísica materialista sofreu uma reviravolta. Percebi que não existe nada além da consciência. Em vez de a matéria ser tudo, a consciência é a base de toda existência, e os objetos materiais consistem em ondas quânticas de possibilidades da consciência. Quando a consciência escolhe, essa escolha vem de suas próprias possibilidades e não requer interação. Por isso, não existe dualismo.

Com certeza, você já viu uma figura *gestalt*, essas incríveis imagens que se valem das mesmas linhas. A minha favorita mostra uma jovem e uma idosa escondidas entre as linhas (Figura 11). O artista deu à figura o nome de "Minha esposa e minha sogra". Suponha que você veja antes a sogra. Agora, tente ver a esposa. No início, isso pode ser um pouco frustrante. Você precisa fazer alguma coisa na imagem para que o significado mude? Não, seja paciente. Tudo de que precisa é mudar a perspectiva da observação.

E é assim. Quando a consciência escolhe entre as facetas de possibilidade do objeto material, opta por uma ou outra faceta mudando sua perspectiva de observação. Não precisa fazer nada, não precisa interagir.

Veja como isso é renovador. Os místicos vêm dizendo há milênios que a consciência é a base de toda a existência, como "tudo é Brahman", ou "não existe nada além de Alá", ou "Deus é tudo". Quando ouvimos essas frases, costumamos refletir. Como isso é possível? Essas coisas, Alá, Deus, Brahman ou Ain Sof não são apenas ideias, coisas abstratas? Como a matéria sólida pode ser feita a partir de coisas tão etéreas?

Por algum tempo, deixe de ser incrédulo. As ondas de possibilidades quânticas são descritas matematicamente por funções matemáticas chamadas funções de onda. Um objeto é apenas isso – no

Figura 11. Uma imagem de gestalt, "Minha mulher e minha sogra", criada por W. E. Hill.

começo, ele é só isso, a entidade matemática de uma função de onda. O ato de escolha da consciência é que dá substância às formas matemáticas, dependendo daquilo que escolhemos. Se escolhemos um corpo sólido, a solidez – estrutura, dureza, textura – resulta de nossa escolha (Blood, 1993).

O paradoxo: quem faz a escolha

O próximo paradoxo, o paradoxo do amigo de Wigner de que trataremos, é importante tanto para o cientista quanto para o ativista quântico. Para o cientista, trata-se da questão da objetividade: o cientista preocupa-se com o fato de que, agora que a consciência participa da física, será que a física vai tornar-se subjetiva? Como, então, poderemos chamá-la de ciência? Para o ativista quântico, as ideias da última seção podem conjurar o lema "nós criamos nossa própria realidade" com a grandeza que se costuma associar a ele, tornando reais todos os tipos de desejos pessoais, como um carro de luxo, uma casa bonita etc. Falamos antes do filme *O Segredo* e da lei da atração: espere e as coisas chegarão até você. Até que ponto essas coisas são comprovadas pela física quântica? Sugeri antes que a criatividade quântica é o verdadeiro segredo para criarmos nossa própria realidade, mas como sabemos qual é o verdadeiro segredo?

Imagine que Wigner, físico que recebeu o Prêmio Nobel e idealizou esse paradoxo, está se aproximando de um semáforo com duas possibilidades, luz vermelha e luz verde; ao mesmo tempo, seu amigo está se aproximando do semáforo pela rua perpendicular (Figura 12). Como ambos são ocupados, ambos escolhem a luz verde. Infelizmente, suas escolhas são contraditórias; se ambas as escolhas se materializassem ao mesmo tempo, haveria um pandemônio. Obviamente, só uma das escolhas conta, mas de quem?

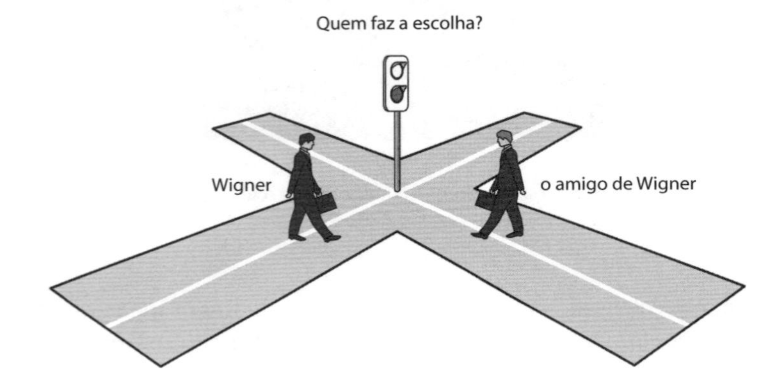

Figura 12. O paradoxo do amigo de Wigner.

No contexto do modo como normalmente vivenciamos nossa consciência, só existe uma solução. Wigner sabe que está consciente; por exemplo, ele tem ciência de que está ciente. Contudo, ele só pode discernir isso para si mesmo, nunca para seu amigo ou qualquer outra pessoa. Dessa forma, se ele presumir que é a única pessoa com consciência, então só ele conseguirá escolher, e o paradoxo estará resolvido. Esta filosofia é chamada de solipsismo, mas Wigner não se satisfez com ela. O referido físico achou muito perturbador ter de manter seu amigo num estado de possibilidade suspensa até olhar para ele!

Como disse antes, a solução para o paradoxo é a seguinte (Bass, 1971; Goswami, 1989, 1993; Blood, 1993, 2001): a consciência é uma só, não local e cósmica, por trás das individualidades locais dessas duas pessoas. Tanto Wigner como seu amigo fazem escolhas, mas só figurativamente, pois a Consciência Una escolhe por ambos, evitando qualquer contradição. Isso permite o resultado, ditado pelos cálculos da probabilidade quântica, que diz que, em muitos desses cruzamentos, Wigner e seu amigo obteriam a luz verde em 50% por cento das ocasiões; contudo, em cada cruzamento isolado, está aberta a oportunidade criativa para que cada um obtenha a luz verde.

Perceba que reconquistamos a objetividade. A consciência cósmica, sendo universal, é objetiva. Você pode chamá-la de Deus, mas agora Deus é científico, é a consciência quântica. E sua escolha, para muitas pessoas e muitos eventos, também é objetiva, e está de acordo com os cálculos de probabilidade quântica. Assim, a física e a química, ou qualquer ciência de objetos não vivos, podem ser revisadas para quaisquer finalidades práticas com toda segurança.

Por outro lado, abriu-se uma janela de oportunidades para qualquer observador individual de um evento individual de colapso, no qual a escolha pode ser criativa sem violar as demandas globais de probabilidades. Mas essa liberdade de escolha é um privilégio, não um direito. Você pode merecer esse privilégio se conseguir acessar a consciência cósmica, não local, na qual essa escolha existe.

O experimento de Grinberg

Como mencionei antes, o primeiro experimento comprovando a não localidade da consciência de forma inequívoca (ou seja, com máquinas objetivas, e não com experimentos subjetivos envolvendo pessoas) foi realizado pelo neurofisiologista Jacobo Grinberg e seus colaboradores na Universidade do México. Vamos aos detalhes.

O princípio da localidade afirma que toda comunicação deve se dar por meio de sinais locais, que têm um limite de velocidade. Einstein estabeleceu que esse limite de velocidade seria a velocidade da luz (a imensa, mas finita, velocidade de 300 mil quilômetros por segundo). Assim, esse princípio da localidade, uma limitação imposta pelo pensamento einsteiniano, exclui a comunicação instantânea por meio de sinais. Mesmo assim, objetos quânticos são capazes de influenciar-se instantaneamente, caso interajam e fiquem correlacionados por meio da não localidade quântica. Isso foi demonstrado pelo físico Alain Aspect e seus colaboradores (1982) para um par de fótons (*quanta* de luz). Os dados não parecem contradizer o pensamento einsteiniano caso aceitemos a não localidade quântica como ela é – uma interconexão sem sinais (descontínua) fora do espaço e do tempo.

O próprio experimento de Aspect basta para repudiar o materialismo científico, mas os físicos de hoje constituem um grupo bem conservador. Há rumores de que, numa reunião da Sociedade de Física, um físico de renome disse a outro algo como quem não percebesse a importância radical do experimento de Aspect "deveria ter pedras na cabeça". Mas, com ou sem pedras na cabeça, a grande maioria dos cientistas prefere ignorar o veredicto do experimento de Aspect porque ele trata do domínio submicroscópico da natureza, e pode não ser relevante para o macromundo em que vivemos.

Felizmente, não tardou a aparecer um experimento no macromundo. Em 1993, Grinberg tentava demonstrar a não localidade quântica para dois cérebros correlacionados. Duas pessoas meditaram juntas com a intenção de manter uma comunicação direta (sem sinais, não local). Após 20 minutos, foram separadas (mas ainda mantendo a intenção de comunicar-se), postas em gaiolas de Faraday (câmaras à prova de interferência eletromagnética) individuais, e cada cérebro foi ligado a um eletrencefalógrafo (EEG). Mostrou-se a um dos indivíduos uma série de lampejos luminosos, produzindo em seu cérebro uma atividade elétrica que foi registrada no eletrencefalógrafo, do qual se extraiu um "potencial evocado" com a ajuda de um computador, subtraindo-se o ruído cerebral. De algum modo, o potencial evocado foi transferido para o cérebro do outro sujeito, conforme indicou o EEG deste indivíduo, que mostrou (após a subtração do ruído) um potencial transferido (similar ao potencial evocado em fase e intensidade). Isso é mostrado na Figura 13a. Indivíduos de controle (aqueles que não meditaram juntos ou que não conseguiram manter a intenção de comunicar-se sem sinais durante a duração do experimento) não mostraram nenhum potencial transferido (Figura 13b).

Qual a explicação para o potencial transferido? Quando conversei pela primeira vez com Jacobo por telefone, ele se mostrou nitidamente intrigado; ele queria que eu explicasse seus dados. Assim, fui à Cidade do México, conferi os detalhes da experiência e percebi na mesma hora a importância desses dados. O experimento demonstra a não localidade das respostas cerebrais, como Jacobo suspeitava, mas também algo ainda mais importante – a não localidade da consciência quântica. De que outro modo seria possível explicar como a escolha forçada da resposta evocada no cérebro de um indivíduo pode levar à livre escolha de uma resposta (quase) idêntica no cérebro do parceiro correlacionado? Assim, com grande excitação, Jacobo e eu (e os dois estudantes envolvidos, Leah Attie e J. Delaflor) escrevemos o texto sobre o potencial transferido, que foi publicado na revista *Physics Essays* (Grinberg *et al.*, 1994).

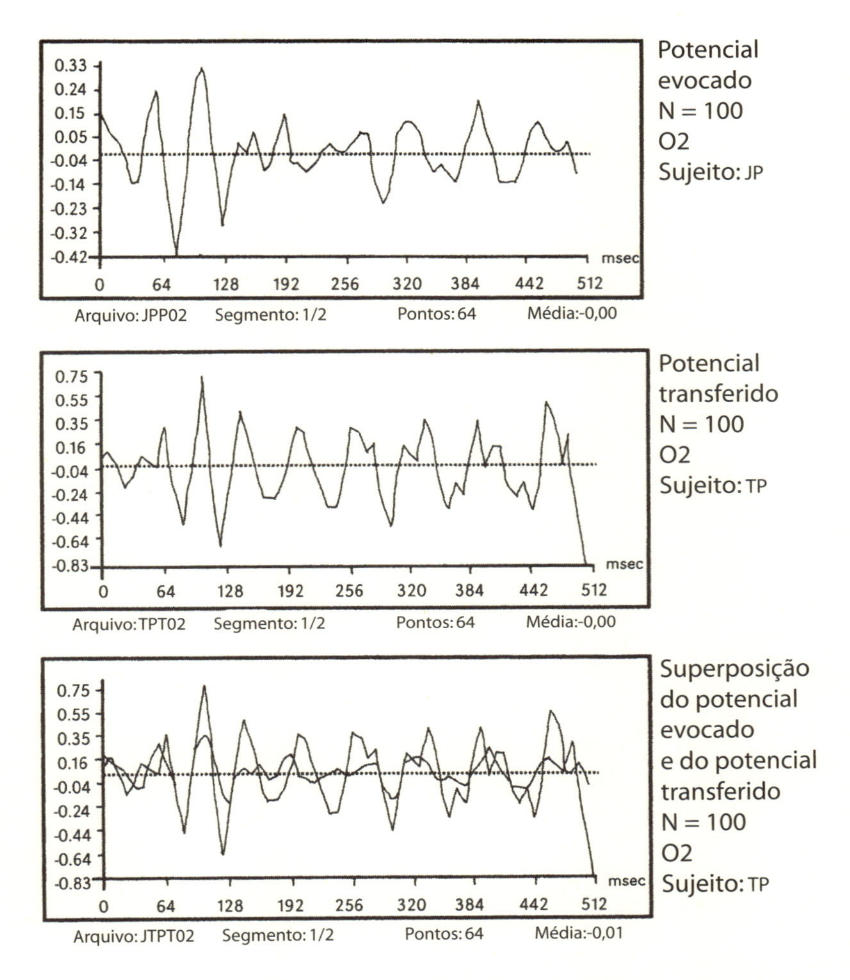

Figura 13a. Potencial evocado (superior) e transferido (intermediário). A curva inferior mostra uma superposição entre ambas da ordem de 71% (de Grinberg-Zylberbaum *et al.*, 1994).

O experimento de Grinberg provou a não localidade quântica, demonstrando que a comunicação entre os indivíduos não poderia ter ocorrido por meios eletromagnéticos. Em 1995, convidei Grinberg a ir a Vivekananda Kendra, na Índia, para apresentar uma palestra numa conferência e para iniciar uma colaboração com os cientistas de lá, a fim de provar a natureza instantânea da comunicação (uma demonstração mais direta da não localidade) entre os dois indivíduos do experimento, posicionando um indivíduo no México e outro na Índia. Jacobo foi e apresentou a palestra, mas, pouco depois, antes que o

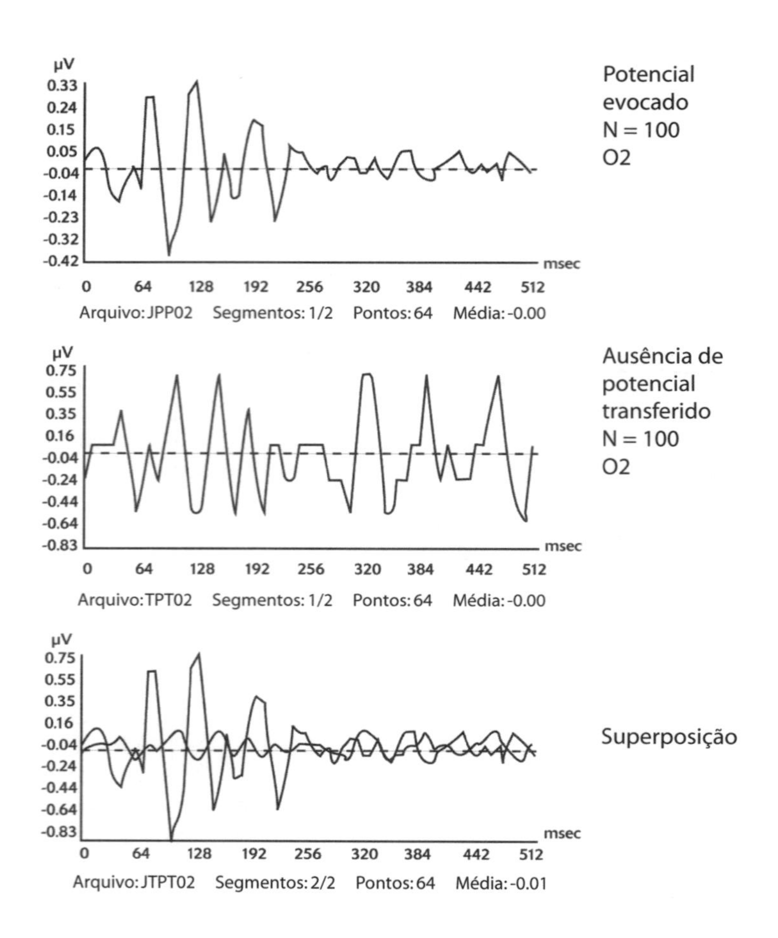

Figura 13b. Sujeitos de controle: nenhum potencial transferido. Perceba como é muito menor o potencial observado para o segundo sujeito (curva intermediária; preste atenção na escala vertical). Além disso, a curva inferior não mostra superposição apreciável.

experimento pudesse ser efetivado, ele simplesmente desapareceu (há rumores de que a CIA poderia estar envolvida, mas não sei de nada!)

A boa notícia é que não apenas um, mas quatro experimentos separados estão demonstrando que a consciência quântica, autora da causação descendente, é não local, é unitiva, é Deus. O experimento de Jacobo foi reproduzido diversas vezes desde 1994. Primeiro, pelo neuropsiquiatra Peter Fenwick e seus colaboradores (Sabel *et al.*, 2001) em Londres. Segundo, por Jiri Wackermann *et al.* (2003). E, novamente, pela pesquisadora da Universidade de Bastyr, Leana Standish, e seus colaboradores (Standish *et al.*, 2004).

A conclusão desses experimentos é radical. A consciência quântica, que precipita a causação descendente de uma escolha entre possibilidades quânticas, é aquilo que as tradições espirituais esotéricas chamam de Deus. Redescobrimos Deus dentro da ciência. E mais. Esses experimentos abrem caminho para um novo paradigma da ciência, não baseado na primazia da matéria, como a velha ciência, mas na primazia da consciência. A consciência é a base de toda existência, que agora podemos reconhecer como aquilo a que as tradições espirituais dão o nome de Divindade (cristianismo), Brahman (hinduísmo), Ain Sof (judaísmo), Shunyata (budismo) etc.

Entendendo a descontinuidade

A causação descendente ocorre num estado não ordinário de consciência, que chamamos de consciência-Deus. Mas não temos ciência dele. Por que não? Os místicos têm falado da unidade entre a consciência-Deus e a nossa consciência há milênios, mas não os temos escutado. Por que essa surdez?

Os *Upanishads* dos hindus dizem enfaticamente: "Você é Isso", o que significa "Você é Deus!". Jesus disse, não sem essa ênfase: "Vocês são filhos de Deus". Essa é uma pista. Somos filhos de Deus; temos de crescer para perceber nossa consciência-Deus. Há mecanismos (condicionadores, veja a seguir) que obscurecem nossa Divindade e acabam dando origem à separação do eu, aquilo a que damos o nome de ego. Esse ego cria uma barreira que nos impede de ver nossa unidade com Deus e nossa unidade com todos os outros. Crescer espiritualmente significa crescer e ir além do ego.

Um ponto importante é que a causação quântica descendente da escolha é exercida de forma descontínua. Se a escolha fosse contínua, um modelo matemático, pelo menos um algoritmo de computador, poderia ser construído para ela; o resultado da escolha seria previsível, seu autor seria redundante e não poderia ser chamado de Deus, que tem poderes causais. Nosso estado ordinário de vigília consciente, dominado pelo ego, suaviza a descontinuidade, o que compromete nossa liberdade de escolha. Escolhemos livremente quando superamos o ego, dando um salto descontínuo, chamado de salto quântico.

Sempre que você tiver dificuldade para imaginar um salto quântico descontínuo, pense no modelo do átomo de Niels Bohr. Os elétrons dão voltas ao redor do núcleo atômico em órbitas contínuas. Mas, quando um elétron salta de uma órbita para outra, ele o faz de maneira bem descontínua, e nunca passa pelo espaço intermediário entre as órbitas. Esse pulo é um salto quântico.

Como a consciência quântica não local e cósmica – Deus – se identifica com um indivíduo, torna-se individualizada? Como a continuidade obscurece a descontinuidade? Basicamente, pela observação, e, secundariamente, pelo condicionamento. Antes de a observação se dar, a consciência-Deus é una e indivisa, indistinta de suas possibilidades. A observação implica a divisão sujeito-objeto, a cisão entre o eu e o mundo (veja uma explicação logo adiante). Contudo, antes do condicionamento, o sujeito que vivencia o mundo é unitivo e cósmico. Quando a consciência-Deus escolhe sua resposta ao estímulo dentre as possibilidades quânticas que o estímulo lhe oferece, com total liberdade criativa (sujeito apenas aos limites das leis da dinâmica quântica da situação, Deus é objetivo e legítimo; são Suas Leis, afinal de contas!), o resultado é a experiência primária do estímulo (no estado superconsciente) tal como ele é em sua verdadeira forma. Quando Deus se identifica com o estado superconsciente, damos a isso o nome de *self* quântico (Espírito Santo, no cristianismo). Com experiências adicionais do mesmo estímulo que levam ao aprendizado, as respostas são prejudicadas em favor de respostas anteriores a esse estímulo. Isso é o que os psicólogos chamam de condicionamento (Mitchell & Goswami, 1992). Identificar-se com o padrão condicionado de respostas a estímulos (hábitos de caráter) e o histórico das recordações de respostas anteriores dá ao indivíduo/*self* uma aparente individualidade local, o ego (para mais detalhes, ver Goswami, 1993). Quando operamos a partir do ego, nossos padrões individuais de condicionamento, nossas experiências, sendo previsíveis, adquirem uma continuidade causal aparente. Sentimo-nos separados de nosso *self* quântico pleno e unitivo, e de Deus. É por isso que nossas intenções não costumam produzir o resultado desejado.

A questão do livre-arbítrio

A síntese essencial do condicionamento é que, à medida que a consciência se identifica progressivamente com o ego, há uma perda correspondente de liberdade. No limite do condicionamento infinito, a perda de liberdade é de 100 por cento. Nesse estágio, a única escolha que nos resta, em termos metafóricos, é optar entre sabores de sorvete: chocolate ou creme, uma escolha entre alternativas condicionadas. Não que desejemos subestimar o valor dessa liberdade, mas, obviamente, isso não é uma liberdade real. Em princípio, até máquinas, como uma rede neural, podem tê-la. Nesse limite condicionado, o que conta é o behaviorismo; é o chamado limite do princípio de correspondência da nova ciência: no limite do condicionamento infinito, a nova ciência prevê os mesmos resultados que a antiga ciência.

Mas não há por que temer. Nunca chegamos a esse ponto de condicionamento; não vivemos tanto assim. Mesmo no ego, preservamos alguma liberdade. Um aspecto muito importante da liberdade que mantemos é a liberdade de dizer "não" ao condicionamento, o que possibilita que sejamos criativos de vez em quando.

Há dados experimentais a favor daquilo que estou dizendo. Na década de 1960, os neurofisiologistas descobriram o chamado potencial P300 relacionado a eventos, que sugeria nossa natureza condicionada. Suponha que, como demonstração de seu livre-arbítrio, você declare a liberdade de erguer seu braço direito e faça isso. Observando máquinas ligadas a seu cérebro, um neurofisiologista pode prever facilmente, a partir da aparência da onda P300, que você vai erguer o braço. Ações de "livre-arbítrio" que podem ser previstas não são exemplos de liberdade real.

Isso significa que o behaviorista tem razão quando diz que o ego não tem livre-arbítrio? Quem sabe os místicos que dizem que o único livre-arbítrio é a vontade de Deus, à qual devemos nos render, estejam com a razão. Mas aí surge um paradoxo: como nos entregamos à vontade de Deus se não temos a liberdade para nos entregar a ela?

Novamente, não precisa ter receio. O neurofisiologista Benjamin Libet (1985) fez um experimento que preserva um pouquinho de livre-arbítrio, até para o ego. Libet pediu a seus indivíduos que se recusassem a erguer os braços assim que percebessem que estavam livremente dispostos a erguer os braços. Os neurofisiologistas ainda conseguiram prever, a partir do P300, o erguimento do braço, mas, na maioria das vezes, os indivíduos testados por Libet conseguiram resistir à sua própria vontade e não ergueram o braço, demonstrando que preservaram o livre-arbítrio para dizer "não" à ação condicionada de erguer o braço.

Evidência experimental direta da descontinuidade: a criatividade é um salto quântico?

No plano físico externo, os efeitos quânticos tendem a ser suavizados no nível macro. Precisamos investigar o plano mental, que é onde fica a criatividade e, com ela, as evidências da descontinuidade da causação descendente.

O que é a criatividade? "A criatividade consiste na descoberta de novo significado mental de valor", disse a pesquisadora Teresa Amabile (1990), "envolve uma grande mudança no modo como processamos significados."

Pense em Einstein e em sua descoberta da teoria da relatividade. Quando Einstein era adolescente, viu-se diante de um conflito entre duas teorias da física: uma de Isaac Newton, outra de Clerk Maxwell. As duas eram ótimas teorias, e ambas foram comprovadas dentro do domínio pretendido por seus idealizadores. Mas os domínios têm pontos de superposição, e surgem conflitos no âmbito dessa superposição. Einstein trabalhou durante dez longos anos na solução do conflito, chegou a fazer alguns progressos, mas a solução completa parecia fora de seu alcance. Um dia, ele descobriu um novo e brilhante contexto para seu modo de pensar. O contexto do problema focalizava duas teorias físicas conflitantes; mas o contexto de sua solução era o modo como entendemos o tempo.

Antes de Einstein, as pessoas pensavam que o tempo era absoluto, ou seja, que tudo acontecia no tempo e que o tempo não era afetado por outros movimentos. Errado, disse o *insight* criativo de Einstein. O tempo está relacionado com o movimento. Um relógio móvel – por exemplo, um relógio dentro de uma espaçonave – move-se mais lentamente. Esse novo contexto da abordagem do tempo resolveu o conflito entre a teoria de Newton e a teoria de Maxwell, e permitiu a Einstein descobrir que $E = mc^2$. Este é um exemplo da descontinuidade da criatividade. A surpresa ahá! prova isso. Foi por isso que Einstein disse: "Não descobri a relatividade apenas com o pensamento racional".

A seu favor, diga-se que muitos cientistas materialistas concordam atualmente com a ideia de que os *insights* criativos são saltos quânticos no significado mental, e que chegam a elas de forma descontínua. Em parte, isso se deve ao fato de haver hoje um grande corpo de pesquisas sobre a criatividade, que, graças ao estudo de muitos casos, estabeleceu solidamente que o *insight* criativo, seja nas artes, seja nas ciências, ocorre de forma súbita. E em parte também porque muitos cientistas intuem, com sua própria experiência, a descontinuidade da criatividade científica.

Naturalmente, isso não acontece apenas na ciência. Há uma enorme evidência de saltos quânticos descontínuos nas artes, na música, na literatura, na matemática e em outras áreas. Você pode encontrar as evidências em muitos casos, compilados por pesquisadores da criatividade (por exemplo, Briggs, 1990).

Mas a melhor prova para você, meu caro ativista quântico, da descontinuidade dos saltos quânticos de criatividade está em suas experiências de infância, quando aprendia novos contextos de significado. O cientista Gregory Bateson classificou o aprendizado de duas maneiras. O Aprendizado I consiste em aprender dentro de certo contexto fixo de significado: por exemplo, a memorização. Mas existe ainda o Aprendizado II, que envolve uma mudança do contexto. Este exige um salto quântico.

Lembro-me de minha mãe ensinando-me os números quando eu tinha três anos. No início, fiquei memorizando como contar até cem. Não era muito divertido, mas fiz isso porque minha mãe insistiu. Ela fixou o contexto. Os números em si não tinham significado para mim. Então, ela passou a me mostrar dois lápis, dois gatos ou conjuntos de três rúpias, três camisas. Isso prosseguiu por algum tempo, até que, inesperadamente, entendi tudo. A diferença entre dois e três (e os outros números) ficou clara para mim. Implicitamente, eu tinha entendido os números dentro de um novo contexto, o conjunto, claro que não nessa linguagem. E essa foi uma experiência extremamente prazerosa.

De modo análogo, talvez você se lembre de quando compreendeu significados conexos na primeira vez em que leu uma história. Ou a experiência de compreender o propósito da álgebra. Ou a experiência de ouvir e compreender como notas musicais individuais, adequadamente arranjadas e compostas, tornam-se música viva. Nossa infância está repleta de saltos quânticos durante nossas experiências.

Mais importante, porém, é que agora temos evidências bastante objetivas de saltos quânticos descontínuos de criatividade. Bateson (1980) encontrou evidências desses saltos quânticos no modo como os golfinhos são treinados para aprender truques completamente novos. Mais objetivamente ainda, o médico Deepak Chopra (1990) viu nos saltos quânticos descontínuos a explicação para fenômenos de cura espontânea, que ele chamou de cura quântica (ver também Goswami, 2004). Finalmente, mas não menos importante, as lacunas fósseis da evolução biológica são explicadas como saltos quânticos descontínuos de criatividade biológica (Goswami, 2008b).

A experiência "como assim?" – a pergunta difícil

O filósofo David Chalmers causou uma pequena comoção durante uma conferência sobre consciência na década de 1990. Ele fez às pessoas ali reunidas, muitas delas neurofisiologistas, a seguinte pergunta: "Qual a explicação neurofisiológica para uma experiência na qual há sempre um sujeito e um objeto?". A pergunta é "difícil" para neurofisiologistas porque eles fazem seus modelos de consciência buscando sempre uma explicação em termos de outros objetos, como neurônios. Mas, disse Chalmers, com estudado ar teatral: "Objetos só podem gerar objetos. De onde vem o sujeito de uma experiência?".

Um paradoxo do neurofisiologista G. Ramachandran esclarece por que a pergunta é ainda mais complexa. Suponha – disse Ramachandran – que você e seus amigos estejam olhando um maço de rosas vermelhas numa época futura, na qual teremos a tecnologia para analisar estados cerebrais ao recebermos um estímulo (por exemplo, quais neurônios de qual área do cérebro são excitados, e assim por diante). Como a descrição neurofisiológica é objetiva, você espera que o estado cerebral que produz não tenha nenhuma diferença visível do estado cerebral de seus amigos.

Você não tem motivo para suspeitar que a descrição medida dos estados cerebrais das outras pessoas não está completa. Contudo, sabe que, quanto a seus próprios estados cerebrais, alguma coisa foi deixada de lado – sua experiência subjetiva sobre a cor intensa das rosas. Assim, a descrição objetiva de seu estado cerebral, com ou sem uma supertecnologia, é incompleta. Como os estados cerebrais de seus amigos são idênticos ao seu, todas as descrições objetivas devem estar incompletas.

Uma saída consiste em dar privilégios especiais ao observador, o que é um solipsismo; mas essa filosofia também não é desejável. Assim, o materialista fica preso entre Cila e Caríbdis: ou a descrição objetiva é incompleta ou trata-se de solipsismo. Pergunta bem difícil, mesmo. Na verdade, é um paradoxo, uma ruptura da lógica.

A interpretação da física quântica, segundo a primazia da consciência, pode resolver a situação paradoxal do materialista, pois nessa interpretação fica explicitamente entendido que a descrição do cérebro feita pela física quântica nunca pode incluir a consciência, que causa o colapso das possibilidades, e nessa admissão de incompletude abre-se espaço para uma experiência consciente.

Mesmo assim, o cérebro e a pergunta difícil não são itens fáceis de lidar. O neurocirurgião Wilder Penfield colocou muito bem o problema ao dizer: "Onde está o sujeito e onde está o objeto quando você opera a partir de seu próprio cérebro?". Os místicos expressam o mesmo sentimento com frases como "aquilo que procura é aquilo que está olhando". Ou esta: "[para o cérebro] o observador é o observado". Mesmo o princípio da metafísica da primazia da consciência – como uma consciência torna-se dois, sujeito e objeto – ainda não foi fácil de compreender.

Felizmente, a cadeia de Von Neumann, mencionada antes, dá uma pista importante. A corrente não termina com nenhum número específico de máquinas materiais de medição. Essa hierarquia infinita de máquinas foi corretamente considerada um "nó de Gödel" (Peres & Zurek, 1982). O matemático Kurt Gödel identificou tais hierarquias como hierarquias entrelaçadas, opostas às hierarquias simples, nas quais a relação de causa e efeito é de mão única entre os níveis e não termina (ver, por exemplo, a Figura 1). Para nós, o importante é perceber que, em termos empíricos, a cadeia de Von Neumann não termina com o cérebro, o que leva à conclusão de que o cérebro não é uma máquina convencional em hierarquia simples, mas tem uma hierarquia entrelaçada de cadeia de Von Neumann infinita dentro dele. Como o cérebro lida com isso?

Circularidade, hierarquia entrelaçada e autorreferência

O pesquisador de inteligência artificial Doug Hofstadter (1980) apresentou ótimos exemplos de hierarquia entrelaçada em sistemas com circularidade causal. Pense, por exemplo, no paradoxo do mentiroso: "Eu sou mentiroso". Se estou dizendo a verdade, estou mentindo. Se estou mentindo, então estou dizendo a verdade, *ad infinitum*. A oscilação infinita de uma hierarquia circular é equivalente a uma hierarquia entrelaçada. E, se você pensar no assunto, também perceberá uma circularidade causal semelhante na situação da mensuração quântica envolvendo o cérebro: não existe colapso sem o cérebro (do observador), mas não existe estado cerebral (efetivado) sem colapso.

Daí a solução: o cérebro consegue lidar com uma hierarquia entrelaçada porque contém uma hierarquia circular de dois sistemas. Um sistema está ligado à percepção, um sistema quântico que apresenta, em resposta a um estímulo externo, estados quânticos macroscopicamente distinguíveis para se escolher. O outro sistema é quase clássico, ligado à construção da memória. A percepção exige memória e a memória exige percepção. Como um sistema de hierarquia entrelaçada como esse aparece no cérebro? Se o cérebro tivesse uma hierarquia simples, reducionista, elaborada passo a passo (como na evolução darwinista), seria extremamente improvável (como os materialistas adoram dizer) que pudesse existir um sistema quântico macroscópico no cérebro, com temperatura elevada e tudo o mais. Mas, como disse em outro trabalho (GOSWAMI, 2008b), a evolução de um sistema em hierarquia entrelaçada como o cérebro exige a causação descendente e evolução criativas.

O artista M. C. Escher fez o quadro *Galeria de arte*, no qual um jovem dentro de uma galeria está observando o quadro de um navio ancorado na baía de uma cidade que tem uma galeria de gravuras na qual há um jovem observando um navio... Esta é uma hierarquia entrelaçada, porque, depois de passar por todos esses prédios da cidade, o quadro volta ao ponto original, recomeçando sua oscilação e perpetuando sobre si mesmo a atenção de quem quer que o esteja observando. Mas Escher sabia que esse tipo de arte precisava violar as regras passo a passo de elaboração de um quadro; como lembrete, ele colocou um ponto branco de descontinuidade na cena.

O importante é perceber que, quando se entra num sistema com hierarquia entrelaçada, como a sentença do mentiroso ou a *Galeria de arte*, de Escher, você não pode sair dele se deseja preservar a mensagem. O sistema se isolou do resto do mundo do discurso. Ele é o que se chama de sistema autorreferencial; ele se refere a si mesmo.

Assim, de modo similar, quando a consciência transcendente causa o colapso do estado macroscópico do cérebro, ela se prende a ele, ela se identifica com ele. Desse modo, no cérebro em si, não existe observador separado do estado cerebral observado; o observador é o observado! Portanto, o cérebro torna-se o observador, o sujeito que experimenta o estímulo externo como objeto da experiência.

Percebeu? Deus e a causação descendente de Deus são essenciais para resolver o paradoxo da mensuração quântica e para compreender o cérebro.

Mais sobre o paradoxo da percepção: idealismo ou realismo?

Quase todo neurofisiologista ou cognitivista experimental, ou, na verdade, a maioria das pessoas, tem um modelo subjacente de percepção. Um objeto apresenta ao nosso aparato perceptivo – o cérebro – um estímulo. O cérebro processa esse estímulo, primeiro com o olho e sua retina, depois com os centros superiores do cérebro. Mais cedo ou mais tarde, é feita uma representação integrada do estímulo/objeto, definindo uma imagem num campo de percepção. E é essa a imagem que vemos. Essa é a chamada teoria da percepção pela representação.

Mas muitas perguntas distorcem qualquer validade simplista que esse cenário razoável possa ter. Digamos que você está vendo um grande arranha-céu de Nova York. E, sem dúvida, vê um arranha-céu. Contudo, é claro que seu cérebro não tem espaço suficiente para uma imagem ou representação direta desse "grande" edifício. Assim, onde fica localizada essa imagem que você está vendo? Além disso, a representação deve ser feita de algum tipo de atividade neuronal – uma imagem elétrica. Como suas atividades neuronais formam esse enorme edifício que você vê?

Ademais, técnicas de rastreamento mostram que a representação exige o envolvimento de diferentes áreas cerebrais separadas no espaço. Como o cérebro reúne todas essas informações, se existem apenas interações materiais que são locais, dando-se por meio de sinais que são comunicados dentro de um período de tempo? Esse é o chamado problema da ligação.

Adicionalmente, como podemos saber se as atividades neuronais de meu cérebro (a representação) representam mesmo um objeto externo se nunca podemos vê-lo diretamente e compará-lo com sua verdadeira forma? Outra coisa: você não estaria presumindo que existe algum tipo de tela de TV com uma imagem real nela (do objeto externo) lá no fundo de sua cabeça, e que, de algum modo, você estaria olhando para ela? Mas, se existe um homúnculo (uma pequena réplica de você mesmo) olhando dentro do cérebro, então precisamos de outro homúnculo para recuperar a informação colhida pelo primeiro. E *ad infinitum*.

Finalmente, se tudo o que vivenciamos são sensações neuronais no cérebro – coisas internas –, então por que presumimos que existem objetos externos? Por que não dizer que não existe nada exceto eu e minhas sensações, por que não sucumbir ao solipsismo? Ou, pelo menos, por que não sucumbir ao tipo de idealismo (dualista) que o bispo Berkeley postulou, sobre o qual você certamente meditou na época da faculdade?

Vamos recapitular esta filosofia. Quando a versão de Descartes para o dualismo mente-corpo, interno-externo dominou o pensamento ocidental e ninguém conseguia responder à pergunta sobre como a mente e a matéria podem interagir, a solução foi a filosofia do idealismo (dualista) do bispo Berkeley. Berkeley disse que recebemos todas as informações sobre o chamado mundo material exterior por meio de nossas experiências sensoriais, que são interiores. Como não existe maneira de verificar diretamente a realidade do mundo material exterior, por que postular sua existência? Por que não afirmar que, na dupla mente-matéria, só a mente é real? Sem a matéria, não temos problemas de interação.

Provavelmente, você pensou na filosofia de Berkeley ao meditar sobre um enigma: se cai uma árvore numa floresta, mas não há ninguém lá para ouvir o som da árvore caindo, houve ou não um som? Os físicos newtonianos dizem que deve haver um som, enquanto Berkeley parece dizer que não existiu som porque não havia uma "mente" por perto. Assim, foi criado o enigma para desacreditar a filosofia idealista de Berkeley e favorecer o realismo (material):

Houve um homem que disse "Deus
Deve pensar que é muito estranho
Se Ele acha que essa árvore
Continua a existir
Quando não tem ninguém no bosque".

E Berkeley apareceu com a resposta para o enigma:
"Caro senhor, seu espanto é estranho.
Estou sempre no bosque.
E é por isso que a árvore
Continuará a existir.
Sendo observada por, atenciosamente, Deus".

O problema com esse tipo de pensamento é que ele preserva o dualismo mente de Deus/mente humana enquanto unifica o dualismo mente-matéria, e assim o argumento tradicional dos monistas materiais contra o dualismo ainda pode ser suscitado para refutar Berkeley: como Deus interage com a mente humana?

Se todas as objeções apresentadas acima parecem válidas, por que não postular que o cérebro percebe diretamente o objeto? Isso é a filosofia chamada realismo direto: objetos externos são reais, e o cérebro os percebe diretamente, sem a intermediação de suas imagens internas.

Pense. É fato que todo o nosso conhecimento – sobre o cérebro e sobre a percepção – provém da própria percepção. Como podemos usar um conhecimento obtido pela percepção para refutar o modelo da percepção direta?

Assim, será que o modelo da percepção direta faz mais sentido do que o modelo da representação? O realismo é uma filosofia melhor do que o idealismo? Pois bem, o modelo da percepção direta, o realismo objetivo, tem seus defeitos; ele não explica como a experiência subjetiva, inerente à percepção, pode derivar de um objeto (o cérebro) interagindo com um objeto externo. Novamente, eis a velha "pergunta difícil". Além disso, há casos claros em que entram em cena as propriedades da capacidade de representação cerebral. Na percepção de cores, por exemplo, a cor é mesmo uma propriedade do objeto? Hoje, a maioria dos pesquisadores concorda que a cor é tanto uma propriedade do objeto quanto da representação cerebral.

Ademais, e muito importante, temos o paradoxo de Ramachandran que analisamos anteriormente. A percepção direta não explica a *qualia* subjetiva – uma expressão técnica que os filósofos usam para conotar a qualidade específica de uma experiência sentida subjetivamente – de nossa percepção.

Assim, chegamos a algumas conclusões inexoráveis de tudo isso, ou seja, o motivo pelo qual as pessoas discutem incessantemente como podemos ter percepções (Smythies, 1994). Que o cérebro faz representações e que as representações têm um efeito sobre aquilo que vemos é verdade, sem dúvida. Por outro lado, uma tela de televisão e um homúnculo no cérebro vendo sobre ela imagens de um objeto exterior que se parece com um objeto exterior é algo difícil de racionalizar. O problema da ligação também é difícil para quem defende a teoria da representação. Finalmente, o problema filosófico do solipsismo e do idealismo dualista, e, além disso, o problema da comparação com o modelo de percepção direta continuam a rondar-nos.

Em última análise, o debate filosófico dá-se entre o idealismo (dualista) e o realismo (direto). Os idealistas dualistas veem o mundo como ideias, e a percepção ocorre por causa daquilo que vemos dentro de nós. Os idealistas são a essência pura dos teóricos da representação. Os realistas afirmam que os objetos que vemos são externos e a única realidade. Eles querem evitar qualquer referência a objetos internos, como as representações dentro do cérebro.

A seguir, mostro que a filosofia do idealismo monista, e não dualista, pode incorporar o realismo de modo a apresentar uma solução para todos os problemas da percepção.

Será que temos duas cabeças?

Repito, o realismo diz que só o objeto externo é real; só objetos que encontramos "fora" de nós são reais porque são públicos e podemos obter um consenso a seu respeito, fazendo deles objeto de uma avaliação científica objetiva. O idealismo [dualista] diz que não podemos ver diretamente o que existe "lá fora" sem a ajuda dos intermediários, ou seja, nossas representações particulares "interiores". Assim, essas representações interiores devem ser mais reais do que os objetos que representam. Ou melhor, é bom que sejam, pois nunca conheceremos os objetos em sua forma verdadeira.

Dois filósofos, Gottfried Leibniz e Bertrand Russell (para uma boa discussão, ver Robinson, 1984), deram uma solução abrangente. Suponha que temos uma cabeça "grande" além da pequena que conhecemos normalmente, de modo que os objetos considerados externos estejam fora da cabeça pequena, mas dentro da cabeça grande. Nesse caso, o realismo e o idealismo não seriam válidos? O realismo, pois os objetos estão fora (da cabeça pequena). O idealismo, pois os objetos também estão dentro (da cabeça grande).

Parece um sofisma, mas não se você processar a solução com o pensamento quântico. Veja só!

Consciência quântica e um modelo de percepção que funciona

Podemos identificar na cabeça "grande", pela terminologia quântica, a nossa capacidade de processamento não local, que inclui todas as cabeças "pequenas". Em outras palavras, quando você escolhe na consciência quântica ou consciência-Deus, você está operando a partir da cabeça grande, e todos os objetos estão "dentro" de você. A escolha causa o colapso da onda de possibilidades de um objeto e também da onda de possibilidades de sua cabeça menor, o cérebro. Você se identifica com o estado cerebral que sofreu colapso e não o vê como um objeto. Você vê o objeto/estímulo como algo separado de você, o que lhe dá a experiência "espiritual" de proximidade, na qual o objeto é visto em sua "forma verdadeira".

Contudo, se o objeto/estímulo já foi experimentado anteriormente, não é normal chamar esse evento de colapso "primário". O que ocorre é que você vê o objeto a partir de um reflexo repetitivo no espelho de suas memórias anteriores, que são subjetivas e individuais. As memórias anteriores modulam os eventos de colapso secundários, e sua percepção do objeto que sofreu o colapso adquire um tom individual. É isso que lhe dá a *qualia* subjetiva de percepção.

Experimentos mostram que o tempo de processamento de eventos de colapso secundários é, aproximadamente, de 500 milissegundos (Libet, 1979). Quando você identifica de fato o objeto, está identificado com a memória anterior que filtrou inconscientemente: você é o seu ego condicionado por essas memórias, a cabeça "pequena" da individualidade. Sob essa perspectiva, vê o objeto material como algo fora de você por causa da fixidez do mundo físico.

E o que dizer do aspecto da teoria da representação que trata da "imagem de televisão num teatro interior"? Até agora, estávamos nos esquecendo de uma coisa. Juntamente com o objeto físico externo e o cérebro do observador, há outra coisa cujo colapso a consciência quântica causa rotineiramente – a mente que dá significado à nossa observação. Agora, as representações cerebrais do estímulo são, literalmente, estados neuronais do cérebro, disso não há dúvidas. Não são muito diferentes do movimento eletrônico numa tela de TV. Mas não vemos os padrões eletrônicos quando assistimos à TV, não é verdade? Em lugar disso, nossa mente atribui significado àquele Rorschach de pontos fluorescentes na tela, produzidos pelo movimento dos elétrons. De modo similar, no caso da percepção, nossa mente dá significado às configurações neuronais das representações do cérebro. Mais cedo ou mais tarde, é a mente que ajuda a produzir a imagem reconhecível do objeto de percepção primária a partir da atual representação neuronal modulada pela memória anterior.

O modelo apresentado também resolve a unidade da experiência do problema da ligação. Como a consciência é fundamentalmente não local, ela pode ligar todas as áreas do cérebro para produzir um estado de colapso cerebral unificado.

Assim, a solução final para todas as questões paradoxais de percepção, baseada na física quântica e no idealismo monista, tal como apresentada aqui, combina o melhor das teorias realista e idealista (dualista), do realismo direto e da representação. Ao mesmo tempo, explica as experiências em sua verdadeira forma, negadas na tradição filosófica ocidental, mas que há muito são aceitas como experiências espirituais por todas as tradições importantes. A teoria também explica a *qualia* da percepção normal e soluciona o problema da ligação. Mais importante ainda, os problemas da natureza da divisão sujeito-objeto da consciência total da percepção-consciente e da modalidade egoica da percepção normal também são explicados.

A mensuração quântica pode ser completada por uma máquina material?

Vamos resumir.

1. O teorema de Von Neumann diz que as interações materiais só podem produzir possibilidades, não a experiência concre-

ta. Esta é a prova matemática da necessidade da causação descendente de um agente não material.

2. O efeito do observador faz de nós, de nossa consciência, o principal candidato para esse agente não material de causação descendente. Mas e o paradoxo do amigo de Wigner: quem escolhe quando há dois observadores simultâneos? A solução para esse paradoxo revela uma natureza dupla de nosso eu consciente: ele é individual em nosso ego condicionado e ordinário, mas não local e cósmico na consciência não ordinária, na qual a escolha é livre.
3. Há ainda o paradoxo da circularidade: o cérebro do observador é necessário para haver uma escolha, mas, sem escolha, não existe observador manifestado, nem seu cérebro em estado real. A solução é que o sujeito que escolhe é cocriado com o objeto, o escolhido. A estrutura do cérebro tem uma hierarquia entrelaçada, outro nome para a circularidade. Em função da hierarquia entrelaçada, a consciência se identifica com o cérebro e percebe-se como separada dos objetos de percepção; a hierarquia entrelaçada do cérebro produz a autorreferência. Isso nos dá uma resposta àquela que às vezes é chamada de "a pergunta difícil": como surge o sujeito das interações de objetos que formam o cérebro? Ela também confirma o que dizem os místicos: nossa separação do mundo dos objetos é uma aparência que surge da hierarquia entrelaçada da mensuração quântica. Os místicos do leste da Índia chamam de *maya* essa ação causal que produz a separação.

Em vista do que foi exposto acima, é um pouco surpreendente saber que muitos físicos ainda se apegam teimosamente à ideia de que máquinas materiais são adequadas para fazer mensurações quânticas e que não é necessário invocar a consciência. Há duas ideias mais citadas pelos físicos que acham que podem resolver adequadamente o problema da mensuração quântica. Uma dessas ideias é chamada *decoerência*; a outra tem o nome de interpretação de muitos mundos.

Vamos estudar a decoerência. É uma ideia matemática, mas seja paciente; você pode compreendê-la. Objetos quânticos são ondas de possibilidades, e podem ser imaginados como pacotes de possibilidade com relacionamento de fase (coerência, como numa fila de coristas) entre seus componentes. O que isso significa? O relacionamento de fase produz um padrão de interferência (como no experimento da fenda dupla) que pode ser medido para nos dizer a natureza quântica do pacote.

Para um objeto composto por uns poucos componentes, é fácil fazer um experimento de interferência para verificar a existência de coerência de fase entre os componentes do pacote de possibilidades. O que acontece com um objeto macro é que há tantos micro-objetos compondo o macro, que a mais leve perturbação tende a destruir os relacionamentos de fase, a um ponto tal que levaria muito tempo, muito mais do que a vida do universo, para medir a natureza quântica de tal pacote. Assim, para todos os fins práticos, tal macro-objeto não é quântico.

É preciso perceber a falsidade de tais argumentos. Naturalmente, a ausência de qualquer capacidade prática para mensurar a natureza quântica num futuro próximo não significa que o objeto tornou-se newtoniano ou que ocorreu uma medição. Em princípio, a natureza quântica pode ser mensurada num tempo finito; o teorema de Von Neumann ainda é válido. A decoerência nunca pode substituir o evento do colapso.

Ainda existe muita confusão porque o paradoxo da mensuração quântica costuma ser discutido num esquema muito intrigante chamado de paradoxo do gato de Schrödinger. Um gato é posto numa jaula opaca com uma porta, na companhia de um único átomo radiativo (com uma meia-vida de uma hora, o que significa que a probabilidade de que o átomo sofra desintegração radioativa é de 50%), numa trama diabólica. Se o átomo se desintegrar, então um contador Geiger detectará a radiação proveniente da desintegração. Os estalidos do contador farão com que um martelo seja acionado e quebre um frasco de veneno, liberando o cianureto que mata o gato. Se o átomo não se desintegrar, nada disso acontece e o gato vive. Como a desintegração é probabilística, um processo quântico, decorre que, nessa hora, o gato é uma onda de possibilidades, tendo duas facetas com o mesmo peso, morto e vivo. O gato está literalmente meio vivo e meio morto!

O que os teóricos da decoerência conseguiram mostrar (mas dentro de certos modelos) é o seguinte: existe uma completa decoerência entre os componentes de tal descrição macro, ou seja, o gato de Schrödinger é a superposição de um gato morto e de um gato vivo. Assim, se esses teóricos afirmam que o paradoxo do gato foi resolvido, há certa verdade nisso. Mas só no sentido de que, se o gato fosse uma máquina material, provavelmente ele não apresentaria ao observador uma dicotomia macroscopicamente discernível.

Há muitos anos, quando ensinava a história do gato de Schrödinger para estudantes do primeiro ano da Universidade de Oregon, alguns deles sempre perguntavam: "Por que o gato não pode causar o colapso de sua própria onda de possibilidades?". É esse o ponto! O gato é um ser vivo e senciente; existe uma hierarquia entrelaçada – uma descontinuidade – em seu cérebro, e isso significa uma coisa muito importante, com a qual os seguidores da decoerência precisam lidar. O cérebro de um gato, assim como o cérebro humano, tem uma hierarquia entrelaçada em sua estrutura. Não é possível reduzir o cérebro de um gato a seus microcomponentes. Ele é um todo irredutível. O todo irredutível é que pode ser descrito como a superposição coerente de estados macroscopicamente distinguíveis, dentre os quais a consciência escolhe um para causar o colapso e produzir a autorreferência. Ah, sim! O gato não precisa de nós para causar o colapso de seu estado morto ou vivo; ele pode fazer isso sozinho enquanto estiver vivo.

Quanto à teoria dos muitos mundos, sua incapacidade para explicar a mensuração quântica sem paradoxos é coisa antiga. Pense na situação da fenda dupla. Segundo a teoria dos muitos mundos, o mundo se bifurca na placa fluorescente, mas não nas fendas. Como o universo sabe quando tem que se dividir, quando um dispositivo material macroscópico é um aparato de medição e quando não é? Encaremos os fatos! Interação material é interação material; ela nunca pode transformar possibilidade em experiência concreta, tampouco pode fazer uma mágica na qual, de repente, o universo se bifurca pela simples interação de um elétron com outro objeto material, só porque você dá a ele o nome de aparato de medição.

Teorias como a dos muitos mundos tentam em vão mostrar que a causação descendente não é necessária. Mas para quê, se David Bohm já demonstrou matematicamente a causação descendente, usando uma forma apropriada da equação matemática da física quântica? (Ver Capítulo 3.)

O fato é que, segundo a teoria do colapso pela consciência, um evento de mensuração quântica é não local, descontínuo e estruturado numa hierarquia entrelaçada. E isso é comprovável experimentalmente. Ademais, as interações materiais não podem produzir ou simular nenhum desses atributos do evento de mensuração. Assim, a comprovação da não localidade, da descontinuidade e da hierarquia entrelaçada que apresento aqui deveriam convencer até o materialista mais ferrenho. E, meu caro materialista, se você ainda não se convenceu, prove-me que estou errado. Tente construir um computador consciente! Você nunca conseguirá fazê-lo.

Descobrindo Deus por si mesmo

Agora, posso mencionar o motivo pelo qual encaro com otimismo a transformação planetária. Eu disse antes que, desde Descartes, filósofos ocidentais têm procurado encontrar um caminho até Deus, a plenitude e a causação descendente usando a razão pura. Eles nunca conseguiram fazê-lo. Mesmo no Oriente, onde há uma tradição de sabedoria que usa a razão combinada com a meditação, as pessoas levam muitos anos até descobrir Deus, a plenitude e a causação descendente. Agora, veja a situação do ponto de vista de nosso novo caminho ocidental de sabedoria da física quântica, da primazia da consciência e dos dados experimentais. Conseguimos reduzir o tempo que leva para que a sabedoria de Deus nos desperte: de anos, passamos a dias, talvez a horas.

Antigamente, portanto, as pessoas seguiam o caminho devocional da transformação, e não o caminho da sabedoria. Mas veja o que acontece: a prática do amor sem a sabedoria nunca funcionou corretamente, e isso explica por que as religiões do mundo não conseguiram transformar a humanidade, apesar de milênios de esforços. Agora, porém, que todos podem ter acesso à sabedoria em pouco tempo, podemos conseguir a transformação muito mais rapidamente.

Mesmo assim, você pode dizer que nem todos estão maduros para ser ativistas quânticos. Repito: a nova ciência nos oferece ótimos motivos para crermos que, se mesmo uma pequena fração da humanidade conseguir se inspirar e mudar, a mudança virá para todos (ver Capítulo 11).

capítulo 5

a importância de ser sutil

Jesus, que para mim foi um dos primeiros ativistas quânticos, disse:

> Quando fizerdes do dois um
> e quando fizerdes o interior como o exterior,
> o exterior como o interior,
> o acima como o embaixo
> e quando fizerdes do macho e da fêmea uma só coisa,
> de forma que o macho não seja mais macho
> nem a fêmea seja mais fêmea...
> então, entrareis (no Reino).
> (*Evangelho segundo Tomé* 22)

Segundo a atual e predominante visão materialista, o metafórico "embaixo", o mundo manifestado, é o único aceito, mas agora isso é história. Na visão integradora da física quântica, o "acima" (a consciência transcendente e suas possibilidades) e o "abaixo" (o mundo da manifestação) são comprovados dentro da metafísica da primazia da consciência. Compreender essa integração abre-nos as portas para vivermos de forma a tornar os dois – transcendente e imanente –, um. Neste capítulo, vamos discutir as tarefas restantes que Jesus anteviu para nós. A primeira consiste em desenvolver uma visão integradora do interior e do exterior, ou, como dizem os filósofos, a solução da dicotomia mente-corpo. O filósofo René Descartes, como armistício político entre ciência e religião, criou a dicotomia, mas o armistício não durou porque a dicotomia não é cientificamente sustentável. Os materialistas ganharam terreno e a visão de mundo pendeu para o lado do exterior. Precisamos restabelecer o interior em pé de igualdade com o exterior se quisermos viver em equilíbrio integrador entre os dois.

A dicotomia macho-fêmea, na qual o macho se refere à razão e a fêmea se refere a sentimentos, apareceu no decorrer da evolução humana. A nova visão da evolução como uma evolução da consciência vai nos mostrar como surgiu a dicotomia (ver Capítulo 6) e também vai nos levar a uma integração (ver Parte 2).

Interior e exterior, possibilidades densas e sutis

Os materialistas têm nos levado a crer que a matéria é a única coisa, embora nossa experiência negue isso. Como nossas experiências compreendem duas variedades radicalmente diferentes – uma exterior e pública (e, portanto, densa), outra interior e particular (e, portanto, sutil) –, tradicionalmente sempre distinguimos entre denso e sutil, ou matéria e mente, se preferir.

Na nova ciência, afirmamos que a consciência leva consigo quatro compartimentos de possibilidades quânticas – o *físico*, o colapso ou manifestação daquilo que sentimos; o *vital*, cujas manifestações nós sentimos; o *mental*, em cujas manifestações nós pensamos; e o *supramental*, cujas manifestações nós intuímos – dentre as quais ela escolhe suas experiências (ver Figura 4, no Capítulo 1). Perceba, mais uma vez, que não há dualismo nisso, pois a consciência medeia, de forma não local, a interação entre esses componentes sem a troca de quaisquer sinais.

Por que experimentamos o físico como experiência exterior e os outros mundos como interiores? O físico é experimentado como exterior e denso por causa da constituição micro-macro da matéria. No nível macro, a matéria perde muito de seu movimento quântico e adquire relativa fixidez; torna-se densa. Não é ruim, pois é exatamente disso que precisamos para (a) ter um ponto de referência e (b) para que a consciência use a matéria para fazer representações do sutil. Contudo, o trio vital-mental-supramental não tem nenhuma divisão micro-macro. Desse modo, o movimento quântico persiste em todos esses mundos. Noutras palavras, as ondas de possibilidades dos objetos desses mundos mudam depressa demais para que você e eu possamos causar o colapso do mesmo pensamento, do mesmo sentimento ou da mesma intuição ao mesmo tempo. Assim, normalmente experimentamos pensamentos, sentimentos e intuições como particulares, não partilháveis publicamente, e, portanto, interiores e sutis.

Qual a necessidade lógica para os corpos vital, mental e supramental?

Os materialistas alegam que não é necessário nem o corpo vital, nem o mental, nem o supramental. As funções de todos eles podem ser realizadas pelo corpo físico, que é o único corpo que temos. No entanto, pesquisas recentes no campo de morfogênese biológica (criação de formas) determinaram a razão para termos um corpo vital. Pesquisas sobre inteligência artificial mostram o valor da mente. Quanto ao supramental, desde os tempos de Platão sabemos por que ele deve existir: de onde mais viriam as leis da física?

A morfogênese biológica tem o problema da diferenciação celular. Todos os organismos começam num único embrião celular, que depois se divide e forma réplicas exatas de si mesmo, contendo DNA idêntico. Mas as células precisam se diferenciar antes de formar órgãos, pois células de órgãos diferentes têm funções muito distintas. Os genes das células de cada órgão são ativados de maneira diferente para formar diferentes conjuntos de proteínas e, com isso, funções diferentes. Mas como isso acontece, se todas as interações são locais? A diferenciação celular funciona como se a célula soubesse em que parte do corpo ela está. Em outras palavras, a diferenciação celular sugere não localidade.

Foi o biólogo Rupert Sheldrake (1981) o primeiro a propor que princípios organizadores não locais, e, portanto, não físicos, que ele chamou de campos morfogenéticos, afetavam causalmente a diferenciação celular. Se isso parece dualista, esclareci um pouco mais o trabalho de Sheldrake (Goswami, 2008a), identificando o papel mediador da consciência entre os campos morfogenéticos e as formas biológicas (ver a seguir).

Evidentemente, o trabalho de Sheldrake revive o corpo vital não físico, e mais ainda: ele esclarece sua função. O corpo vital é o reservatório dos campos morfogenéticos e proporciona à consciência uma espécie de matrizes para a elaboração dos órgãos biológicos. O corpo físico não pode se valer da não localidade, pois as interações materiais são sempre locais; ele não pode sequer simular a não localidade (Feynman, 1981).

Agora, passemos à necessidade lógica da postulação de uma mente não física. Pesquisadores de inteligência artificial tentam construir computadores programados para pensar. Com efeito, os programas de computador atuais podem gerar conteúdos de pensamento versáteis a ponto de enganar um ser humano, o que um dia se supôs que seria uma condição suficiente para que um computador pudesse ser chamado de inteligente. Mas o filósofo John Searle (1994) foi o primeiro a mostrar que, além de conteúdo, os pensamentos também envolvem significado, e isso um computador, sendo uma máquina de processamento de símbolos, nunca poderá processar. Precisamos de uma mente não física para processar significados. Mais tarde, Roger Penrose aperfeiçoou a prova de Searle.

Quanto ao supramental, além das leis físicas, ele também atua como reservatório dos arquétipos das funções biológicas (das quais os campos morfogenéticos são matrizes) e dos arquétipos dos significados mentais.

A biologia do sentimento

Na psicologia oriental, considera-se que os sentimentos estão associados com os órgãos fisiológicos, e as emoções são nitidamente vistas como sentimentos e seus efeitos sobre a mente quando esta dá significado a tais sentimentos. Segundo os orientais, temos sete centros importantes no corpo – os *chakras* – onde os sentimentos são percebidos. Ao longo dos séculos, porém, embora o conceito de chakras tenha encontrado muitas confirmações empíricas em disciplinas espirituais, não houve muita compreensão teórica. Agora, finalmente, com a ideia do campo morfogenético de Sheldrake – uma explicação dos chakras – onde os sentimentos se originam e por que o fazem, pode ser apresentada.

Já tratei deste assunto com algum detalhe em outro trabalho (Goswami, 2004), por isso serei sucinto. Você mesmo pode descobrir o que um pouco de raciocínio quântico nos permite teorizar cientificamente. Primeiro, observe os chakras principais (Figura 14) e perceba que cada um deles está situado perto de órgãos importantes para o funcionamento biológico do corpo. Segundo, registre o sentimento que vivencia em cada um desses chakras; para tanto, use a lembrança de sentimentos passados. Terceiro, perceba que os sentimentos são suas experiências da energia vital – os movimentos de seus campos morfogenéticos. Contudo, os mesmos campos morfogenéticos estão correlacionados com o órgão do qual eles são a matriz/fonte. Agora, a conclusão inevitável: os chakras são os pontos do corpo físico onde a consciência causa, simultaneamente, o colapso dos movimentos de importantes campos morfogenéticos, bem como dos órgãos do corpo que representam esses campos morfogenéticos.

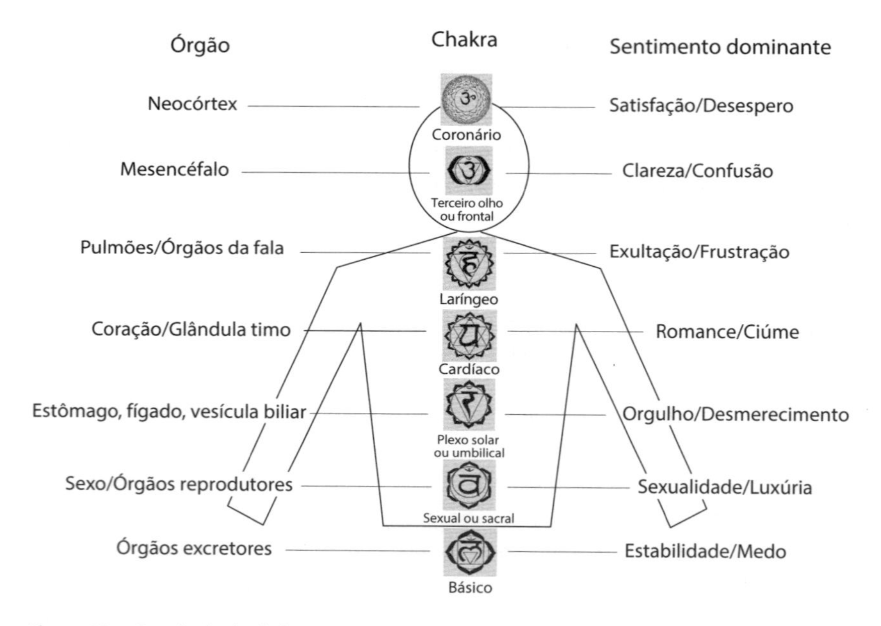

Figura 14. Os principais chakras, seus órgãos correspondentes e sentimentos dominantes.

O que experimentamos como sentimento é o movimento da energia vital nos chakras. Movimentos excessivos (positivos) entrando nos chakras mais inferiores, bem como todos os movimentos de saída (movimentos negativos) são responsáveis por sentimentos associados às nossas emoções instintivas negativas: medo, paixão, egoísmo etc. Os movimentos da energia vital que chega aos chakras mais superiores estão ligados a emoções positivas; só movimentos de saída desses chakras são vivenciados como emoções negativas.

Os materialistas veem isso de forma invertida. Eles acham que sentimos as emoções no cérebro, ou seja, que as emoções seriam epifenômenos cerebrais. E, depois, eles passariam pelo corpo através do sistema nervoso e das chamadas moléculas da emoção, neuropeptídeos e coisas do gênero. Na verdade, o que acontece é o oposto. Sentimos as emoções nos chakras e no mesencéfalo em resposta a um estímulo. Por que o mesencéfalo? Integração. Sem algum controle central, ficaríamos divididos entre sete egos vitais, um em cada chakra. Só depois disso o neocórtex entra em cena, quando a mente atribui significado aos sentimentos. No futuro, vou me referir à totalidade dos circuitos do mesencéfalo e circuitos neocorticais associados como os circuitos cerebrais das emoções.

Falei antes do inconsciente. O célebre Sigmund Freud foi o primeiro a descobri-lo e falou de sentimentos e impulsos inconscientes, defesas do ego que mantêm o *status quo*, e como essas coisas afloram, assinalando nossas neuroses. Ele propôs a técnica da psicanálise para lidar com essas questões inconscientes.

Há alguns anos, um estudioso da psicologia profunda, James Hillman (1996), escreveu uma crítica áspera à psicanálise, mostrando que, em seus cem anos de história, ela teve pouco sucesso! A terapia psicanalítica trabalha com a premissa de que, no caso de um trauma, experimentamos uma intensa emoção negativa e a reprimimos; a recordação subsequente do evento com a ajuda da psicoterapia deve tornar consciente o inconsciente, revivendo o trauma.

Nos cem anos que se passaram desde Freud, sem dúvida houve uns poucos casos de recuperação milagrosa, mas creio que é justo dizer que Hillman também tem razão. Por que a terapia psicanalítica é ineficiente? Creio que, na maioria dos casos, a imagem psicanalítica de um trauma reprimido é idealizada demais. Suspeito que, na maioria dos traumas, a vítima acaba se lembrando algumas vezes dele, a ponto de criar circuitos cerebrais reforçados correlacionados no cérebro límbico e no neocórtex. Dificilmente conseguiremos nos livrar da influência de tais circuitos cerebrais reforçados com memórias traumáticas por meio de recordações e recondicionamentos.

E isso é só o inconsciente pessoal. Além dele, temos os circuitos cerebrais instintivos de emoções negativas, dando-nos erupções do inconsciente coletivo, proposto por Jung.

Assim, eis minha conclusão: a única técnica viável de que dispomos agora para lidar com a tirania das emoções negativas consiste em equilibrá-las com a produção de circuitos cerebrais emocionais positivos. Em sua maior parte, essa é a nossa jornada de transformação.

Como devemos mudar?

A aceitação de que nossas experiências consistem tanto do denso quanto do sutil suscita novas e fascinantes dúvidas para todos nós, sobre como nossos sistemas sociais e nós mesmos devemos mudar. Pense nos itens seguintes.

- No materialismo, só o comportamento muda; a mudança no modo como as outras pessoas nos veem é que é importante. Na nova visão, o modo como vivenciamos nosso ambiente interior é igualmente importante. Em outras palavras, a felicidade é importante.
- Segundo a antiga visão, a resposta à pergunta "o que é a mente?" é um menosprezo, não importa. Na nova visão, importante é quem dá significado. Se você não se importa, nada importa. A matéria é importante porque nos permite fazer representações de sentimentos e significados.
- Na visão materialista, só aquilo que podemos computar é considerado válido, como o pensamento racional baseado nos significados programados aprendidos com o passado, por exemplo. Na nova visão, sentimentos, novos significados trazidos pela criatividade e intuições são válidos.
- Na antiga visão, o amor é uma manobra existencial para o sexo. Na nova visão, o sexo é importante não só porque permite a continuidade de nossa espécie, como também porque pode ser usado para se fazer amor.
- Na antiga visão, nossa falta de saúde mental, ou psicopatologia (neurose), é curável mediante técnicas de modificação de comportamento ou psicanálise. Na nova visão, a neurose deve-se principalmente a circuitos cerebrais emocionais negativos, e o melhor remédio consiste em equilibrar esses efeitos, formando circuitos cerebrais emocionais positivos. Esta é uma excelente descoberta recente da neurofisiologia: os neurônios cerebrais são muito plásticos, o que nos possibilita criarmos circuitos cerebrais de aprendizado criativo ao longo de toda a vida.
- Na visão materialista, o papel dos arquétipos em nossa vida é duvidoso. Talvez eles tivessem valor de sobrevivência caso houvessem evoluído de fato, talvez não. Na melhor hipótese, eles podem ter uma conveniência social. Na nova visão, vivemos com o propósito de aprender os arquétipos, a manifestá-los em nossa vida.

- Na antiga visão, vivemos apenas uma vida. Vivemos por causa do impulso de sobrevivência de nossos genes, sem qualquer propósito real. Na nova visão, há significado em nossas vidas, há propósito. Precisamos sobreviver, mas só para podermos explorar significados e conhecer os arquétipos, manifestando-os em nossa vida. No entanto, quem quer que tenha tentado manifestar qualquer um dos grandes arquétipos – verdade, beleza, justiça, amor e bondade – sabe como isso é difícil. Assim, nosso desenhista (a consciência quântica) nos projetou de modo que nossos padrões de hábitos mentais e vitais, bem como nossos padrões de aprendizado, sejam armazenados de forma não local (Goswami, 2001). Quando, no futuro, indivíduos usarem os benefícios de nosso aprendizado, herdando-os não localmente de um espaço e de um tempo diferentes, eles serão nossas reencarnações. Isso não é apenas teoria, há evidências substanciais a favor dessa postura (Stevenson, 1974, 1977, 1987).
- Também há evidências diretas que sugerem que a memória de uma propensão aprendida seria não local. Há algum tempo, o neurofisiologista Karl Lashley fez um experimento no qual tentava estudar a localização do aprendizado de uma propensão no cérebro. Assim, ele treinou ratos para encontrarem queijo num labirinto, e depois começou a cortar sistematicamente partes do cérebro do rato, testando-o para ver se a propensão persistia. Intrigado, ele descobriu que, até com 50% do cérebro, o rato treinado encontrava o caminho até o queijo. A única conclusão é que a memória aprendida de uma propensão é não local. Uma alternativa – a memória seria holográfica – foi aventada durante algum tempo pelo neurofisiologista Karl Pribram, mas a hipótese perdeu forças.
- Na visão materialista, só o corpo físico é real; só o corpo físico evoluiu a partir de um ancestral animal. Nossa evolução é gradual e contínua, movida pelo acaso cego e pela necessidade de sobrevivência numa luta pela existência em um ambiente em mutação (Darwin, 1859). Na nova visão, além da evolução contínua, temos fases criativas da evolução nas quais a consciência cria novas representações orgânicas dos campos morfogenéticos que constituem as matrizes vitais dos órgãos biológicos. Ainda de acordo com a nova visão, a evolução não termina com a elaboração da representação do corpo vital,

mas continua com a elaboração da representação de significados mentais, assim que o cérebro evolui e tem a capacidade de criar circuitos de significado.

- A palavra "ecologia" vem do grego *oikos*, que significa lugar, e *logos*, que significa conhecimento. Mas geralmente dizemos que a ecologia diz respeito ao conhecimento de nosso ambiente físico. Esta é a antiga visão materialista. Agora que aceitamos o interior como um lugar onde também vivemos parte do tempo, nossa rasa ecologia deve dar lugar a uma ecologia profunda, na qual aprendemos a cuidar tanto do ambiente exterior como do interior, de acordo com o filósofo Arne Ness (ver Devall & Sessions, 1985).
- Do mesmo modo, nossa economia, que etimologicamente significa a administração do lugar, precisa ser estendida para lidar não apenas com o bem-estar denso, mas também com o bem-estar sutil.
- As três instituições sociais mais importantes da modernidade, o capitalismo, a democracia e a educação liberal, evoluíram sob uma modernista visão de mundo cartesiana, com a meta de proporcionar o processamento de significados para um número cada vez maior de pessoas. Sob a influência materialista, essa meta elevada degenerou-se, limitando-se a interesses triviais. Com a nova visão, temos a oportunidade de levar novamente essas grandes instituições sociais para suas metas originais.
- Sob a antiga visão materialista, a saúde pública diz respeito apenas ao corpo físico, e apenas a medicina materialista e alopática é válida. A visão materialista produziu a atual crise da saúde pública em virtude dos custos estratosféricos. A nova visão reconhece o poder da medicina alternativa, que cuida dos corpos sutis e promete uma medicina integral e econômica.
- Ao assumir a posição de que "só a matéria é real", o materialismo levou ao presente conflito entre ciência e religião. Graças ao uso sagaz do secularismo – a separação entre Estado e religião – os materialistas dificultaram o ensino de valores espirituais para as massas, enquanto suas crenças materiais, pouco científicas (como a de que tudo é matéria), são ensinadas livremente em escolas do mundo todo. Alguns religiosos se sentiram tão ameaçados que recorreram ao terrorismo como forma de reação. A nova visão vai abrir caminho para uma nova era de pós-secularismo, na qual a espiritualidade é científica, permitindo um novo diálogo e um armistício.

capítulo 6

do-be-do-be-do: pense quântico, seja criativo

Segundo a física quântica, os objetos são possibilidades à sua escolha. Na verdade, a principal questão em sua vida é esta: Você vai escolher alguma coisa já vista ou vai explorar novas possibilidades? Em outras palavras, você vai viver no condicionado, mas confortável, casulo do seu ego, ou vai se arriscar um pouco, aspirar pelo novo e explorar sua consciência quântica?

Se você vivesse num mundo newtoniano, como alegam os materialistas, a questão da escolha entre a criatividade e o condicionamento seria discutível. Num mundo newtoniano, dependendo do cientista com quem você está conversando, você é o modo que o átomo tem para se conhecer, ou o modo que seus genes têm para se preservar e espalhar. Nessa visão, seus genes teriam conseguido produzir um cérebro a partir de mutações aleatórias, motivadas pela necessidade de sobrevivência. Na melhor hipótese, você é um subproduto do seu próprio cérebro, o *software* do *hardware* que é seu computador-cérebro. Você é programado à medida que cresce, por meio de sua história evolucionária e de seu condicionamento ambiental. Aquilo que você chama de ato criativo qualquer computador tem o potencial de fazer, talvez até melhor do que você.

Felizmente para você e para todos nós, inclusive os materialistas, o mundo real é quântico, e por isso a questão de optar pela criatividade ou pelo condicionamento é real. No mundo quântico real, sua consciência é a única realidade, seu cérebro é o subproduto da evolução da consciência no afã de produzir representações cada vez melhores de todo o significado mental de que você dispõe e pode explorar, em todos os contextos diferentes que você pode descobrir para explorar. É fato que suas explorações anteriores produziram estações condicionadas em sua personalidade e caráter, mas você não precisa ficar preso a nenhuma delas; pode prosseguir sempre mudando sua velha ordem e substituindo-a pela nova.

Dá para perceber que essa é uma jornada interessante. Afirmo que o significado de nossas vidas está nessa jornada, e que temos estado envolvidos nela há muitas vidas, algo como o herói do filme *Feitiço do Tempo*.

Pensando de modo quântico

Ninguém precisa lhe dizer como pensar segundo os ditames da estação condicionada que você chama de ego. Isso é muito natural. Você faz isso com frequência, queira ou não.

A criatividade é tudo, menos isso do ego, menos o ego. Mas essa frase não parece nos ajudar enquanto não lhe damos alguma estrutura. Para isso, vamos analisar os rudimentos do pensamento quântico acerca da criatividade.

O pensamento quântico consiste em compreender que, em última análise, a criatividade consiste em escolhermos o novo entre as diversas possibilidades quânticas de significado, dando-nos um novo pensamento, descontínuo em relação a todos os pensamentos anteriores. A física quântica diz que o processo é mais ou menos assim. Antes de você escolher, ondas de possibilidades de significado estão se desenvolvendo na consciência, em sua consciência, mas você está separado delas. Chamamos isso de processamento inconsciente.

A virtude da teoria da experiência consciente que desenvolvemos nos dois capítulos precedentes é que, com sua ajuda, agora podemos distinguir formalmente entre o inconsciente e o consciente. O inconsciente configura-se quando sua consciência não se encontra separada das possibilidades que você está processando; o "consciente" refere-se à consciência total da percepção-consciente da divisão sujeito-objeto – agora sua consciência está separada, como sujeito, dos objetos que você está experimentando. (Um leve lapso aqui, graças a Freud. Na verdade, inconsciente significa "sem perceber".)

Os pensamentos ordinários seguem um fluxo na consciência. São contínuos, um seguindo o outro de modo mais ou menos causal. Um pensamento criativo não faz isso; não segue uma causa, nenhum pensamento anterior. A passagem de todos os pensamentos prévios para o novo pensamento criativo é dotada de descontinuidade. Você se torna separado dos pensamentos no fluxo da consciência, é tomado subitamente por uma maravilhosa sensação de surpresa. Ahá!, um novo pensamento, um *insight* criativo. Mas você não tem ideia de onde veio o pensamento ou como ele apareceu na sua percepção-consciente. Pratique mais o pensamento criativo: um *insight* criativo é um evento descontínuo do pensamento, um salto quântico.

Se um *insight* criativo é um salto quântico, é um salto de onde e para onde? Em outras palavras, de onde vêm os *insights* criativos? Talvez você já tenha descoberto isso graças ao conteúdo de seus próprios ahás criativos. As ideias criativas provêm do domínio arquetípico de nossa consciência. Na criatividade, damos um salto quântico, indo da mente para o supramental.

Se você se flagrar nesse momento ahá! do *insight* criativo, verá que sua surpresa não apenas envolve a novidade do objeto de seu *insight*, como também a novidade do sujeito do *insight*. O "você" que está tendo o *insight* é um você cósmico, não é o você cotidiano com uma personalidade, mas um você holístico.

No processo do salto quântico, sua identidade consciente saltou de seu estado ordinário de consciência, o ego, para uma unidade cósmica não ordinária de superconsciência que você pode chamar de *self* quântico.

Perceba que enquanto você existe num estado aparentemente contínuo de animação em sua vigília, a animação do *self* quântico é bem descontínua em relação a esse estado ordinário de sua consciência. Além disso, se em seu ego ordinário você se identifica localmente com sua personalidade e história locais, seu *self* quântico é não local, sua identidade é o universo todo.

E, agora, o aspecto mais sutil da experiência criativa, observado apenas por uns poucos que desejam investigar a própria natureza desse *self* quântico cósmico e criativo. O *self* quântico surge na percepção-consciente em codependência com o novo *insight*, o objeto na consciência tal como ele é em sua verdadeira forma.

No pensamento ordinário, você pensa seu pensamento, você é o chefe – aparentemente, no nível causal, os pensamentos lhe parecem secundários, parecem ser o nível causado. O que você tem é um relacionamento hierárquico simples entre você e seus pensamentos. Mas, no pensamento criativo, a coisa não é assim, pois há a codependência entre pensador e pensamento – uma codependência nebulosa sobre quem causa o quê. Este é um relacionamento hierárquico entrelaçado. Assim, se em seu ego sempre existe um relacionamento hierárquico simples com seus pensamentos, seu *self* quântico está num relacionamento hierárquico entrelaçado com os objetos na consciência.

Idealmente, eventos de colapso quântico são descontínuos, não locais e em hierarquia entrelaçada. Experiências anteriores (na verdade, suas memórias) corrompem essa situação ideal. Como temos o hábito de filtrar um estímulo previamente experimentado por meio de reflexos no espelho da memória, essa corrupção condiciona nossa resposta ao estímulo atual e favorece as respostas passadas. Com o acúmulo da experiência, essa corrupção tende a dominar nosso processamento de significado. Assim, aquilo de que causamos o colapso tende a tornar-se condicionado – contínuo, local e em hierarquia simples.

Em todo evento criativo de *insight*, as pessoas criativas (vamos chamá-las de "criativas") superam seu condicionamento e causam o colapso daquilo que é descontínuo, não local e em hierarquia entrelaçada. O matemático Karl Frederick Gauss escreveu sobre uma de suas experiências criativas: "Como um súbito lampejo de luz, o enigma pareceu-me solucionado. Eu mesmo não posso dizer qual foi o fio condutor que uniu aquilo que eu sabia antes com aquilo que possibilitou meu sucesso". O poeta Rabindranath Tagore escreveu sobre o ato de escrever seu primeiro poema: "Os fragmentos sem significado perderam seu isolamento individual e minha mente maravilhou-se com a unidade de visão". Dá para perceber facilmente a descontinuidade, a não localidade e a hierarquia entrelaçada nesses comentários.

Mas não é preciso lidar com a criatividade de forma contemplativa. Qualquer um pode ser criativo. Qualquer um pode viajar até o supramental inconsciente e processar diretamente os arquétipos de maneira quase inconsciente. Pratique mais o pensamento quântico. Quem é você quando processa inconscientemente o supramental em busca do novo? Você é sua consciência quântica, naturalmente. Convencionou-se dizer que sempre que existe o novo em seu inconsciente, Deus o processa para você. E, quando Deus causa o colapso do *insight* criativo, surge a experiência do *self* quântico. Mas torne a pensar de forma quântica. Quem está tendo a experiência do *self* quântico? Só você. E, depois, há a experiência do ego com a memória do ahá! e você cria uma guirlanda mental com as flores supramentais do *insight*. Percebe as aventuras que está perdendo por supor que só os gênios podem ser criativos?

Quando somos crianças, temos muitas experiências criativas; essas experiências nos proporcionam os contextos condicionados de nosso ego-identidade. Quando adultos, para aprendermos a ser criativos, precisamos aprender a penetrar o condicionamento do ego quando surge a situação. No entanto, aprender não é uma regressão à infância, negando totalmente o ego. É resgatar novamente parte de nossa inocência infantil apesar do ego, ou, na verdade, usando o ego.

Em suma, eis um importante tema recorrente da jornada criativa. Nossas ideias criativas são o resultado do jogo criativo da consciência, que é o único jogo num universo quântico. Contudo, as sombras (memórias) dessas ideias criativas no nosso complexo mente/cérebro dão origem ao condicionamento – a tendência à repetição homeostática. O condicionamento leva-nos a um sedutor jogo de sombras, fazendo com que o mundo aparente seja um jogo de dicotomias: criatividade *versus* condicionamento, bem e mal, consciência e matéria, ativismo e inércia, e assim por diante. Ser criativo também significa penetrar essa camuflagem de opostos e desenvolver a capacidade de integrá-los.

As questões da criatividade

O mundo responde às nossas perguntas. Às vezes, a resposta é criativa; outras vezes, não. Mas progredir é fazer perguntas. Além da pergunta "como ser criativo" (para a qual a resposta é "pense de modo quântico"), quais são as outras indagações sobre criatividade que povoam sua consciência?

Geralmente, a criatividade refere-se a atos de descoberta ou de invenção de algo novo em significado e valor. Quais são algumas das formas de manifestação da criatividade? Esta pergunta é fácil. É quase possível responder a ela simplesmente olhando à nossa volta. Algumas pessoas são criativas usando um cinzel, e são chamadas de artistas criativos. Algumas pessoas escrevem poemas nas primeiras luzes da manhã; são os poetas visionários. Os cientistas sentem-se criativos quando descobrem um teorema matemático, uma lei da ciência ou desenvolvem uma nova tecnologia. Algumas são criativas ao piano ou no salão de baile. Esses são alguns cenários tradicionais de atos criativos – artes, poesia, matemática e ciências, música e dança. Mas não esgotam o escopo da criatividade. Mais recentemente, passou-se a aceitar que o cenário criativo inclui os negócios, um acréscimo muito bem-vindo às tradições (Ray & Myers, 1986).

Acima, temos exemplos da criatividade exterior, a criatividade no cenário externo da expressão humana, no qual há um produto que todos podem compartilhar. Mas também temos nosso cenário interior, o estado de consciência que vivenciamos, no qual sentimos, pensamos e intuímos. Nem todos vivenciam os mesmos estados interiores, o mesmo grau de plenitude interior. Desse modo, existe a criatividade interior (Harman & Rheingold, 1984), a criatividade no cenário interior das experiências, um cenário muito importante para o ativista quântico.

Antigamente, e mesmo hoje, muitas pessoas estão empenhadas numa jornada espiritual em busca de Deus. Olhando de perto, fica aparente que essa é uma jornada rumo à autorrealização, à descoberta da verdadeira natureza do *self* e sua vivência, usando o processo criativo da criatividade interior.

Mas a procura (ou pesquisa) espiritual não é o único cenário no qual você precisa usar a criatividade interior. Muito mais próxima da vida cotidiana, temos a ideia da aplicação da criatividade interior aos relacionamentos. Se você aprende a amar alguém usando a criatividade na prática, a experiência é radicalmente diferente.

Recentes descobertas da ciência da cura mostram que, mesmo no processo curativo, há espaço para a criatividade interior (Goswami, 2004), para a cura quântica. Chegamos a esse ponto.

Há muita confusão a respeito do processo envolvido na busca espiritual. O veredicto da nova ciência é que o processo envolvido tanto na criatividade exterior como na interior é o mesmo, embora os produtos sejam bem diferentes.

Rótulos como "exterior" ou "interior" referem-se a uma classificação da criatividade. Existe outra base para classificar a criatividade? Na verdade, existe. Até o jargão popular diferencia atos criativos de descoberta e aqueles que chamamos de invenção. Qual a diferença? Criatividade é a descoberta de um novo significado, mas todos sabem que o significado depende do contexto. Se, por exemplo, digo a um ser humano "você é um burro", as pessoas vão pensar que sou rude. Mas, se digo a mesma coisa para um jumento, ninguém vai reclamar. Assim, a palavra "burro" assume significados diferentes em contextos diferentes.

O contexto não precisa ser apenas físico, como no exemplo acima. Nossas emoções e nossos sentimentos também podem estabelecer um contexto. Além disso, há os contextos mais sutis de significado, que Platão chamou de arquétipos e que pertencem ao supramental: verdade, beleza, justiça, amor, bondade, e assim por diante. Se pensar a respeito, verá que passamos muito tempo em busca de significados que giram em torno de um ou mais desses arquétipos. Por exemplo, os cientistas costumam buscar significados no contexto arquetípico da verdade. E, geralmente, ao avaliarem sua busca pela verdade, referem-se a outro arquétipo: a beleza.

Agora, podemos diferenciar formalmente descoberta e invenção. Uma descoberta consiste em criar novo significado, bem como uma nova visão para um contexto arquetípico associado ao significado. Uma invenção consiste em enxergar novo significado numa combinação de antigos significados descobertos em contextos arquetípicos antigos. Tecnicamente, referimo-nos à descoberta como criatividade fundamental, e à invenção como criatividade situacional.

A descoberta de Einstein – $E = mc^2$ – exigiu que ele desse um salto quântico para poder observar com novos olhos a verdade arquetípica sobre a natureza do tempo, percebendo que o tempo é relativo e que muda com o movimento. Isso foi a criatividade fundamental em seu melhor momento. Do mesmo modo, a maioria dos mais famosos artistas, como Van Gogh, Renoir e outros tantos, era formada de expoentes da criatividade fundamental. Mas vamos supor que eu tome fragmentos de arte impressionista e faça uma colagem; mesmo que você encontre nela um novo significado, na melhor hipótese ela seria um exemplo de criatividade situacional.

Prosseguindo, eis outra questão da criatividade. O que constitui o processo criativo? A pesquisa mostra, segundo a codificação inicial de Graham Wallas (1926), que a criatividade é um processo em quatro estágios – preparação, incubação (aguardar tranquilamente enquanto a ave choca o ovo), *insight* e manifestação (do *insight* que gera um produto). Mas há muitas sutilezas.

Uma sutileza que mencionei antes se tornou um dos lemas do movimento ativista quântico. A preparação (fazer) e a espera (ser) não são necessariamente cronológicas. O que realmente acontece antes que ocorra um *insight* criativo desenrola-se em diversos episódios alternados de fazer e ser – *do-be-do-be-do*, como na música de Frank Sinatra (ver p. 31).

Por que o processo criativo envolve tanta agonia (imagine Michelangelo agoniado, pensando em como deveria pintar o teto da Capela Sistina) e ansiedade (da qual a imagem neurótica do comediante Woody Allen é o arquétipo)? Mas quem pode duvidar de que existe êxtase no momento criativo do *insight* (espero que a imagem de Arquimedes, correndo nu nas ruas da antiga Siracusa e gritando "*Eureka!*", esteja surgindo em sua visão interior) e grande satisfação ao se concluir um produto criativo (pense em Picasso após terminar a colossal pintura *Guernica*)?

A questão criativa (para a qual a pessoa criativa busca resposta) costuma ser chamada de questão ardente porque ela perturba e agoniza o ego. O êxtase e a satisfação provêm da realização da plenitude do *self* quântico, mesmo que temporária.

A que propósito servem as ideias criativas? Tenho certeza de que esta questão é importante para vocês, ativistas quânticos. Se as ideias criativas não têm eficácia causal e não servem a propósito algum, como afirmam os materialistas, então por que suportamos tanta agonia (embora o êxtase possa estar aguardando você no final)? É porque todas as pessoas criativas desejam renome e fama? Duvido. Todos sabem que não existe garantia para o renome e a fama no trabalho criativo. Enquanto Vincent van Gogh viveu, sua arte não chegou a ser reconhecida. Isso significa que o valor de um ato criativo depende do que as pessoas pensam dele, que a criatividade é um concurso de popularidade? Talvez devamos procurar um bom assessor de imprensa antes de iniciar alguma aventura criativa.

Não, brincadeiras à parte, e apesar dos materialistas, as ideias criativas "perturbam o universo", ajudam o movimento evolucionário da consciência – esse é o seu propósito.

Muitos se dedicam à criatividade, mas é fato que poucos pintam como Michelangelo, são virtuoses como Mozart, dançam criativamente como Martha Graham, fazem poesias como Rabindranath Tagore ou são cientistas do calibre de Einstein. Assim, nossa principal pergunta deve ser direta e pessoal. Como *eu* posso ser mais criativo? Dito de outro modo, o que limita nossa criatividade? Podemos superar esses limites? Podemos chegar às estrelas?

Todos se lembram de que foram criativos na infância. Perguntamo-nos como poderíamos ter perdido o senso de encantamento que permeava nossas experiências da infância, acomodando-nos numa vida adulta dominada pelas rotinas mundanas de um mundo mofado. Nessas ocasiões, fazemos uma pergunta mais pertinente sobre o desenvolvimento: será que a criatividade adulta é reservada a uns poucos eleitos, os chamados gênios, como Einstein e Martha Graham? Será que os gênios são intrinsecamente diferentes de nós? Ou será possível que, com as oportunidades adequadas de desenvolvimento, qualquer um pode ser um gênio? Por um lado, isso tem a ver com a idade. O físico Erwin Schrödinger realizou seu trabalho criativo mais importante (a descoberta da matemática da física quântica) quando estava com seus maduros 40 anos, e escreveu um livro definitivo e influente sobre a natureza da vida, que inspirou toda uma geração de biólogos, na avançada idade de 55 anos. Será que qualquer um pode cruzar os mares da criatividade em qualquer idade, ou só os gênios conseguem?

Para as pessoas criativas interiormente, especialmente aquelas que procuram a iluminação espiritual, a questão essencial da criatividade nesta era materialista reduz-se ao seguinte: Deus existe mesmo? A iluminação é uma promessa do céu, mas existe mesmo um céu que torne significativa a jornada até ele? Para os ativistas quânticos, compreender a nova ciência resolve essas dúvidas.

Mas, perguntas à parte, dúvidas à parte, eis uma coisa que ninguém pode negar. Tornamo-nos mais vivos e alegres quando somos criativos; nossos momentos criativos são os melhores momentos de nossas vidas. Prezamos tanto a criatividade que nos animamos quando participamos de um ato criativo ou testemunhamos o produto dos atos criativos de outras pessoas.

Mas até esta pungente observação suscita outra questão. Podemos passar nosso tempo em busca de atos criativos? Existe um modo de vida criativo que supere em qualidade todos os outros modos de vida? Podemos viver a vida tendo por base a criatividade?

A pergunta quintessencial é a seguinte: "Existem respostas para essas perguntas?". Ou, como você deve ter imaginado: "O pensamento quântico resolve todas essas perguntas sobre criatividade?".

A resposta para essas duas perguntas é um retumbante "Sim". O pensamento quântico proporciona respostas satisfatórias para todas as perguntas sobre criatividade que você quiser fazer, e mais ainda: o pensamento quântico inspira-o a lidar com a criatividade. Na Parte 2, vamos nos aprofundar sobre o modo de introduzir a criatividade em nossa vida cotidiana, e como manifestar em nossas vidas aquilo que descobrirmos.

Vou resumir a meta do ativismo quântico em relação à criatividade com estes versos do poeta Rabindranath Tagore (adaptei-os um pouco):

> Onde o medo não cria barreiras impenetráveis,
> Onde a mente é livre para correr riscos,
> Onde nem recompensa nem castigo,
> Mas a curiosidade sincera motiva,
> Onde podemos escutar o universo
> A sussurrar seu propósito para nós,
> Nessa terra da liberdade criativa,
> Que meu mundo desperte.

Criatividade, reencarnação e propensões mentais necessárias para criar

Qualquer um pode ser criativo? Disse antes que sim, mas obviamente há mais sutilezas envolvidas. Em qualquer atividade, o sucesso depende de nossa motivação, da força de nossa intenção. Até que ponto podemos ser criativos? Depende da motivação que temos para encontrar respostas às nossas indagações que satisfaçam a alma, nossa necessidade de saber.

É fato que há uma ampla gama de pessoas criativas. Qualquer um pode ser criativo, mas que fatores determinam nosso lugar no espectro criativo? Esta pergunta é importante tanto para a criatividade exterior como para a interior.

A resposta materialista baseia-se naquilo que é chamado de determinismo genético – quem somos depende totalmente de nossos genes. Mas essa postura diante do ser humano é um beco sem saída; não há evidências a sustentá-la.

E então, o que determina nosso lugar no cenário criativo? É claro que o condicionamento ambiental tem seu papel, que o condicionamento genético pode ter um papel limitado (por exemplo, dando-nos mais ou menos resistência física), e até o acaso pode ter seu papel. Mas existe um único fator realmente fundamental?

Creio que existe esse fator fundamental, e ele é determinado por nosso histórico reencarnatório – o aprendizado que acumulamos através de muitas vidas. Além disso, o conceito de reencarnação ajuda-nos ainda a compreender a questão da motivação.

Os materialistas não gostam da ideia da reencarnação; para eles, existe apenas o corpo material, e sua morte representa o nosso fim. Mas nossa criatividade é uma prova viva de que o significado e seus contextos arquetípicos são "coisas" reais, embora não sejam materiais; a matéria não pode processá-los. Então, onde eles ficam? Ocorre que a mente é o domínio do significado, e o domínio dos arquétipos é o supramental.

A matéria também não pode processar sentimentos; nunca haverá um *chip* de computador para sentimentos, apesar da imaginação da ficção científica em *Jornada nas Estrelas*. Os sentimentos pertencem ao domínio do corpo vital da consciência. Juntos, como discutido no capítulo anterior, esses três – corpo vital, mente e o supramental – constituem nosso corpo sutil, em contraste com nosso corpo material e denso. Quando o corpo material morre, as propensões dos corpos sutis, vital e mental sobrevivem e reencarnam noutro corpo físico. Como vê, as ideias da sobrevivência após a morte e da reencarnação não são um absurdo popular ou religioso como se imaginava.

E tem mais. Dispomos agora de muitas evidências empíricas acumuladas a favor da sobrevivência após a morte e da reencarnação, e, além disso, há uma boa e detalhada teoria que explica todos esses dados (Goswami, 2001). A teoria e os dados sobre a reencarnação sugerem o fator fundamental na determinação de nosso lugar no espectro da criatividade.

As evidências empíricas da sobrevivência à morte consistem de vastos dados sobre experiências de quase morte (Sabom, 1982). Isso não nos concerne agora. As evidências empíricas da reencarnação são constituídas de informações sobre alguns gênios que nascem em famílias sem talentos e mostram sinais de criatividade desde uma tenra idade. É claro que esses gênios desafiam quaisquer explicações em termos de condicionamento genético ou ambiental. O matemático indiano Ramanujan e o virtuose musical austríaco Wolfgang Amadeus Mozart são dois exemplos notáveis. O fato é que Ramanujan nasceu numa família sem qualquer expressão matemática; contudo, desde menino, ele conseguia realizar somas de séries matemáticas infinitas, sem qualquer dificuldade. E, embora a família de Mozart tivesse músicos, isso não explica como um Wolfgang de seis anos conseguia compor peças originais. Esse tipo de fato deve ser considerado como evidência de que esses gênios nasceram com uma criatividade inata, que lhes foi transmitida de encarnações anteriores (Stevenson, 1974, 1977, 1987).

Considerações teóricas baseadas na nova ciência dão-nos ainda mais clareza. Antes, eu classifiquei os atos criativos em duas classes – os atos de descoberta, que chamamos de criatividade fundamental, e os atos de invenção, que chamamos de criatividade situacional. Seguindo a terminologia da psicologia da *yoga*, vamos denotar a propensão para a criatividade fundamental com a palavra sânscrita *sattva* e a da criatividade situacional com outra palavra sânscrita, *rajas*. E, depois, existe ainda a propensão para não haver criatividade alguma, a tendência a exibir apenas o condicionamento nas ações. Essa propensão será denotada pela palavra sânscrita *tamas*. Coletivamente, essas propensões mentais serão referidas pela palavra sânscrita *guna*, que, literalmente, significa qualidade.

A teoria reencarnatória (Goswami, 2001) baseada na ideia fundamental da memória não local sugere que aquilo que trazemos de reencarnações passadas inclui essas três propensões mentais, *sattva*, *rajas* e *tamas*. O condicionamento está sempre presente; é o preço que pagamos pelo crescimento e por encher o cérebro de lembranças. Assim, o *tamas* domina quando começamos nossa jornada reencarnatória, gradualmente com mais e mais encarnações, dando lugar às tendências criativas de *rajas* e *sattva*.

É claro que nosso lugar no espectro da criatividade depende crucialmente de trazermos conosco, ao encarnarmos novamente, muito *sattva* – a capacidade de descobrir: a descoberta é o ato mais importante da criatividade. Quanto mais *sattva* trazemos, maior a nossa tendência a viver na criatividade fundamental. Do mesmo modo, a herança reencarnatória de *rajas* determina nosso sucesso na criatividade do tipo "construção de impérios", a criatividade situacional. E a quantidade de *sattva* ou *rajas* que podemos fazer frutificar nesta vida depende de nossa história reencarnatória.

O propósito de nossa jornada reencarnatória é descobrir os arquétipos e manifestá-los em nossas vidas, uma tarefa que ocupa muitas encarnações (Goswami, 2001). Isso nos proporciona a motivação pessoal para a criatividade – são os arquétipos que nos motivam a descobri-los criativamente.

No filme *Feitiço do Tempo*, o herói é motivado pelo arquétipo do amor de vida em vida, até aprender a essência altruísta do amor. Todos nós fazemos isso – buscamos algum arquétipo. Assim como nosso herói no filme citado, permanecemos inconscientes daquilo que estamos fazendo quando começamos nossa jornada reencarnatória, e só começamos a acompanhar o jogo quando amadurecemos.

A descoberta dos arquétipos exige a criatividade fundamental. A criatividade situacional permite-nos muitos atos secundários de elaboração baseados em nossa descoberta. Quanto mais *sattva* tivermos numa vida específica, mais poderemos nos dedicar à descoberta direta dos arquétipos. Então, estaremos usando a criatividade "em busca da alma". Se tivermos *sattva* misturado com um pouco de rajas, nossa busca pela alma poderá ser complementada por aplicações materiais, muito necessárias, dos frutos da jornada. Alternativamente, pessoas criativas fundamentais e situacionais podem dar as mãos umas para as outras.

Como incrementamos a motivação para a criatividade? Um modo consiste em purificar nosso *sattva*. Contudo, eis uma boa notícia. Em épocas de crise social, a motivação pela sobrevivência entra em cena, a motivação para mudanças ganha popularidade e as mudanças de paradigma são rápidas. É isso que está acontecendo agora.

Você deve ter ouvido dizer que o calendário maia termina em 2012, e que algumas pessoas estão prevendo o "fim do mundo como o conhecemos" em 2012. Creio que essa é uma ótima metáfora para aquilo que está acontecendo, pois uma mudança de paradigma com a amplitude de que estamos falando certamente será o fim do mundo como o conhecemos.

É estimulante perceber que numa época de crises e de mudança de paradigmas, os problemas a se resolver exigem que voltemos ao básico, que comecemos novamente. As soluções não precisam ser sofisticadas, e qualquer um, mesmo sem muito talento, mas com criatividade e motivação, pode apresentá-las.

Mais uma coisa. Voltamos a nascer tendo em mente uma jornada de aprendizado muito clara. Em sânscrito, ela é chamada de *dharma* – dharma significa agenda de aprendizado – e é uma agenda que facilitaria a procura pela realização em nossa jornada criativa. Nosso dharma individual revela o campo de nossa atividade criativa.

Já percebeu como algumas pessoas realizam trabalhos criativos, sejam situacionais, sejam fundamentais, como certa facilidade, num fluxo sem esforços? O mitólogo Joseph Campbell viveu a vida nesse fluxo; ele seguiu seu dharma. Na verdade, estava tão possuído por ele que volta e meia aconselhava os outros a "seguir o que lhe for sublime".

Tenho uma noção de como a tão necessária e rápida mudança chegará. Milhões de pessoas criativas, todas ativistas quânticas, seguindo a mudança de paradigma na ciência, valer-se-ão de seu dharma e produzirão a transformação criativa no campo que escolheram, nas artes e humanidades, na economia e nos negócios, na saúde e na cura, na política e na educação e, por fim, mas não com menos importância, na religião.

É fato que, além da criatividade pessoal, nossas sociedades como um todo progridem e vão se tornando cada vez mais criativas, um processo que chamamos de formação da civilização. Sem a civilização, estaríamos "reinventando a roda" sem parar. E a formação da civilização também se dá em surtos. Chamamos esses surtos de renascenças.

Isso nos leva à questão da evolução. Mas não olhe a evolução pela lente darwiniana; você se perderá na fumaça e no espelho de ideias vãs, como acaso e necessidade, que não lhe dão nem a noção do propósito da evolução, nem da criatividade envolvida nela.

Criatividade e evolução

Um dos aspectos mais espantosos da criatividade quântica que está emergindo é que a própria evolução biológica em si envolve uma série progressiva de saltos quânticos, criando complexidade proposital cada vez maior, como os degraus de uma escada, para que aspectos cada vez mais propositais de nossa existência possam se manifestar (Goswami, 2008b). A evidência empírica desses saltos quânticos são as famosas lacunas fósseis que o darwinismo não consegue explicar. Quem dá esses saltos quânticos? As lacunas fósseis envolvem uma mudança na espécie, no mínimo; assim, a criatividade envolvida é, no mínimo, a criatividade de toda a consciência da espécie.

Foram necessários muitos saltos quânticos para que evoluíssemos do procarionte unicelular até os organismos multicelulares, os invertebrados, os vertebrados, os mamíferos, os primatas e os humanos. A maior parte dessa jornada evolucionária foi a evolução de representações cada vez melhores as matrizes vitais das formas, levando a órgãos cada vez melhores para realizar nossas funções biológicas. Finalmente, quando evoluiu o neocórtex do cérebro, foi possível representar o significado mental.

A evolução humana tem sido a evolução do processamento do significado da mente. No início, a mente dava significado ao mundo físico. Chamamo-la de evolução da mente física. Os antropólogos identificam esse estágio como o estágio caçador-coletor da evolução humana. Um aspecto importante desse estágio foi a dominação masculina.

No entanto, com o desenvolvimento da agricultura em pequena escala, surgiu um estágio que os antropólogos chamam de era agrícola, quando os humanos se assentaram e homens e mulheres começaram a trabalhar juntos, com trabalhos e direitos mais ou menos iguais. O lazer proporcionado por essa era permitiu que a mente começasse a dar significado a sentimentos, levando à mente vital. A mente vital é compatível com a mente física, e integra esse estágio anterior em sua estrutura.

Algumas antropólogas feministas chamam o estágio de evolução da mente vital a era de ouro, e tenho de concordar com essa afirmação. Não havia dicotomia macho-fêmea nessa época. Contudo, isso não durou muito. Com o desenvolvimento de máquinas agrícolas pesadas, os homens tomaram novamente as rédeas e começaram o estágio seguinte do processamento de significado – o significado da própria mente, relegando as mulheres ao trabalho menor da mente vital.

Ocorre que a mente que processa o significado da mente ou o significado do significado é, naturalmente, chamada de pensamento abstrato, no qual predomina a racionalidade. O pensamento racional é lógico e computável, enquanto os sentimentos, por não serem computáveis, podem ser considerados irracionais. Desse modo, a mente vital nunca foi integrada com a mente racional. Na verdade, foi desacreditada e relegada ao processamento pelo sexo frágil (as mulheres precisam dela para gerar e criar os filhos, como se costumava dizer).

Podemos especular. No estágio de evolução da mente vital, primeiro a mente deve ter atribuído significado aos sentimentos instintivos dos três chakras mais inferiores, criando circuitos cerebrais correlacionados no neocórtex para complementar os circuitos cerebrais límbicos dos sentimentos puros. Os dois conjuntos de circuitos cerebrais, atuando em associação, deram-nos as chamadas experiências das emoções negativas – medo, paixão, raiva, ciúme, competitividade etc. Pois é, a não localidade dominou a consciência das pessoas nessa era. Desse modo, a excitação inconsciente dessas emoções, que continuamos a sofrer até hoje, é semelhante ao inconsciente coletivo do ideário junguiano.

Após a elaboração dos circuitos cerebrais das emoções negativas, a mente deve ter começado a formar circuitos límbicos e neocorticais, correspondendo aos sentimentos do chakra mais superior, como o amor. Mas esse estágio nunca foi encerrado, tendo sido abortado quando começou a era da mente racional. O efeito disso deve ter sido tão devastador que foi imortalizado no mito bíblico da "queda" do Éden (Goswami, 2008b).

Felizmente, antes da queda, as mulheres conseguiram desenvolver os circuitos emocionais muito positivos do cérebro, correspondendo ao amor maternal, eminentemente incondicional. Depois, homens e mulheres desenvolveram, respectivamente, os circuitos cerebrais límbicos dos sentimentos (positivos) do "encantamento" espiritual e do altruísmo. Recentemente, neurofisiologistas descobriram esses dois circuitos. Por falar nisso, a experiência do primeiro tem sido indicada como a razão "por que Deus não vai embora". Com a demonstração científica da causação descendente, agora podemos aceitar que Deus é mais do que um ponto divino no cérebro (ao qual às vezes me refiro jocosamente como o "novo ponto G").

Apesar dessas exceções, as emoções negativas certamente nos dominam hoje, uma vez que nunca completamos o trabalho de fazer circuitos cerebrais emocionais positivos corresponderem aos chakras mais superiores. Começamos bem, sem dúvida, como a eficácia da psicologia junguiana comprova amplamente. Todo homem e toda mulher possuem os arquétipos dos deuses e das deusas prontos para guiá-los (Bolen, 1984, 1989) em sua jornada de transformação. Completar essa tarefa é vital para nossa evolução subsequente, que deverá consistir na mente atribuindo significado às intuições – a evolução da mente intuitiva.

Na história do desenvolvimento de nossa mente racional, especialmente na infância, damos muitos saltos criativos de descoberta (criatividade fundamental) até o supramental para descobrir os contextos do pensamento (abstrato). Mas, como egos adultos, a homeostase se instala e nossa identidade mental torna-se complacente com o repertório aprendido de estruturas lógicas, ou aquilo a que chamamos de sistema de crenças. Nessa situação, na melhor das hipóteses, somos capazes de criatividade situacional.

Consequentemente, em nossa mente racional exibimos a tendência a simplificar e a marginalizar as origens supramentais de nosso repertório aprendido de contextos em termos de simples dicotomias – bem e mal, belo e feio, verdadeiro e falso, amor e ódio. Para integrar emoção e razão, temos de restabelecer o supramental como pivô de nossas vidas adultas, e essa é a agenda do próximo estágio da mente intuitiva.

A criatividade como preparação para o próximo estágio de nossa evolução

No meu primeiro trabalho sobre criatividade quântica (Goswami, 1999), escrevi uma seção intitulada "Preparação para o século 21". Fui conservador demais. A criatividade não é nossa preparação apenas para o novo século, ou o novo milênio, mas também para o estágio seguinte de nossa evolução, nada menos. Como damos o próximo salto quântico da evolução é a questão mais importante do momento.

A verdade é que, no decorrer de nossa evolução na consciência, ficamos retidos. Vivemos numa época em que a ciência materialista ainda domina, e forças de separação e uma mentalidade determinista e mecânica reinam supremas. Essa mentalidade gera mediocridade e consumismo, mesmo no cenário da criatividade tradicional; ficamos "com fome na alma". O que a maioria de nós não compreende é que aquilo de que a alma sente falta não é dinheiro para consumir alimento espiritual, mas a criatividade para a produção de alimento espiritual. E, quando a mediocridade e o consumismo produzem em massa fome nas almas, as pessoas realmente criativas de nossa sociedade, no lugar de serem os heróis que devemos seguir para que a consciência evolua, são os "forasteiros" dos quais devemos desconfiar porque são "perigosos demais" como exemplos a se seguir. Se você é uma pessoa criativa, precisa ser conformista ou *entertainer* para ser ouvido.

Só poderemos respeitar as pessoas criativas se nós mesmos apreciarmos tanto a criatividade a ponto de nos tornarmos produtores e consumidores de alimento para a alma.

No ativismo quântico, além de aprendermos a natureza da criatividade, enfatizamos como ser criativos, como motivamos a criatividade individual e coletiva e como formamos uma sociedade criativa, na preparação para o estágio seguinte da evolução humana, na preparação para o desenvolvimento de uma verdadeira consciência da espécie de toda a humanidade. Trato desses últimos temas nas Partes 2 e 3 deste livro.

O gênio de nossa criatividade está na lâmpada da maioria de nós; libertar o gênio é tornar-se um gênio. Vivemos numa época em que interagimos mais com máquinas do que com outros seres humanos. Nesta era, abrir mão do condicionamento e da certeza mecânica e adotar a incerteza de uma vida criativa é um desafio.

Mas não se preocupe. Do modo como vejo as coisas, o movimento evolucionário da consciência está em andamento, e muitos de nós ouvem seu chamado (Aurobindo, 1996; Teilhard de Chardin, 1961). Se você está lendo este livro, é uma dessas pessoas; compreender o significado da criatividade, o funcionamento do processo criativo e o papel que a criatividade representa em seu autodesenvolvimento e evolução já são componentes essenciais de sua jornada criativa. E o ativismo quântico age como seu guia para o aprimoramento de sua jornada.

Em resumo, o ativismo quântico incentiva você a:

1. compreender a natureza quântica da criatividade e o processo criativo a ponto de praticar a criatividade com percepção-consciente, e não cegamente;
2. passar a usar a criatividade em todas as áreas de sua vida, e não apenas em áreas selecionadas;
3. passar da dedicação exclusiva à criatividade exterior (a criatividade que almeja um produto que todos podem ver e admirar) e praticar tanto a criatividade exterior como a interior (a criatividade na busca da transformação do ser);
4. passar de uma vida desequilibrada e "etérea" de criatividade fundamental a uma vida integrada e equilibrada com a criatividade situacional e mundana, e até com áreas da vida habitualmente condicionadas. Em outras palavras, trabalhar

no equilíbrio de suas propensões de *sattva*, *rajas* e *tamas* e buscar até transcendê-las;

5. focalizar sua criatividade segundo seu dharma, sua agenda de aprendizado específica para esta vida;
6. mudar sua motivação: passar da dedicação à criatividade pessoal para uma criatividade tanto pessoal como voltada para o movimento evolucionário da consciência planetária.

Quando você se sente inspirado a colocar a criatividade no centro de sua vida e a sincronizar seu próprio movimento vital com o movimento evolucionário da consciência, então está pronto para tornar uma só coisa interior e exterior, masculino e feminino.

Perguntas sobre criatividade?
Elas são como lampejos de vaga-lumes
da alma chamando você.
Você ouve as ondas de probabilidade
quebrando na praia da mente?
Então, olhe pela janela quântica.
Face a face com o seu eu,
o salto quântico vai pegá-lo de surpresa.
(Citado de Goswami, 1999, p. 33)

PARTE 2

SENDO UM EXEMPLO – A JORNADA QUÂNTICA PARA A TRANSFORMAÇÃO

capítulo 7

kennedy deu-nos a lua. senhor presidente, pode devolver-nos deus?

Caro presidente Obama.

O senhor concorreu para a presidência dos Estados Unidos com uma plataforma baseada em mudança. Mudanças de verdade, foi o que disse. Mudanças nas quais podemos acreditar. Bem, quantas das mudanças que fez até agora são mudanças de verdade? Mudanças tão reais que podemos acreditar nelas? Mudanças tão reais e críveis que nós mesmos podemos acreditar nelas e fazer algumas?

Ah, sim, Sr. Presidente. Todos os que ocupam cargos de liderança sabem que os norte-americanos precisam mudar. Sem fazermos mudança em nosso estilo de vida cínico, esbanjador e extravagante, os problemas que enfrentamos hoje nos Estados Unidos e no mundo não poderão ser resolvidos. Mas o senhor pode ajudar, demonstrando sua resolução em fazer mudanças.

Tornamo-nos cínicos, Sr. Presidente. Hoje, não temos muitas ideias, filosofias ou princípios nos quais podemos acreditar para guiar nossas vidas e fazer mudanças de verdade. Como foi que as coisas ficaram assim? Na década de 1950, apareceram os cientistas materialistas. Os materialistas sempre estiveram entre nós, com seu hedonismo e sua filosofia epicurista: comer, beber e ser feliz. Só umas poucas pessoas prestaram atenção neles. Mas, na década de 1950, com a descoberta da estrutura em dupla hélice do DNA, os cientistas se empolgaram e desafiaram a fé religiosa de forma inédita. Primeiro veio a afirmação – podemos entender a vida começando pelas moléculas. Vamos sintetizar a vida no laboratório e mostrar que a força vital não é necessária, e certamente não precisamos de Deus para criar maçãs verdes.

Depois, veio a física de alta energia e suas alegações extravagantes. Mostre-nos o dinheiro para fabricar máquinas de alta energia, e nós lhe mostraremos as partículas elementares que são os elementos constitutivos de todas as coisas. E, sabendo disso, vamos investigar a biologia e a psicologia a partir dos primeiros princípios. Nada vai escapar à nossa sagacidade matemática.

Finalmente, veio a ciência da computação e a procura pela inteligência artificial, computadores dotados de mente. Produzindo máquinas dotadas de mentes, vamos demonstrar que nós, seres humanos, também somos máquinas, tal como suspeitávamos há tempos. Eis a prova, eis a prova...

Três golpes certeiros, e Deus parece ter ido a nocaute, saído do sistema de crenças das pessoas, que começaram a ficar cínicas. Se Deus não faz maçãs verdes, por que devemos nos preocupar com ética ou com princípios de vida ou de trabalho? Cuide do *numero uno*, é você. Caia na real. Não existe significado; o físico disse: "Quanto mais o universo parece compreensível, mais parece sem sentido". Preste atenção em coisas reais, como o mercado imobiliário. E daí se o excesso de atenção produzir um ciclo de expansão e retração no mercado imobiliário? Os norte-americanos dispõem de crédito barato, por que não? Nós merecemos! Faça, faça, faça; compre, compre, compre; ganhe dinheiro, mesmo que você não tenha mais ideia do que o leva a gastar seu precioso tempo para ganhar dinheiro sem sentido.

Dentre os cínicos, os filósofos deram-nos a filosofia existencial. Não existe significado real ou valores reais segundo os quais devemos viver, mas precisamos fingir que existem. Mas a própria filosofia foi solapada incansavelmente, não que ela precisasse ser solapada. Quem lê filosofia hoje? Com nossos economistas e líderes políticos dizendo incessantemente que precisamos dos consumidores e de seus gastos para manter a economia funcionando, a menor hesitação que as pessoas tinham para gastar seu cheque especial já se foi.

Somos nós, consumidores, que exigimos carrões e utilitários beberrões de Detroit. Nós causamos a queda da General Motors. Produzimos uma quantidade tal de gases-estufa que ameaçamos o planeta com uma catástrofe climática. Somos nós que nos dedicamos a hábitos pouco salutares e nos recusamos a adotar práticas positivas de saúde preventiva para afastar as doenças e reduzir os custos de planos de saúde. Somos nós que desenvolvemos a dependência química de drogas (para alívio temporário) que sustenta as indústrias farmacêuticas e eleva os custos dos planos de saúde.

Somos nós que ficamos tão medrosos depois de 11 de setembro que nossos líderes conseguiram nos manipular para levar-nos a guerras desnecessárias. Somos nós que aceitamos a história do cientista materialista que disse que amor é sexo mais compostos neuroquímicos do cérebro, e perdemos o poder da energia do amor quando mais precisamos dela, para equilibrar nosso medo.

E somos nós que aceitamos as declarações ousadas dos materialistas sem esperar as explicações. Os materialistas deram alguma? Os biólogos não foram muito longe na tentativa de produzir vida em laboratório. Os pesquisadores da inteligência artificial não conseguiram construir um computador que possa processar significados mentais. Por outro lado, foram descobertas partículas elementares da matéria. Mas descobrir os mistérios da vida e da mente com base nesse conhecimento? Só no materialismo promissivo dos verdadeiros crentes!

Todavia, uma nova aurora se aproxima e alguns de nós já começam a apreciar suas primeiras luzes. Há agora provas matemáticas de que a matéria não pode produzir vida em laboratório, não pode processar significados. Há provas matemáticas de que precisamos de interações não materiais (pode chamá-las de causação descendente) para transformar possibilidades quânticas (o resultado da interação material, a causação ascendente) em eventos concretos. Essa causação descendente tem propriedades como não localidade (comunicação sem sinais) e saltos quânticos (saltos descontínuos sem passar por etapas intervenientes) que interações materiais nunca conseguiriam simular. Mas essas propriedades especiais constituem aquilo que grandes mestres espirituais, como Jesus e Buda, atribuíam a Deus e à interação entre Deus e o mundo. E veja só, Sr. Presidente. Há muitas evidências experimentais e empíricas a favor da causação descendente, e assim, por inferência, a favor de Deus. Na verdade, os dados estão se acumulando.

Está bem, está bem! Admito que essas teorias e esses dados estão longe de ser aceitos por um consenso científico, e que a maioria dos cientistas ainda acredita no materialismo científico e em que a matéria, e não a consciência, é a base de tudo que existe. O pior é que esses cientistas do *establishment* se recusam a lidar com nossos modelos alternativos da realidade. Por que essa negligência benigna? A nova ciência diz que ser um cientista da consciência significa ser mais consciente. Precisamos praticar aquilo que pregamos; dar o exemplo. Mas os materialistas gostam de ser cínicos; como o *establishment* de Washington, o *establishment* científico resiste a mudanças.

Por favor, não subestime o poder da negligência benigna, Sr. Presidente. A igreja ficou cem anos sobre o muro em relação à descoberta de Copérnico, capaz de mudar paradigmas. Eis como você pode ajudar. Na década de 1960, o Presidente Kennedy prometeu uma viagem à Lua e cumpriu a promessa. Em dez anos. Na verdade, em termos práticos, nem era necessária uma viagem à Lua (exceto para mostrar a esses comunistas russos que nós, norte-americanos democráticos, somos superiores!). Mas hoje precisamos de Deus. Precisamos acreditar em Deus para acreditar em nós mesmos e em nossa capacidade de mudar. Para mudar maus hábitos de consumo, precisamos de uma nova economia, de uma nova visão de mundo e de acesso à verdadeira liberdade de escolha. Tudo isso exige mudanças descontínuas de saltos quânticos – a graça da causação descendente.

Assim, eis minha proposta, Sr. Presidente. Dê-nos Deus. Declare uma emergência científica. Convoque todos os cientistas, tanto do novo como do antigo paradigma, dê-lhes verbas para pesquisas com um objetivo em mente. Defina a questão sobre Deus. Como já temos uma boa teoria da espiritualidade baseada na física quântica, que já passou pelo teste do rigor científico, isso não deve ser muito difícil. Também temos alguns dados bastante convincentes. Se pusermos metade da engenhosidade norte-americana que nos levou à Lua, poderemos resolver cientificamente a questão de Deus. Para sempre.

Os fundadores dos Estados Unidos queriam definir o "sonho americano" como o acesso ilimitado à vida, à liberdade e à busca da felicidade. Todas as pessoas são iguais (ou têm o mesmo potencial); por isso, elas devem ter a oportunidade de realizar esse potencial. Pelo menos, é assim que pensavam nossos fundadores. Sob a égide do materialismo, o sonho americano ficou mais estreito: uma casa bem grande, um carro bem grande e acesso ilimitado ao consumismo. É tudo. Mas sua eleição mudou tudo isso, Sr. Presidente. Naquela noite eletrizante de 4 de novembro de 2008, o velho sonho americano foi revivido, mesmo que por breves momentos. Se o filho de um cidadão africano e de uma mulher branca de classe média, educado no Havaí e na Indonésia, que passou a maior parte de sua juventude na zona sul de Chicago como organizador comunitário, pode ser presidente, então qualquer norte-americano pode realizar seu potencial.

Assim, que Deus nos ajude. Se Deus voltar para nosso sistema de crenças, se a liberdade e a criatividade voltarem com a causação descendente ao nosso sistema de crenças, poderemos acreditar sempre que o sonho americano consiste em realizar nosso potencial. Podemos lidar com isso, fazer mudanças e realizar nosso potencial. Adeus, cinismo; olá, mudança.

Bem, essa é uma mudança na qual podemos acreditar, Sr. Presidente. Anima-me saber que o senhor parece acreditar em Deus e que vê as sutilezas no problema de Deus que a nova ciência está descobrindo. Quanto à questão de vencer o mal, como disse que o mal o mantém humilde, essa é a única prova de que preciso para dizer o que digo. Além disso, o senhor mostrou coragem quando admitiu publicamente que vai à igreja para fazer suas preces.

Recentemente, um jornalista me perguntou sobre essas cartas que lhe tenho escrito. "Sua intenção é converter o Sr. Obama num ativista quântico?" E eu respondi: "Talvez o Sr. Obama já seja um ativista quântico".

Mas o senhor não precisa ser um ativista quântico para ver o mérito de minha proposta. Sr. Presidente, temos feito enormes progressos, temos uma ciência viável da espiritualidade. Só precisamos de consenso. Em última análise, a verdade vai se revelar. Mas, se acelerar o processo, poderá apressar o que **o senhor** deseja: provocar mudanças de verdade no modo como os Estados Unidos e o mundo pensam, vivem e ganham a vida.

Se conseguimos ir à Lua em dez anos, por que não podemos resolver o problema de Deus nos oito anos de seu mandato? Sim, nós podemos.

capítulo 8

para o ativista quântico, a vida correta é um ato de equilíbrio

Um turista entra numa loja de antiguidades, percorre as vitrines e encontra um barômetro, objeto que nunca vira antes. Ele fica curioso e pergunta ao dono da loja:

– O que é isto?

O antiquário responde:

– É um barômetro. Ele diz se vai chover.

– Puxa, e como ele faz isso? – agora, o turista está bem curioso.

Infelizmente, o antiquário também não sabe, mas resolveu não admitir isso. E disse:

– Ah, é simples. Segure o barômetro com a mão. Depois, estique sua mão pela janela aberta e, após um ou dois segundos, puxe-a para dentro novamente. Se o barômetro estiver molhado, você sabe que está chovendo.

– Mas – objeta o turista – não dava para fazer a mesma coisa com a mão vazia? Por que eu preciso do barômetro para isso?

O antiquário responde, muito sério:

– Ah, podia. Mas não seria científico.

Essa história ilustra perfeitamente por que as religiões populares perderam seu atrativo. O antiquário sabe que o barômetro é importante na previsão do tempo, mas não consegue explicar o motivo para o cliente. Do mesmo modo, nossos gurus das religiões populares enfatizam a importância dos rituais e práticas espirituais, mas não conseguem explicar como funcionam, o que deixa muitos fiéis perplexos. Com a nova ciência para nos orientar, a lacuna explicativa não existe mais. E, com a ideia do ativismo quântico, temos um "guia viável para os perplexos".

Agora, imagino que você esteja pronto para explorar transições descontínuas em seus padrões de pensamento, e o escopo da não localidade e da hierarquia entrelaçada em suas experiências interpessoais. Agora, você está pronto para fazer a jornada quântica de transformação, e vai dar início a ela.

Viver corretamente: isso é um ato de equilíbrio

Nos Estados Unidos, crescemos desejando realizar o sonho americano – reinterpretado basicamente como a busca da felicidade em termos materiais e consumistas. O pensamento correto faz você perceber que a busca da felicidade é muito mais do que ter roupas de grife ou uma casa imensa e/ou um Porsche. Como podemos viver em sincronismo com a evolução da consciência que se manifesta ou mesmo servi-la? Primeiro, alçando-nos além da mera satisfação e busca de nossas necessidades materiais (que, mais cedo ou mais tarde, acabam separando-nos ainda mais do todo); segundo, prestando atenção em nossas necessidades sutis, que tendem a buscar a plenitude. Essas duas etapas ajudam-nos a perceber que viver corretamente é um ato de equilíbrio.

Os materialistas negam o significado e os valores de nossas vidas, deixando espaço apenas para significados e valores falsos no sentido existencialista. A frase "viver corretamente" estava nos ensinamentos de Buda. Então, será que as tradições espirituais definem melhor a expressão? As pessoas espirituais convencionais tentam viver de forma tão voltada para o espírito, tão dedicadas à busca exclusiva de valores espirituais supramentais, que costumam ignorar até a busca de significado humanista, como as artes. Na cultura materialista de hoje, sendo educados como somos, só alguns de nós conseguem dar um grande salto, indo diretamente da matéria para o espírito sem passar pelos níveis sutis do pensamento e do sentimento. Além disso, é aí que está nossa evolução. Logo, o caminho do ativista quântico é o caminho do meio: valorizam-se o material e o supramental, mas também a mente e sua procura por significado, e até o corpo vital e a dimensão do sentimento. Esse é um caminho que todos podem seguir; percebemos desde o início o ponto onde estamos em nossa evolução.

Para o materialista, a vida é a execução de programas condicionados genética, evolucionária e ambientalmente – os circuitos cerebrais. Passar a vida a serviço dos circuitos cerebrais, inclusive os instintos e os centros de prazer, é a meta. Para o buscador espiritual, o objetivo é viver no espírito incorporado (na terminologia científica, o *self* quântico). É espírito ou nada – por mais irrealista que isso possa ser em nosso estágio de evolução. Nenhuma dessas abordagens funciona muito bem. O prazer termina em dor – a separação. A aspiração espiritual irrealista termina em desapontamento – também a separação.

O ativista quântico aspira a viver cada vez mais em equilíbrio entre os dois extremos. Se não complementarmos nossa tendência a produzir a separação, embutida em nossos circuitos cerebrais que lidam com emoções negativas, com tentativas de manifestar o que temos de bom, como poderemos explorar nosso potencial? Logo, o ativista quântico deve obedecer à necessidade de dar saltos quânticos ao supramental; para o ativista quântico, viver no ego e viver no espírito são coisas que precisam ser equilibradas. Além disso, o ativista quântico sabe que é tão importante manifestar o conteúdo (pensamento e sentimento) de uma experiência espiritual (o *insight*) quanto o contexto supramental. E a manifestação do conteúdo exige sofisticadas estruturas da mente, muitos repertórios de representação de significado e sentimentos – novamente, os circuitos cerebrais. Assim, criatividade e condicionamento precisam ser equilibrados.

Religiões do passado tentaram "matar" os circuitos cerebrais (eles enaltecem o grande e malvado ego) por falta de uso. "Mantenha-se distante dos estímulos; saia da vida familiar e da sociedade." Abra mão do prazer e da dor do ego; escolha a felicidade perpétua de seu eu superior. Desse modo, as pessoas com viés mais idealista eram estimuladas a escapar da sociedade, e a sociedade e sua evolução sofreram com isso.

Na verdade, não dá para matar o ego desse modo. Ademais, nem é preciso. Sem o ego, "como o mestre zen vai ao banheiro?". Na verdade, o ego é importante no processo criativo, mesmo para a maioria das experiências espirituais. Precisamos encontrar um bom equilíbrio entre o ego que busca o prazer e a felicidade do *self* quântico

Talvez você tenha assistido ao filme *O Segredo*, no qual se propõe que existe uma lei da atração pela qual as coisas que desejamos chegam a nós, bastando apenas esperar; não precisamos fazer nada. Esse é um conselho adequado para os ocidentais, com seu atarefado estilo de vida fazer-fazer-fazer. Mas a espera é apenas uma parte da lei da manifestação. O segredo do processo criativo da manifestação consiste não apenas em aprender a esperar, mas também a aprender a equilibrar o fazer e o ser, numa dança que alterna os modos fazer e ser. O processo criativo, como costumo dizer, consiste no *do-be-do-be-do*, um esforço conjunto entre nosso modo *do* ou fazer (dominado pelo ego) e o modo *be* ou ser (que tem potencial divino). E por que não? Pensamentos e sentimentos são objetos quânticos – ondas de possibilidades – que se espalham quando você não está pensando e sofrem colapso quando você retorna ao modo fazer e torna a pensar. Quando essas duas modalidades se tocam, como naquele imortal retrato de Michelangelo no teto da Capela Sistina, com Deus e Adão buscando-se um ao outro, a experiência do fluxo (Csikszentmihalyi, 1990) acompanha o *insight* criativo obtido de forma descontínua (lembre-se: na nova ciência, consideramos o *insight* como resultado de um salto quântico da mente e/ou do corpo vital até o supramental) e ocorre um ato criativo. Escrevemos um poema, escrevemos uma peça musical, desenvolvemos as equações matemáticas de um fenômeno científico, curamo-nos, tudo basicamente da mesma forma.

Denso/sutil, exterior/interior, condicionamento/criatividade, ego/*self* quântico, fazer/ser, prazer/felicidade são exemplos de dualidades que tendem a nos separar do todo. "Tornar um os dois", equilibrando as dualidades em nossa vida, é o significado da vida correta para o ativista quântico.

Há ainda outra dualidade, macho/fêmea ou razão/emoção que enfatizei anteriormente. Nós abortamos o trabalho nessa dualidade quando transitamos prematuramente da era da mente vital para a era da mente racional. Acontece que, para integrar ambos, precisamos integrar a intuição em nossas vidas.

A dicotomia interior-exterior resultou, de modo geral, na dicotomia Oriente-Ocidente, o Oriente enfatizando o interior, e o Ocidente, o exterior. Isso também precisa ser integrado, e, de certo modo, já está acontecendo. Agora, vamos ver mais detalhes.

Equilibrando o denso e o sutil

Os materialistas se aproveitam sub-repticiamente do sutil (pelo menos, para evitar o tédio), mas frequentemente se lembram de "cair na real", dizendo a si mesmos para voltarem a buscar o denso. De modo análogo, o aficionado espiritual procura claramente "cair na real" adotando o que o sutil tem de mais sutil, o além do além, e ignorando o denso como *maya* ilusório, mas (geralmente em segredo) sucumbe um pouco ao denso. Para o ativista quântico, não existe nisso um conflito de visão de mundo. O que é realmente real é o imanifestado, concordo, mas o ativista quântico sabe que o jogo da evolução acontece no manifestado, e que tanto o denso quanto o sutil são necessários para possibilitar a manifestação; ambos são importantes. Desse modo, o ativista quântico presta atenção ao denso e ao sutil e procura chegar ao equilíbrio entre ambos.

Para chegar ao equilíbrio, o ativista quântico presta atenção às nuances das dimensões materiais da vida (por exemplo, coletando informações e trabalhando para se sustentar), mas não se perde, não se identifica com sua *persona* profissional, a não ser que exista um significado pessoal ou social nisso. O ativista quântico explora abertamente o sutil e desfruta dele – sentimentos, significados e valores, todos alimentos da alma – em crescente equilíbrio entre denso e sutil. Nesse processo, passamos da informação para a inteligência (ver Capítulo 9). Lembre-se de que a inteligência não é apenas a resposta a um problema a ser resolvido, mas uma resposta apropriada. A informação isolada pode não ser suficiente. A pessoa inteligente complementa o processamento de informações com o processamento de significados, sentimentos e valores, e então encontra a resposta apropriada.

Contudo, é fato que a vida em vigília é excessivamente dominada pelo material denso. Assim, é uma boa estratégia para o ativista quântico prestar atenção, pelo menos no começo, em sonhos em que predomina o sutil – sentimentos e significados, mesmo o supramental, como nesses ocasionais sonhos arquetípicos grandiosos e junguianos, nos quais aparece um arquétipo do inconsciente coletivo.

No passado, e, até certo ponto, até hoje, as práticas espirituais eram localizadas em coisas como meditação, preces, leitura de bons livros, serviço altruísta. Até o amor, mas apenas como devoção a Deus ou como um acompanhamento útil ao serviço altruísta – o amor objetivo. Esse aspecto do "recreio" específico para a espiritualidade também é importante para o ativista quântico, mas não é tudo. O ativista quântico se dedica à espiritualidade tanto na vida cotidiana como sozinho, como alguém que faz coisas importantes e que produz mudanças na sociedade, e como ninguém em especial fazendo nada de mais. O amor não é explorado apenas em eventos de caridade e no serviço aos outros para explorar a não localidade quântica, mas também em relacionamentos íntimos, mesmo em relacionamentos carnais, procurando submeter a hierarquia simples à hierarquia entrelaçada e atingir um equilíbrio entre razão e emoção.

Equilibrando os diversos domínios sutis

De extrema importância para o ativista quântico é o equilíbrio entre os diversos domínios sutis de atividade da *persona* – sentimento, pensamento e intuição.

Para o materialista, pensar é tudo, a razão é suprema. Como o denso, o pensamento racional é computável e previsível, determinista; o materialista só consegue valorizar isso. Mesmo o fato de a busca da racionalidade geralmente mesclar-se com a busca do poder para dominar os outros, e outras emoções negativas, não faz com que aceitem a importância dos sentimentos. Mesmo o fato de o progresso da própria pesquisa científica depender de saltos quânticos imprevisíveis da criatividade, não influencia o racionalismo estrito do materialista. Tudo isso porque sentimento e intuição, sendo imprevisíveis, não estão sujeitos a controles. Para o materialista, o controle é tudo.

Os materialistas depreciam o pensamento dos místicos – pessoas que têm experiências espirituais "reveladoras" – porque "os místicos são irracionais". Mas os materialistas interpretam mal; os místicos não são irracionais, eles são não racionais. Eles transcendem o racional não só porque exploram o domínio intuitivo com frequência, como também são abertos para ele.

Por isso, os místicos estão um passo à frente dos materialistas; eles aceitam tanto o plano racional como o intuitivo, mas não valorizam muito o progresso feito no plano racional. Invariavelmente, as tradições espirituais tendem a desmerecer a criatividade envolvida no processo do significado nas manifestações exteriores – a criatividade nas artes, nas humanidades e nas ciências. Isso não ajuda a fazer a evolução progredir. Assim, em contraste com o místico, o ativista quântico deve equilibrar tanto a criatividade exterior (que serve mais às dimensões mental e vital) como a criatividade interior (que serve principalmente ao supramental) em suas vidas. Ambas são importantes para nossa evolução.

Além disso, muitos místicos evitam a todo custo estímulos que mexam com sentimentos básicos e emoções negativas, sem se preocupar em equilibrá-los e transformá-los. Isso levou a muitos conceitos errôneos acerca da utilidade comportamental da chamada "iluminação" mística. Que benefício pode trazer a iluminação se ela não permite à pessoa comportar-se com equanimidade quando se defronta com estímulos que evocam raiva, cobiça ou luxúria?

A criatividade interior com a ideia de transformar a mente tem sido a tradicional ferramenta popular dos buscadores espirituais que desejam atingir o *insight* ou o *samadhi* (ou *satori*, ou iluminação, ou gnose, seja qual for o nome que você lhe dá). O amor carnal, que exige que trabalhemos com energias (vitais) das emoções e as transformemos, é deixado de fora nessas tradições (de orientação masculina). Na década de 1980, as mulheres espiritualizadas dos Estados Unidos se ergueram em massa para protestar e cunharam frases como "espiritualidade feminina" e "a face feminina de Deus". Nós, ativistas quânticos, temos de integrar essa improdutiva dicotomia macho-fêmea e praticar a criatividade até no amor carnal quando este faz parte de nossa vida cotidiana.

A atenção ao amor carnal na vida cotidiana é importante porque ele envolve potencialmente o mais satisfatório relacionamento íntimo. O maior desafio que imagino para a evolução é o de transformar as emoções negativas em positivas. Olhe à sua volta. Em todas as nossas organizações sociais, as emoções negativas – cobiça, egoísmo na busca pelo poder, luxúria, competitividade – estão à solta. Se nós mesmos não soubermos transformar essas emoções negativas, como poderemos pedir aos demais que se portem com contenção e maturidade emocional? E que área melhor para explorar emoções negativas do que os relacionamentos íntimos, nos quais temos um lugar seguro e é difícil nos esconder?

A transformação das emoções negativas envolve a criatividade no domínio do vital, a aplicação do processo criativo no domínio das energias vitais. A prática do amor incondicional nos relacionamentos íntimos entra nessa categoria. Todos sabem instintivamente como usar o sexo para fazer amor. Mas tente fazer amor incondicionalmente; precisamos explorar isso, pois nosso futuro evolucionário depende disso.

E como equilibramos as coisas? O pensamento domina nossas vidas, mas não é nem um pensamento direcionado. É um pensamento indisciplinado, associado a memórias. Para discipliná-lo e conseguir um direcionamento, reduzimos a velocidade de nossos pensamentos, e nada melhor do que a meditação para esse fim. Reduzir a velocidade aumenta a lacuna entre pensamentos; nessa lacuna, há espaço para mudanças por meio do processamento inconsciente (ver Capítulo 11).

Fazemos o mesmo com nossa vida emocional. No Ocidente, em nome da eficiência, tentamos reprimir as emoções, mas acabamos percebendo que elas se tornam irrequietas, irrompem de modo incontrolável. Desenvolvemos "humores", ficamos temperamentais. E começamos a expressar emoções. E, quando as expressamos, concentramo-nos nos chakras e aprendemos a perceber sentimentos puros – o movimento da energia vital nos chakras. Quando a emoção é negativa, é possível sentir o movimento da energia nos três chakras inferiores. Quando você aprende a acompanhar esse movimento, percebe algo surpreendente. Esses movimentos ficam mais lentos. Agora, você pode meditar sobre eles e direcioná-los. Quanto mais os controla, mais impotentes eles se tornam; você descobre que não precisa colocá-los em prática.

O mesmo pode ser feito com emoções positivas, mas com uma diferença. No caso das emoções positivas, depois de conseguir direcioná-las e controlá-las, pratique-as.

Voltando ao modo de fazer amor incondicional, faça o seguinte: sempre que sentir calor ou formigamento no chakra cardíaco, realize um ato de amor, alguma coisa bondosa, alguma coisa compassiva para com os outros. Com empatia. Isso vai ajudá-lo a formar um circuito cerebral dessa emoção positiva. Sempre que puder, reforce esse circuito por meio da repetição.

Isso dá às mães uma enorme oportunidade para desenvolver circuitos cerebrais de amor incondicional, pois bebês são estímulos maravilhosos para o chakra cardíaco. E as mães também atuam. Assim, no início, a maioria das mães ama seus filhos de forma bastante incondicional. Depois, porém, elas ficam reativas e possessivas; ficam sem empatia. Além disso, elas não querem amar os outros incondicionalmente; o que ganham com isso? Perdem uma excelente oportunidade de transformação.

Para equilibrar a intuição, aprendemos a prestar atenção em nossas intuições, nas sincronicidades, em grandes sonhos e em sonhos lúcidos. Fazemos planos para mudar nosso comportamento, exigindo criatividade e a prática do *do-be-do-be-do*. O progresso pode ser lento, mas nunca desistimos. A vida intuitiva melhora; e, um dia, temos *insight* (ver Capítulo 10).

No próximo capítulo, vou apresentar essas tarefas de equilíbrio na linguagem mais formal da inteligência mental, emocional e supramental.

Sintonizando-se com as necessidades de transformação e evolução social

A causação descendente funciona por meio dos indivíduos, e, nesse contexto, já apresentei ideias como a criatividade e o condicionamento (ver Capítulo 6), e da evolução individual através da reencarnação, que envolve o renascimento após a morte e ideias como o dharma, o senso de destino que trazemos de nossas vidas anteriores para a vida atual (ver Capítulo 6). Aprofundar-se em qualquer um desses fenômenos pode ajudá-lo a personalizar Deus, a causação descendente e os corpos sutis.

Já introduzi a ideia da evolução biológica de toda a nossa espécie, que nos aguarda no futuro (ver Capítulo 6). Será que a força da causação descendente, que atua individualmente, pode influenciar o movimento evolucionário coletivo? Creio que a resposta seja sim, o que nos leva a um dos objetivos básicos do ativismo quântico – focalizar, ao mesmo tempo, tanto a evolução individual quanto a coletiva. Como fazemos isso?

Como realizo mudanças, mudanças importantes e que fazem diferença? Mudando minha disposição mental, o contexto do meu pensamento, não é assim? Para um indivíduo, isso decorre do processo criativo. Depois, tenho um *insight*. Se meu *insight* mexe comigo o bastante, manifesto o *insight* em minha vida, mudo meu estilo de vida.

Mas, se estou sintonizado com minha evolução pessoal através de milhares de reencarnações, então talvez eu seja capaz de ajustar melhor meu programa de crescimento pessoal. Observando minhas tendências, especialmente por meio da recordação de propensões incomuns da infância graças à meditação, posso intuir meu dharma, a tarefa específica de crescimento que me propus a realizar nesta vida (ver Capítulo 6). Posso me inspirar e direcionar minha criatividade e meu amor para realizar meu dharma. E depois? É aqui que a preocupação com as necessidades sociais da evolução cresce em importância.

Tal como o indivíduo, a sociedade e a cultura também se entrincheiram em posturas mentais, e há muitas delas; algumas se opõem mutuamente. Nos Estados Unidos, temos republicanos e democratas; conservadores e liberais; fundamentalistas religiosos e materialistas; ativistas e hedonistas; gerentes e operários. São muitos interesses conflitantes.

Para piorar o problema, quase todos acreditam que computadores e processamento das informações resolvem todos os males (a síndrome de Al Gore). Professores secundários e universitários adoram fazer listas de informações às quais todo estudante deveria ter acesso. Há vários anos, o professor Alan Bloom (1988) escreveu um *best-seller* sobre aquilo que o estudante universitário deveria "saber" para ser digno de seu título acadêmico, mas eram apenas informações, apenas a capacidade de mencionar as ideias alheias.

A mente, porém, lida com significados. O estágio mental da evolução do qual você faz parte lida com o processamento de significados – os seus e os dos demais. A meta consiste, primeiro, em tornar o processamento acessível a todas as pessoas, e, segundo, em criar oportunidades para que as pessoas possam apreciar significados mais elevados ou, mesmo, descobrir os contextos supramentais dos significados por conta própria. Mas o que está acontecendo agora é exatamente o contrário. Dá para ver isso em todos os lugares.

Antigamente, os filósofos eram apaixonados pela natureza da realidade. Hoje, esforçam-se para desconstruir todo discurso metafísico sobre a natureza da realidade. Numa era anterior, os advogados se interessavam pela busca da justiça. Hoje, estão mais interessados em saber usar a lei ao pé da letra, por si mesma, em proveito de seus clientes e até em proveito próprio. Antes, os jornalistas se interessavam pela busca da verdade a fim de manter as pessoas de olho no poder. O esforço geral visava a elevar a experiência do significado da realidade cotidiana para todas as pessoas. Mas, hoje, os jornalistas estão mais interessados em escândalos e em outros exercícios de emoções negativas, que só degradam a experiência pessoal do significado.

A verdade é que o sucesso do cientista materialista na explicação do mundo material e dos aspectos condicionados dos mundos sutis deixou todos confusos a respeito de Deus e da causação descendente, da veracidade na dedicação às metas da alma (significado, criatividade e amor), da necessidade de atingir a natureza divina (justiça social etc.).

O filósofo E. F. Schumacher (1977) escreveu um livro no qual descreveu uma experiência na antiga União Soviética. Ele ficou surpreso ao ver que as magníficas catedrais antigas foram preservadas totalmente como peças de museu naquela cultura; não tinham nenhum outro uso. Nos Estados Unidos de hoje, a crença do povo em Deus é tão superficial que ideias como Deus, alma e natureza divina, os três fundamentos de todas as religiões, estão rapidamente se tornando itens de museu ou contextos de polarização política, sem que os desconstrucionistas precisem se esforçar muito.

O materialismo tornou-se um tumor no corpo da consciência, e por isso a evolução da consciência parou. Será que esse tumor vai se tornar maligno? Podemos curá-lo?

Esse ferimento causa dor, uma dor imensa, e a consciência de nossa espécie está sofrendo. A técnica de "respiração holotrópica", do psiquiatra Stan Grof, permite ao participante atingir uma identificação mais holística, para além do ego. Inicialmente, os pacientes de Grof estavam passando por algo similar a experiências pré-natais e perinatais relacionadas com o nascimento (Grof, 1998). Contudo, o filósofo Christopher Bache e outros puderam perceber que as experiências profundas de dor e de sofrimento reveladas pela técnica de Grof podem ser interpretadas como a dor coletiva de toda a espécie humana (Bache, 2000). Creio que essa dor coletiva se deve ao ferimento causado pelo materialismo ao corpo de nossa consciência coletiva. A dor comum se deve a uma desconexão entre nosso campo morfogenético vital e o órgão com que ele se correlaciona. Assim, deve estar ocorrendo uma desconexão grave entre o exterior e o interior da experiência coletiva.

Como tudo é movimento da consciência, não tenho dúvidas de que o ferimento será curado, mas, como ativistas quânticos, temos um bom trabalho pela frente. Temos de fazer o trabalho junto à nossa alma individual, mas complementado com o desenvolvimento de uma consciência social em nós mesmos e em nossas instituições sociais, para que todos nós entremos novamente em sincronismo com a evolução.

Espero que você possa ver o que é preciso fazer, quer no nível pessoal, quer no social. Perdemos nossa trilha; precisamos encontrar novamente o caminho que leva do processamento de informações ao processamento de significados. Temos de atingir a maturidade emocional, temos de dar atenção à nossa dimensão vital, mas abrindo mão de nossa preocupação com emoções negativas. Além disso, temos de nos dedicar ativamente a emoções positivas.

No Ocidente, as artes dominaram tradicionalmente a exploração da energia sutil. Recentemente, porém, perceba que as artes perderam muito de seu interesse na percepção-consciente da maioria das pessoas. Temos de devolver à sociedade a apreciação das belas-artes.

Numa era anterior, as pessoas se interessavam em explorar o sutil, significados sutis que nos levam rumo a energias vitais positivas cada vez mais sutis. Naqueles tempos, nós apreciávamos as belas-artes. Ficávamos aconchegados durante longos invernos com boa literatura e víamos que isso era relaxante. Até recitávamos poesia uns para os outros. Aprendemos a apreciar as belas-artes na infância. Será que as crianças de hoje são estimuladas a fazer isso? A resposta quase universal é "não". Mesmo quando exploramos o sutil, significados e sentimentos, é num nível raso. A meta é orientada para o materialismo. Tornamo-nos todos o Hal do filme *O Amor é Cego*, não apenas em nossa busca de romance, como em todas as áreas da vida.

Isso faz parte desse ferimento materialista, e, para curá-lo, temos de tornar, individual e coletivamente, a fazer explorações nas dimensões sutis, explorações profundas que nos levam mais e mais para o sutil, não para o material.

Temos de perceber claramente que a ética é importante para nós, mesmo que as religiões não consigam mais nos orientar nesse sentido. Temos de desenvolver uma ética evolucionária adequada, para nossas necessidades evolucionárias, e pô-la em prática. E temos de fazer isso não só nos Estados Unidos, mas em massa, no mundo todo, envolvendo grande parcela da humanidade, ou mesmo toda a humanidade.

Nos próximos capítulos, vamos estudar esses desafios de transformação social para o ativista quântico. Na Parte 3, vou falar de cada um dos problemas de nossas instituições sociais, dizer por que e como nossa evolução cessou em cada caso, para que possamos descobrir um caminho que nos leve a soluções.

Equilibrando Oriente e Ocidente

No início do século passado, víamos o conflito entre ciência (materialista) e espiritualidade como um conflito entre Ocidente e Oriente. A cultura ocidental ignorava o espiritual e as culturas orientais ignoravam o material – uma ocupação tradicional da ciência. O poeta Rudyard Kipling escreveu:

> Oriente é Oriente, e Ocidente é Ocidente,
> E os dois nunca se encontrarão.

E, na época, isso era verdade. O Ocidente já era uma cultura científica materialista, mas os orientais se apegavam teimosamente às suas culturas espirituais, e parecia que isso nunca mudaria. Naturalmente, muita gente ainda acha que as coisas são assim. Mas, que pena! O Oriente está assumindo rapidamente a cultura materialista.

Fundamentalmente, até pouco tempo atrás, a espiritualidade oriental professava que a unidade entre consciência e espiritualidade era o modo de vida para os orientais. Mas, sob a égide da antiga ciência ocidental, no início o dualismo reinou, enquanto a sociedade se mantinha espiritualizada. Com o tempo, o dualismo cedeu lugar ao monismo material, e presumiu-se que a consciência seria baseada no cérebro, de natureza individual e condicionada (pela evolução biológica e sociocultural) a operar no modo individual e competitivo da sobrevivência do mais apto. Finalmente, a própria consciência passou a ser considerada meramente ornamental ou operacional. Aquilo que aconteceu na ciência afetou a sociedade como um todo; a religião tornou-se cínica e a espiritualidade, marginalizada.

Felizmente, uma mudança rápida está a caminho. A consciência baseada no cérebro conflita de forma grave e insolúvel com a física quântica. Assim, a ciência está passando por uma mudança de paradigma. Nesse novo paradigma, percebe-se que o modelo oriental de unidade da consciência é o modo correto de pensar na consciência. E esse paradigma está preparando o terreno para uma integração entre ciência e espiritualidade, entre o moderno Ocidente e o antigo Oriente (Goswami, 2008a).

Há outro conflito sutil entre as posturas orientais e ocidentais diante da vida. Em sua maioria, os orientais consideram a espiritualidade como a meta de suas vidas. Acreditam que a "alma" individual (vista como um nível mais profundo de identidade consciente, além do ego de cada vida) reencarna muitas vezes. Só depois que a alma aprende o segredo de sua existência espiritual em unidade e incorpora esse conhecimento em sua vida é que o indivíduo se liberta desse ciclo de nascimento-morte-renascimento. No Ocidente, mesmo fora do terreno da ciência, a reencarnação não tem sido popular. A maioria dos ocidentais acredita que só existe uma vida, e que essa vida deve ser dedicada ao "fazer" – a realizações. É possível ver que essa "orientação para a realização" contribui para uma sobrecarga ambiental, para uma lacuna cada vez maior entre os ricos (realizadores) e os pobres (os simplórios), e para a escalada dos custos médicos, devido à dispendiosa tecnologia de prolongamento da vida (para que as realizações possam continuar).

Mais uma vez, porém, a física quântica, reativando o conceito de que todos têm o potencial criador divino, dá-nos uma nova teoria da criatividade, oferece uma nova solução para o conflito. Quando entendemos a criatividade como um processo quântico, vemos que tanto o fazer quanto o ser são importantes, e que nenhum pode ser ignorado. É a integração entre o modo de ser oriental, **ser-ser-ser**, e o modo de ser ocidental, **fazer-fazer-fazer**, que eu tenho defendido (Goswami, 1999)! Além disso, é interessante saber que uma pesquisa do Gallup, feita em 1983, mostrou que nada menos do que 25% dos norte-americanos acreditam em reencarnação.

O poema de Rudyard Kipling, que mencionei antes, tem outros versos:

> Mas não existe Oriente ou Ocidente, fronteira,
> Raça ou nascimento,
> No momento em que dois homens fortes se encontram face a face,
> Mesmo que venham dos confins da Terra.

Quando as pessoas que *fazem* no Ocidente ficarem face a face com as pessoas que *são* no Oriente, e se tornarem ambas o único e o mesmo povo, teremos a Nova Era!

capítulo 9

da informação à inteligência

Esta é a era mental da evolução. Com a evolução biológica do cérebro, a mente pôde ser mapeada, e, desde então, estivemos desenvolvendo a exploração da mente, a exploração do significado. O que isso envolve?

A exploração do significado exige criatividade situacional e fundamental. A criatividade fundamental proporciona novos contextos para a exploração de significados; a criatividade situacional é nosso veículo para explorar mais a fundo esses contextos descobertos, segundo as necessidades sociais e pessoais. Esta é, portanto, a primeira necessidade evolucionária da era mental.

Mas a evolução exige que a exploração de significados deva se estender ao maior número possível de membros da espécie humana, se não a todos, para que nova evolução possa ocorrer. Assim, isso significa não só que devemos empenhar nossa criatividade pessoal na exploração de significados, mas também nos assegurar de que todos tenham acesso ao processamento de significados e à criatividade mental. Isso dá à ética uma nova dimensão, não dá?

Ken Wilber (2000) mostrou outra coisa importante. "Em todo estágio do desenvolvimento humano", disse Wilber, "o estágio anterior deve ser integrado." Tal como ocorre no desenvolvimento, isso se dá na evolução. A atual era mental da evolução da mente racional precisa integrar a evolução da era da mente vital anterior. Isso se traduz na integração entre o processamento de sentimentos e o processamento de significados.

Podemos perceber a necessidade da integração das emoções. Sem abrir mão das emoções negativas em prol da positividade para com os outros, como podemos ajudá-los a progredir na realização do processamento de significados?

No capítulo anterior, falei de como as atuais crenças materialistas de nossa sociedade parecem ter travado a evolução. A seguir, vou analisar essas três necessidades evolutivas, uma a uma, para mostrar quais são os problemas e tentar produzir soluções.

Da informação ao significado

Alguns políticos gostam de dizer que esta é a era da informação. Eles acham que, processando informações na enorme escala de que hoje somos capazes (e estamos melhorando ainda mais, não é?), chegamos ao máximo da realização humana, e, por isso, a era da informação é a era dourada de nossa civilização. Esta é uma visão muito estreita do potencial humano.

O que é informação? Se você não tem nenhuma informação sobre as respostas a um problema, então todas as possíveis respostas são igualmente prováveis, uma situação que não é tão desejável assim. Com informações, aumentam as probabilidades de se obterem respostas específicas, e aumenta sua chance de obter a resposta apropriada. Assim, a informação certamente é útil. Mas a informação em si não equivale à solução do problema. E a informação também não lhe traz satisfação nem o faz feliz. É claro que pode ser excitante usar o *e-mail* para comunicar-se pelo mundo todo. E isso pode ajudar a manter as preocupações a distância de nossa mente. Navegar pela internet à procura de informações que possam ser úteis mais tarde também pode ser um remédio que, às vezes, é eficiente contra o tédio. Mas a sua preocupação se foi depois de obter a informação? Seus problemas foram resolvidos? Não. A mente preocupada fica ansiosa em relação ao próximo objeto de preocupação. Pare de navegar pela internet, e o sofrimento chamado tédio volta novamente, com energias redobradas. A mente ocupada tem de se manter ocupada, ou, do contrário, ficará insatisfeita e infeliz.

Você pode dizer que o uso inteligente da navegação à procura de informação não é evitar o tédio, mas ganhar dinheiro que lhe trará satisfação, até felicidade. Mas, examine a vida de pessoas que ganharam dinheiro, esses inovadores gerentes de fortunas de Wall Street. A satisfação vem quando você devota sua mente a alguma coisa significativa. E a felicidade consiste em desfrutar de um momento de relaxamento, sem fazer nada. Esses gerentes de fortunas dedicam-se a atividades significativas? Não, estão apenas ganhando dinheiro, que é um meio, e não um fim. Os gerentes de fortunas conseguem relaxar? Não, eles não são capazes de desfrutar a vida, de ser felizes. Eles procuram consolo para sua vida estressante no prazer, que não só é um mau substituto para a felicidade, como um obstáculo para atingi-la, às vezes para todas as pessoas, no longo prazo.

Não estou dizendo que o processamento de informações é ruim, ou que o prazer é ruim, só que são realizações muito limitadas. Como o dinheiro, o processamento de informações também é um meio, não um fim em si mesmo. É por isso que fica entediante após algum tempo. É claro que você pode intuir que o ser humano é mais do que o simples acúmulo de meios. É como ter acesso a um monte de lagos nas montanhas, mas sem a disposição mental para aproveitar a água.

Lembra-se do filme *Uma Linda Mulher*? O sujeito está perdido no jogo das informações e das finanças. E quem o salva de sua masmorra autoimposta? Uma prostituta. Mas não é uma prostituta comum. É uma prostituta que vende seu corpo por dinheiro para ganhar a vida, mas não vende a mente; uma prostituta que sabe a importância do processamento de significados e, em nome do amor, ensina isso a seu querido. (Naturalmente, a linda mulher também está envolvida numa profissão desprovida de significado, e é salva dela no final!)

E não é apenas o sofrimento mental, o tédio ou a falta de satisfação ou de felicidade. Olhe à sua volta. Temos problemas ambientais, um subproduto de nossa sede de dinheiro sem a devida atenção ao significado. Nossa energia barata está se esgotando! Violência, terrorismo, aquecimento global, excesso de população, crise no sistema de saúde, colapsos econômicos, temos problemas à beça, e certamente você sabe que esses problemas não são inteiramente tratáveis, mesmo com o melhor processamento de informações.

Veja o terrorismo. Depois do 11 de Setembro, nossa sociedade passou a se preocupar em analisar o fracasso de nossa máquina de vigilância, toda ela baseada no processamento de informações. Mas, se prestássemos um pouco de atenção ao significado, nada disso teria acontecido. O terrorismo sempre existiu, e geralmente não é ruim se usado contra a tirania, pois a meta é dar acesso ao processamento de significados para um número cada vez maior de pessoas. No entanto, lembre-se de que os combatentes da liberdade dos Estados Unidos, durante a revolução, começaram como terroristas do ponto de vista da monarquia britânica. Bem ou mal, a graça salvadora era que o terrorismo do passado era contido, uma atividade em pequena escala, por assim dizer. O terrorismo moderno, por sua vez, é praticado em grande escala e capaz de afetar muitas vidas (a maioria de inocentes) de uma só vez. O terrorismo moderno é o resultado direto da produção de armas modernas, capazes de destruição em grande escala, e da disseminação dessas armas sem se medirem as consequências – o que é uma redução do acesso das pessoas ao processamento do significado. As vendas de armas pelos Estados Unidos e outros países avançados continua sem maiores problemas, mesmo depois que o terrorismo tornou-se um problema mundial. Nós criamos o terrorista moderno quando negligenciamos o significado e demos preferência ao dinheiro.

Se o processamento de informações não pode nos dar respostas tangíveis a questões de saúde física e mental, de poluição ambiental, de crise de energia, de violência e deterioração da sociedade, existe algum outro modo de proceder que nos dê respostas tangíveis? Será que a solução tangível a esses problemas é prestar atenção no processamento de significados, para fazermos a transição entre informação e significado?

Sim, esse é o primeiro passo. E, felizmente, já há pessoas mudando paradigmas em alguns segmentos de nossa sociedade que perceberam o problema e começaram a enfatizar o significado. Desse modo, começamos a ver o desenvolvimento criativo das alternativas em nossas ciências, na medicina, na saúde e nos negócios. Essa ênfase precisa se espalhar para todas as outras atividades: economia, política, religião, e a mais importante, educação.

Inteligência mental

O que é inteligência? É a capacidade de responder *apropriadamente* a uma dada situação. As pessoas que desenvolveram o teste de QI (quociente de inteligência) dizem que todas as nossas capacidades têm natureza mental; são capacidades lógicas, racionais e algorítmicas, e, como tal, também são mensuráveis. Assim, o quociente de inteligência que os testes de QI medem relacionam-se com nossa inteligência mental. Mas a inteligência mental é apenas isso?

A solução dos problemas de um teste de QI é algorítmica; assim, as pessoas que pregam o racionalismo ficam bem satisfeitas se o QI e a inteligência mental, racional e lógica forem as únicas medidas da inteligência das pessoas.

Dá para perceber que o QI mede, na verdade, pouco mais do que uma inteligência mecânica, pois focaliza a capacidade que temos de usar a mente como máquina. Precisamos processar o significado apenas nos contextos gravados em nossa memória. Quanto maior o armazenamento de memória que nos dá acesso a um vasto repertório de contextos aprendidos – informação –, maior é o nosso QI. Quanto maior nosso poder de raciocínio ou nossa capacidade de processar algoritmos, maior nosso QI.

É como os grandes mestres de xadrez que memorizam as jogadas bem-sucedidas em muitos contextos de posição do tabuleiro, milhares deles. Assim, enquanto nós, simples mortais, lutamos para deduzir o efeito futuro de uma jogada em especial, o grande mestre movimenta as peças simplesmente de memória, usando apenas algum raciocínio para adaptar-se à situação do momento.

Mas a vida real não é um jogo de xadrez jogado com um tabuleiro fixo e regras fixas. Tampouco a vida é uma série de testes de QI. Os contextos para nosso processamento de significado constantemente mudam, e, normalmente, de forma imprevisível. Pode não haver grandes mudanças de contexto, mas, mesmo assim, o processamento da memória e raciocínio situacional não serão suficientes para encontrar a resposta adequada em significado. Suponha que um mestre zen lhe pergunte, segurando uma caneta: "O que é isto?". E você responde, "É uma caneta". Agora, o mestre zen diz: "Vou bater 30 vezes em você". Resposta estranha, mas os mestres zen são famosos por sua estranheza. E sabe de uma coisa? Se você nunca esteve com um mestre zen, é pouco provável que chegue a saber o que ele estava tentando lhe dizer! Talvez ele seja apenas um sádico.

Quando eu era iniciante na tradição zen e encontrei esse comportamento peculiar num mestre zen, não o compreendi. Atribuí-o à sua excentricidade – todos sabem que mestres zen são excêntricos, não é? Só dez anos depois, quando estava lendo o artigo de John Searle (1987) sobre a mente e o significado, é que entendi que o mestre zen estava tentando chamar nossa atenção para o fato de que uma caneta não é apenas uma caneta usada para escrever, embora este seja seu uso mais frequente. Uma caneta também **pode** ser usada para bater em alguém (embora não machuque muito). Ora, uma caneta pode até ser usada como barômetro: se você medir o tempo que uma caneta leva para cair de determinado lugar, pode deduzir a pressão atmosférica nessa altitude.

E a inteligência mental é mais do que a inteligência medida pelo QI, pois a mente é mais do que uma máquina, mais do que a recordação de nossas respostas a estímulos anteriores.

Quem nunca ouviu falar em "escola da vida"? Ou na frase "só se aprende levando pancada"? Essas frases se referem à inteligência mental, em oposição à inteligência formal do QI. Pessoas que aprendem na escola da vida ou após levar pancadas não dependem da memória do aprendizado formal de contextos artificiais e simplificados. Elas observam contextos da vida real, tal como são – sempre um contexto novo, que requer uma resposta nova. Em outras palavras, criatividade, mesmo que exterior.

Além disso, há outras situações em que a inteligência do QI é inútil, o processamento de informações é inútil. O processamento de informações mentais sempre acontece dentro de certos contextos de pensamento. Se o problema que você está abordando exige um contexto inteiramente novo, você fica travado, e não há informação ou navegação pela internet que possa ajudá-lo.

Einstein não se preocupava muito com informações. Certa vez, um professor lhe perguntou, numa chamada oral: "Qual a velocidade do som?". Einstein respondeu: "Não ocupo minha mente com detalhes desse tipo".

Que lição extraímos disso? Integrar o significado em nossa existência significa elevar-se da inteligência mental mecânica até a verdadeira inteligência mental, que é a capacidade de dar um salto quântico de significado de vez em quando.

Mas admito que esse é apenas um primeiro passo. A criatividade dirigida a um produto no cenário exterior do mundo é a criatividade exterior; importante, mas não suficiente. A evolução exige mais do que isso. Há outro passo. De modo geral, é o passo no qual prestamos atenção em nossa vida interior, direcionamos nossa exploração de modo a estabelecer o significado no centro de nossa existência.

Prestamos atenção na interface entre exterior e interior. Prestamos atenção em eventos de sincronicidade – eventos exteriores que reverberam com significado interior – que assumem maior importância e tornam-se marcos da rota que a vida quer que sigamos.

Quando nos dedicamos à criatividade enquanto prestamos atenção no jogo da sincronicidade em nossas vidas, o desenrolar do significado torna-se mais óbvio, claramente amplificado.

Começamos a prestar atenção nos sonhos – o contínuo desdobramento de nossa vida no domínio do significado. Todos sabem que aquilo que é intenso na vigília afeta nossa vida onírica. De modo análogo, permitimos que a intensidade de nossa vida onírica afete nossa vida em vigília.

Mais cedo ou mais tarde vem o pensamento – podemos direcionar nossa criatividade para mudar a direção de nosso processamento interior? Em vez de o ego mental dirigir nossa vida interior, podemos deixar que o poder superior de Deus ou *self* quântico dirija nosso teatro interior? Não só durante os episódios de alguns projetos de criatividade exterior, mas com base mais regular. Assim começa a jornada da criatividade interior – dando saltos quânticos para mudar nossa vida interior.

Mas em pouco tempo ficamos cientes de uma dificuldade. Nossas emoções criam problemas com a mudança em nossa vida interior, quando seu ponto central se torna o significado. Assim, começamos a prestar atenção em nossos sentimentos, nossa vida emocional.

E isso é bom; é uma parte essencial de nossa necessidade evolucionária. Não se esqueça. A evolução exige que a criatividade interior não se torne apenas uma coisa contínua para mim, mas para toda a humanidade. Para garantir que preciso abrir meu coração para todos os que estão em minha esfera de interação local e ofereça a cada um ajuda na criatividade, se puder. Isso exige que eu abra mão da competitividade em nome da cooperação, que eu abandone sentimentos negativos e adote sentimentos positivos para com os demais. Mas como fazemos isso?

Inteligência emocional

Existe inteligência além do QI e da verdadeira inteligência mental? No Ocidente, algumas pessoas perceberam há muito que é hábito reprimir as emoções. Nós, especialmente os homens, aprendemos a reprimir as emoções, pois, quando as emoções obscurecem a psique, a mente e a lógica mental não podem funcionar direito, e mesmo o QI mais alto não é de muita valia. Só reprimindo as emoções é que podemos manter o controle, podemos usar nosso QI elevado até seu ponto máximo para sermos bem-sucedidos na vida, ou, pelo menos, é o que nos disseram. O problema com essa postura é que, quando reprimimos as emoções, reprimimos **todas** as emoções. Não represamos apenas emoções negativas como raiva, que são prejudiciais a ações apropriadas que exijam raciocínio, mas também tendemos a reprimir emoções positivas (como o amor) que cobiçamos e que, segundo intuímos, acrescentam-nos qualidade de vida. Que inteligência é essa que reduz a qualidade de vida em vez de melhorá-la?

Se você gosta de ficção científica, deve estar percebendo o eterno tema da famosa série *Jornada nas Estrelas*: razão *versus* emoção. A razão é eficiente, a razão nos permite funcionar melhor num aperto, mas, sem emoção, o motivo para viver não fica comprometido?

Por isso, nos últimos anos, tem havido muita discussão sobre a inteligência emocional – a inteligência que nos permite responder apropriadamente às emoções. No entanto, a inteligência emocional é um bicho engraçado. Suponha que exista raiva no ambiente e você se deixe envolver por ela. Mas você não a está reprimindo. Contudo, se você também expressar sua raiva, como as outras pessoas nesse ambiente, a situação não iria piorar?

Certo, então você nem expressa, nem reprime, o que acontece? Já tentou fazer isso? Se tentar, em pouco tempo descobrirá que exige um tremendo esforço e uma prática disciplinada. Assim, as pessoas que se dedicam pouco ao esforço e à disciplina sucumbiriam à repressão (no Ocidente) ou à expressão (no Oriente).

A ideia de práticas disciplinadas para se adquirir inteligência emocional ganhou espaço nos livros de psicologia. Vamos analisar essas práticas tal como são expostas num livro popular (Goleman, 1995). (1) Percepção-consciente de nossa própria natureza emocional; (2) gerenciamento emocional; (3) controle das emoções a serviço da motivação orientada para metas; (4) empatia (a habilidade de compartilhar emoções alheias sem perder nossa própria objetividade); e (5) aptidão para lidar com relacionamentos emocionais íntimos.

O treinamento da percepção-consciente torna-o ciente de seus hábitos emocionais, diz-lhe se você expressa ou reprime, como interage emocionalmente com os outros etc. A prática da percepção-consciente também lhe permite reagir a emoções sem reprimir ou expressar, apenas meditando sobre ela, pelo menos até certo ponto. Gerenciamento emocional consiste em dar prioridade à expressão ou à repressão, e é saber quando o melhor é não fazer nenhum dos dois, ou seja, meditar. Controlar emoções (ou seja, suprimindo-as) quando seu trabalho assim o exige é o compromisso civilizado que todo profissional deve seguir. A prática é reprimir do modo mais consciente possível. Treinar empatia é algo que todo psicoterapeuta procura fazer, mas, como eles sabem muito bem, é uma prática extenuante. E mais: a prática ajuda, mas nunca se atinge a perfeição. É por isso que os terapeutas se esgotam.

Estive pesquisando o assunto durante um longo tempo, desde que tive uma discussão a respeito com a psicóloga e iogue Uma Krishnamurthy numa conferência em Bangalore, Índia. Eu tinha levado um grupo dos Estados Unidos para a conferência e Uma e eu éramos oradores. Nós dois estivemos numa pequena reunião, na qual algumas pessoas de nosso grupo estavam falando de seus sentimentos e a coisa saiu um pouco de controle. Em outras palavras, não me saí muito bem como líder de grupo na gestão das emoções. E Uma me ensinou a diferença entre simpatia e empatia. Eu tinha simpatizado com os membros do grupo, segundo ela. E, como eles, eu também me entreguei a emoções negativas. Em vez disso, eu tinha de aprender a me relacionar com empatia – a capacidade de sentir as emoções alheias sem perder minha própria objetividade.

A longa prática da empatia me ensinou uma coisa. A prática apenas não consegue transformá-lo num ser empático; em situações difíceis, a simpatia sempre irrompe e você acaba absorvendo o sofrimento da pessoa que está tentando ajudar. Nessas situações, você precisa ficar com o problema até dar um salto quântico para a objetividade. Mas perceba que mesmo o salto quântico não o transforma permanentemente numa pessoa empática! Só lhe permite ver melhor uma situação específica.

O último item da lista acima, participar de um relacionamento emocional íntimo, é a prática suprema que o leva para além da inteligência emocional ordinária. Este tema é um aspecto importante da prática transformadora de um ativista quântico, e por isso dedico parte do próximo capítulo a ele.

Se você tentou fazer isso, então você sabe. Não dá para solucionar um conflito emocional num nível íntimo sem prestar atenção no contexto atual. Nenhum aprendizado anterior pode melhorar isso. Em outras palavras, é preciso dar saltos quânticos regularmente para manter um relacionamento emocional íntimo.

Pessoas que abordam as emoções com base no cérebro, ou seja, que presumem que as emoções são fenômenos cerebrais, também presumem (erroneamente) que o cérebro pode ser treinado para aprender os cinco aspectos da inteligência emocional que mencionei antes. Felizmente, numa ciência baseada na consciência, as emoções são baseadas apenas secundariamente no cérebro (os circuitos cerebrais); basicamente, são efeitos psicológicos de sentimentos que surgem nas conexões do corpo vital dos chakras. Esses efeitos psicológicos dos sentimentos têm duas fontes. Primeiro, a mente dá significado aos sentimentos e, nesse processo, "mentaliza-os" (Goswami, 2004). Segundo, os sentimentos têm efeitos fisiológicos correlacionados que, afetando aquele que faz as representações, o cérebro, também afeta a mente, que é representada no cérebro. A fisiologia afeta a psicologia.

Infelizmente, a mentalização dos sentimentos é complicada, e geralmente interpretamos os sentimentos de forma errônea. Nesses casos, a solução consiste em chamar o supramental para que este veja o problema corretamente, daí a necessidade de saltos quânticos.

Portanto, a inteligência emocional, praticada com a inclusão de ocasionais saltos quânticos, é o que é preciso para satisfazer a necessidade evolucionária da integração entre significado e sentimento.

A nova ética evolucionária

Tradicionalmente, no Oriente a ética social é bastante ignorada; a ética é rigorosamente praticada apenas como preparação para a iluminação espiritual. No Ocidente, a vantagem da ética social foi reconhecida desde o início, mas o materialismo corroeu sensivelmente sua prática. A maioria de nós tem sentimentos muito ambíguos no que concerne à ética, pois, segundo a ciência materialista, o escopo da ética é muito limitado.

Os biólogos neodarwinistas inventaram uma forma de ética científica baseada na biologia, um princípio chamado determinismo genético (Dawkins, 1976). A ideia é que nosso comportamento é totalmente determinado por nossos genes, somos máquinas genéticas. Nossa mente, nossa consciência e nosso comportamento macro têm um propósito supremo, a perpetuação de nossos genes, garantindo-lhes a sobrevivência. Decorre dessa perspectiva que deveríamos ter algum interesse além do egoísmo, algumas tendências naturais de comportamento altruísta e desprendido. Se, por exemplo, tenho alguns genes em comum com outra pessoa, meus genes naturalmente ganhariam propagação e sobrevivência se eu cuidasse dessa outra pessoa. Por isso, comporto-me de forma altruísta com os outros, dependendo do percentual de genes que tenho em comum com eles.

Esta é uma boa teoria, pois, se fosse correta, esse tipo de bioética seria compulsório – nossos genes se encarregariam disso. Infelizmente, os dados empíricos sobre o altruísmo não confirmam essa teoria.

No passado, o medo do inferno ou o desejo de ir para o céu eram incentivos para sermos éticos. Mas você conhece alguém que leva o céu e o inferno a sério a ponto de sacrificar o egoísmo, especialmente em situações ambíguas?

Mesmo assim, a ética e os valores até hoje são importantes para muita gente, a ponto de fazerem diferença nas eleições de 2006 nos Estados Unidos, que se tornaram um referendo sobre a guerra no Iraque. Afirmo que o motivo pelo qual tantas pessoas, ainda hoje, têm consciência para pensar eticamente diante de comportamentos cada vez menos éticos em nossas sociedades está embutido na evolução. Existe uma pressão evolucionária que experimentamos na forma de um chamado, e respondemos a ele.

Naturalmente, as religiões sempre apoiaram a ética de diversas maneiras ("faça o bem, seja bom"; "faça aos outros o que gostaria que lhe fizessem"; "se eu não for por mim, quem sou eu? Se eu for só por mim, o que sou eu?" etc.). Para as religiões dualistas e simplistas, a lógica é clara – o temor a Deus. Em termos científicos, podemos ter uma lógica melhor para a ética e para a distinção entre bem e mal. Bem é aquilo que o leva para a plenitude, e mal é aquilo que o afasta da plenitude. Mas isso pode ser ambíguo demais, especialmente em situações nas quais você mais precisa ter clareza. Além disso, essa ética religiosa pode não ser suficientemente proativa.

Precisamos de uma nova ética para servir de modelo de vida, nada menos do que isso. Será que a física quântica pode nos oferecer um incentivo mais direcionado para a ação ética? Pode. E o faz.

A física quântica é a física das possibilidades e sugere que nós, observadores/participantes, escolhamos dentre essas possibilidades o evento concreto de nossa experiência. Quando Fred Alan Wolf criou a frase "escolhemos nossa própria realidade" com base nessa sugestão, o ditado se espalhou como um incêndio entre os adeptos da Nova Era. O mesmo aconteceu quando um filme e um livro chamados *O Segredo* sugeriram que manifestamos coisas que estavam destinadas a nós se as escolhemos e esperamos. A ideia tornou-se bastante popular entre adeptos da Nova Era e também foi alvo de muitas gozações, pois, obviamente, ela era simplista demais.

Mencionei antes uma sutileza da escolha entre possibilidades quânticas. A consciência que escolhe não é o ego, mas um estado cósmico não ordinário de consciência que os tradicionalistas chamam de Deus. Só quando "minha" intenção do ego ressoa com a intenção da "vontade" de Deus é que minha intenção se manifesta. Mas qual é o critério para a "vontade de Deus"? Em outras palavras, em que base escolhemos quando estamos nessa cósmica consciência-Deus? A resposta emerge quando você leva em conta a evolução.

Há um movimento evolucionário da consciência em andamento, com vistas à manifestação dos arquétipos supramentais em nós. A vontade de Deus está sempre nos impelindo para essa meta. Quando temos um encontro criativo com Deus e surge um *insight* criativo, experimentamos a suprema escolha ética: devemos usar este *insight* para fins egoístas ou para o bem maior, para a meta evolucionária do movimento da consciência? Quanto maior a clareza que tivermos a respeito de nossa ética, mais apropriada será nossa ação após o *insight* criativo. Vamos dar a isso o nome de ética evolucionária.

Suponha que baseemos solidamente nossas ações na ética evolucionária, na ideia bem científica da evolução da consciência e na demanda do movimento evolucionário da consciência sobre nós, sugerindo que o processamento de significados deve ser um privilégio para todos. Desse modo, o princípio ativo da ética evolucionária é: *nossas ações são éticas quando maximizam o potencial evolucionário de cada ser humano.* Imagine uma sociedade na qual essa ética opera, o que isso faria para a política, para a prática da lei e do jornalismo, dos negócios, a prática da saúde e da cura, do modo como educamos nossos filhos.

Antes, falei da inteligência mental e emocional. A ética evolucionária exige que a busca da inteligência mental e emocional deve ser realizada e efetivada pelo conjunto da espécie humana; a evolução futura assim o exige. Como posso atingir a verdadeira inteligência mental para mim mesmo, complementada pela inteligência emocional, e também ajudar todos os meus colegas humanos a atingirem a mesma meta? A nova ciência tem algumas respostas (ver Capítulo 11).

Se lhe incomoda o fato de algumas pessoas conseguirem cometer violações éticas e, ainda assim, ficarem bem (como os banqueiros de investimentos que ajudaram a provocar a crise econômica de 2008 e que, ainda assim, receberam enormes bônus), não se preocupe. Eles podem escapar agora, mas o Capitão Karma acaba pegando todo mundo. Você precisa aprender a ser ético, ou do contrário ficará sempre preso no ciclo nascimento-morte-renascimento e sofrendo com karmas negativos.

Relacionamento correto com o ambiente: ecologia profunda

Os índios hopis são famosos por enfatizar relações corretas, não apenas com as pessoas e as coisas, como também com o ambiente, incluindo o planeta como um todo.

Na jornada interior da espiritualidade convencional, o relacionamento correto com o ambiente é bastante ignorado. Sem dúvida, isso levou ao moderno movimento da ecologia profunda – nossa responsabilidade ética deve se estender a toda a biota da Terra, Gaia.

O prefixo "eco" vem do grego *oikos*, que significa o lugar onde vivemos, e "logia" vem do grego *logos*, que significa conhecimento. A ecologia normal trata do conhecimento de nosso ambiente físico. Mas não vivemos apenas num mundo físico; vivemos também em três mundos sutis – vital, mental e supramental. Desse modo, a ecologia profunda se refere ao conhecimento de nossos mundos exteriores e interiores, e pede-nos para termos responsabilidade ética por todos esses ambientes em que vivemos.

Mas a ecologia profunda não tem significado se você se mantém apegado ao materialismo científico, pois estará exigindo muito de si mesmo, pedindo a uma máquina (você) que se relacione com outras máquinas menos sofisticadas, para manter relacionamentos baseados em injustificáveis regras éticas.

Só quando estabelecemos um relacionamento evolucionariamente ético com todos os outros seres humanos é que chega a hora de ponderar nossa responsabilidade para com todas as criaturas, grandes ou pequenas, inclusive a responsabilidade para com nosso ambiente não vivo. Só então é que faz sentido perguntar qual a nossa responsabilidade para com o planeta Terra, para com Gaia, e agir cada qual de acordo com a resposta dada. Por que não nos comprometemos com tudo isso agora mesmo? Cabe a nós lembrar as palavras do poeta T. S. Eliot:

Vai, vai, vai, disse a ave
O gênero humano não pode suportar muita realidade.

É simplesmente mais factível empenhar-se gradativamente com a ecologia profunda.

A ecologia profunda exige não só o respeito a algumas regras para a preservação de nosso ecossistema ou para a promulgação de leis governamentais que impedem a poluição ambiental, mas também ações em situações ambíguas, que exigem um salto quântico criativo.

Quando você dá um salto quântico desses, percebe algo espantoso: *eu escolho, portanto existo e meu mundo existe*. O mundo não está separado de você.

Quando fizermos isso em massa, daremos um salto para uma verdadeira consciência de Gaia, que já surgiu na visão humana a partir de um contexto diferente (estou me referindo à teoria de Gaia, do químico James Lovelock, 1982).

Inteligência supramental

Perceba que toda a agenda de exploração do ativista quântico, a verdadeira inteligência mental, a inteligência emocional, a ética evolucionária e a ecologia profunda requerem ocasionais incursões ao domínio do supramental. De certo modo, esses são exemplos de inteligência supramental. Em outros tempos, as tradições espirituais guiavam as pessoas à libertação pessoal – à mudança de identidade do ego para o *self* quântico. A meta suprema era a transformação total, na qual a inteligência supramental é usada sempre que for apropriado, com facilidade e sem esforço. Infelizmente, uma avaliação honesta da história espiritual de nosso planeta sugere que muito poucas pessoas conseguiram chegar à inteligência supramental facilmente e sem esforço, atingindo a transformação total.

Deve estar óbvio que boa parte da humanidade será rotineiramente capaz de desenvolver a inteligência supramental quando a próxima etapa de nossa evolução, indo da mente racional para a intuitiva, ganhar mais força. Lá, em vez da libertação pessoal, faremos da evolução a nossa prioridade.

Essa é uma mudança muito profunda. Quando temos por meta a libertação, quando o negócio é libertação ou nada, ficamos exclusivamente centralizados em chegar àquela fugaz identidade do *self* quântico. A orientação para essa realização torna-se uma barreira para a própria meta. Quando nos centralizamos na evolução, a questão não é mais o tudo ou nada, e valorizamos os *insights* adquiridos no caminho. Dedicamo-nos à ética evolucionária para obter *insights* sobre o arquétipo do bem; dedicamo-nos à criatividade na ciência para desenvolver *insights* sobre o arquétipo da verdade; dedicamo-nos à estética, às artes e à arquitetura para obter *insights* sobre o arquétipo da beleza; dedicamo-nos à prática da inteligência emocional nos relacionamentos íntimos para obter *insights* sobre o arquétipo do amor; dedicamo-nos à lei, à mídia jornalística e, até, à política, para obter *insights* sobre o arquétipo da justiça, e assim por diante. Quando aplicamos às nossas vidas os *insights* adquiridos nessas jornadas supramentais, adquirimos características da inteligência supramental. Para alguns, isso pareceria imperfeito; nossas representações mentais do supramental nunca serão como a coisa em si, elas indicam (corretamente). Mas isto é o melhor que podemos fazer; estamos preparando toda a raça humana para o próximo passo eventual de sua evolução – o ponto ômega, a capacidade de fazer representações físicas do supramental. Não abrimos mão completamente de nossa jornada para a libertação; simplesmente deixamo-la de lado por enquanto.

"Dê o exemplo"

No cenário exterior, os *insights* criativos exigem muito esforço para se manifestar como produto. É fato que muitos gostam do processo criativo, têm os *insights*, mas não conseguem dominar o esforço necessário para dar acabamento ao produto. Por causa de todos os quitutes que aparecem no caminho (as cenouras da psicologia behaviorista), essa preguiça na manifestação atinge proporções epidêmicas.

Na criatividade interior, no entanto, o estágio de manifestação é ainda mais difícil do que na criatividade exterior. E as recompensas behavioristas, os quitutes, não são públicos, mas privados. Por causa desses obstáculos, muito mais gente detém o processo criativo no nível do *insight*; essas pessoas nunca tentam vivenciar seu *insight*.

O pior é que a atual cultura materialista invade, de forma sutil, a postura mental da criatividade interior. A pessoa com criatividade interior entra naquilo que Chögyam Trungpa Rinpoche costumava chamar de materialismo espiritual, e começa a ensinar aquilo que sabe sobre os saltos quânticos, mas que não manifestou em existência com as expectativas das mesmas recompensas trazidas pela criatividade exterior – nome, fama, poder, dinheiro, sexo, bens etc. (Aliás, o próprio Trungpa não estava totalmente isento dessa postura mental.)

Alguns pensadores transpessoais (como exemplo, ler Wilber, 2006) complicam ainda mais a situação, introduzindo certo glamour e mística nos estados superconscientes que atingimos com os saltos quânticos e os classificando. A classificação pode ser útil, mas o tema final não muda. Sem levar a cabo o estágio da manifestação, nenhuma transformação permanente vai decorrer de um salto quântico, por mais exaltada que seja a classificação que você der a ele.

Essa ênfase excessiva na mera experiência superconsciente não serve para um ativista quântico. Devemos romper essa tendência a ser preguiçosos no ponto mais crucial de nosso desenvolvimento pessoal, manifestando em nossa existência todo *insight* criativo de que dispomos.

O movimento de espiritualidade da Nova Era ficou tão cansado de lidar com o comportamento típico dos gurus modernos que criou a frase "Dê o exemplo"*. A menos que vejamos seus *insights* refletidos em seu comportamento, não vamos ouvi-lo. Isso é bom. Para o ativista quântico, esse "dê o exemplo" é obrigatório, assim como o complemento óbvio, "não se torne um guru".

---

*Em inglês, *walk your talk*, ou, em tradução literal, "caminhe do modo como apregoa". [N. de T.]

Mais uma coisa. Por mais visitas que faça ao supramental, a representação mental daquilo que você faz e vivencia estará sempre ligada ao contexto, e por isso sua "transformação", um comportamento aprendido com base nessas representações mentais, nunca irá atender às demandas de cada situação. Em outras palavras, sempre haverá ocasiões em que seu comportamento não será apropriado, revelando o fato de que suas transformações ainda não aconteceram. Você ainda está treinando a transformação, preparando a humanidade para a próxima grande aventura evolucionária. Nada de mais. Em suma, os ativistas quânticos nunca devem levar sua transformação a sério, nem levar a si mesmos a sério; eles devem desenvolver um senso de humor a seu próprio respeito.

Lembre-se de que é bem possível que esteja praticando a inteligência supramental há várias vidas. Por que não se identifica com seu caráter, com aquilo que aprendeu e transferiu de uma vida para outra na forma de memória não local, em vez da memória local?

Com sua mudança de identidade, você perceberá que vai ficar mais gentil para com aqueles que ainda não fizeram essa mudança, e vai aceitar melhor suas fraquezas. Um ativista quântico tolerante é um ativista quântico maduro.

A sobremente

Sri Aurobindo, uma das pessoas que deram início a todo esse novo pensamento evolucionário, criou também a palavra "sobremente", que descreve perfeitamente nossa situação. Quando desenvolvermos muitos circuitos cerebrais emocionais positivos, manifestando muitas representações vitais e mentais de muitos *insights* supramentais em diversos contextos, teremos quase realizado uma transformação total, estaremos nos aproximando do estágio de desenvolvimento da sobremente. Carl Jung chamou esse estágio de individuação. Do ponto de vista evolucionário, esta é nossa melhor estratégia para uma meta (por mais difícil que seja chegar a ela) neste estágio de nossa evolução.

capítulo 10

explorando as ferramentas quânticas para uma vida correta

A física quântica foi descoberta pelo estudo do movimento de partículas elementares nos níveis atômico e subatômico, e muita gente ainda não consegue vencer o preconceito de que o pensamento quântico só deve funcionar quando lidamos com o mundo submicroscópico da matéria. As mesmas pessoas também acham que o mundo é feito fundamentalmente de matéria, que o mundo real é objetivo, local e racional e determinístico. Essas mesmas pessoas não conseguem ir além do conceito da inteligência mental baseada no cérebro em seu sistema de crenças, embora muitas delas façam incursões regulares ao supramental quando descobrem criativamente as soluções para seus problemas científicos. Mas muitas das relações entre essas pessoas e o mundo externo à sua profissão ficam seriamente prejudicadas por causa desse sistema de crenças defeituoso. Geralmente, vivem vidas sem amor, não conseguem discriminar entre as boas e más consequências de seu trabalho profissional ou social (elas não se incomodam em desenvolver bombas atômicas ou coisas do gênero), e a felicidade e a equanimidade emocional não se aproximam delas, mas elas não entendem por quê.

O problema de uma visão de mundo estritamente objetiva, determinística e materialista (orientada para o materialismo científico) é que ela nos dá uma visão muito distorcida a nosso respeito e de nossa consciência, nossas emoções, além de significados, percepção e valores. No materialismo, tudo é feito de matéria, e por isso a consciência (e todos os fenômenos subjetivos relacionados a ela, como a percepção) são relegados a meros epifenômenos da matéria (assim como um adorno de ouro é um epifenômeno do ouro), sem eficácia causal. Se a consciência não tem eficácia causal, como podemos transformar? Como podemos aplicar os ditames de nossa percepção? Como podemos amar?

Mas a ciência está mudando, e as pessoas que acompanham essa mudança estão percebendo que precisam seguir um caminho de transformação a fim de desenvolver uma ciência do século 21 e um código de vida capaz de lidar com a transformação. Essas pessoas estão usando a inteligência supramental (embora limitada) de forma lúcida. Como resultado de seu trabalho, hoje é possível dar um tratamento científico à transformação, afastando toda confusão sobre o tema.

Após compreender os princípios quânticos, eles facilitarão muito suas tentativas de desenvolver a inteligência supramental. A verdade é que você e todos os demais têm acesso ao mundo supramental; não se trata de uma exploração por algum motivo. As pessoas materialistas não o utilizam de maneira ideal por causa da ideologia errônea na qual têm interesse velado. E você, qual é a sua razão?

Mas não importa. Com a ajuda dos princípios quânticos, como explico a seguir, estou convencido de que seus motivos para evitar o supramental vão se dissipar e você conseguirá se mover pelo caminho da transformação (embora pareça interminável), deixando para trás a chamada superautoestrada da informação, que não leva a nenhum lugar. O mundo e seus problemas do século 21 precisam de você e de sua capacidade de processar a inteligência supramental.

Acredito que você goste de dançar de vez em quando. A dança tem uma espontaneidade singular que, às vezes, nos surpreende; a dança parece acontecer sozinha, sem esforço. Se uma quantidade de inteligência supramental, mesmo limitada, manifesta-se em nós, é como dançar no mundo na maior parte do tempo. Ressonando com Lewis Carrol, "Você quer, ou não quer, você quer, ou não quer, você quer se juntar à nossa dança?"

Ferramentas quânticas para transformação e inteligência supramental

Por que a transformação é um produto relativamente raro? O psicólogo Abraham Maslow fez um estudo definitivo sobre pessoas (parcialmente) transformadas (a expressão que ele usava para elas era "pessoas com saúde mental positiva") e estimava que talvez cinco por cento de todas as pessoas pertençam a essa categoria. Qual a explicação para essa raridade?

Vamos colocar a questão de outra forma, seguindo o filósofo místico Jiddu Krishnamurti. Krishnamurti costumava admoestar as pessoas, e faço uma paráfrase: por que você não pode mudar? Por que você não pode adotar a não violência? Grandes mestres têm trazido a mensagem da não violência há milênios, além de boas receitas. Vocês tentaram segui-las. Mas por que fracassaram? Por que a grande maioria das pessoas fracassa? Porque vocês tentam ser não violentos de forma contínua. Vocês pensam: "hoje serei um pouco menos violento, e amanhã menos ainda". Não é assim que funciona! Então, como funciona a transformação, senão por meio de um esforço contínuo ou pela aplicação da inteligência racional? Algum movimento ou alguma mudança pode ser descontínua?

Há duas razões para que as pessoas tendam a ser céticas quanto a mudanças descontínuas. Uma é que, quando adultas, elas raramente vivenciam um movimento descontínuo da consciência. Geralmente, nossas experiências são contínuas. Olhamos pela janela, fechamos os olhos ou vamos dormir; quando abrimos os olhos ou acordamos, o mundo lá fora é o mesmo. A continuidade parece prevalecer. Se olharmos para dentro, encontraremos pensamentos e sentimentos que parecem criar um fluxo contínuo de consciência. A segunda razão para o ceticismo é a lavagem cerebral que é feita, hoje, sob o disfarce da educação científica em favor da racionalidade, em favor da resposta algorítmica contínua para cada problema.

Mas, desde o seu início, a física quântica tem falado da validade do conceito do movimento descontínuo. Veja novamente a imagem que Niels Bohr fazia do movimento descontínuo do elétron no átomo. No átomo, os elétrons dão voltas ao redor do núcleo, o centro do átomo, formando órbitas; essa parte do movimento do elétron é contínua, um pedacinho de cada vez. Mas, quando o elétron salta de uma órbita para outra – o que ele faz sempre que o átomo emite luz –, nunca passa pelo espaço intermediário. Num momento, ele está aqui; no outro, instantaneamente, está lá. Esse salto quântico, no estilo de Bohr, é até hoje um bom modelo de movimento descontínuo na natureza.

Será possível descrever o movimento do salto quântico por algoritmos contínuos, pela matemática, pela lógica causal, por modelos mecânicos? Não. E como fica a doutrina da continuidade (por trás do determinismo; se o movimento pode ser determinado, mesmo que em princípio, a continuidade deve prevalecer para podermos calculá-la pelo menos em princípio)? A doutrina da continuidade precisa cair!

O materialista ainda pode esperar que, eventualmente, a física quântica não seja a teoria final da física, ou, quem sabe, a física quântica possa ser reformulada de modo a preservar a continuidade. Mas o sucesso da física quântica parece indicar a futilidade desse tipo de esperança.

Por outro lado, o materialista pode supor que, embora a descontinuidade prevaleça inegavelmente no mundo submicroscópico, talvez ela não o faça no mundo macro de nossa experiência. Quem sabe, quando estiver em jogo o movimento de zilhões de objetos submicroscópicos, toda descontinuidade desapareça e a continuidade torne a prevalecer. Mas essa esperança também não se sustenta (ver Capítulo 4).

E, em relação à sua falta de experiência com os movimentos descontínuos da consciência, relaxe. Eles não são tão estranhos quanto você pode imaginar. Já viu um cartum chamado "O professor de física", de Sidney Harris? Einstein está diante de uma lousa, tentando descobrir sua lei: $E = mc^2$. Ele escreve $E = ma^2$ e risca. Depois, tenta $E = mb^2$ e risca. A legenda diz: "O momento criativo". Por que você ri quando vê o cartum? Porque, intuitivamente, sabe que descobertas criativas não envolvem a continuidade passo a passo; elas são o produto de *insights* descontínuos.

Na verdade, quando você era garoto, estava habituado a dar tais saltos quânticos descontínuos com certa regularidade. É assim que aprendemos coisas que exigem novos contextos de pensamento, como um novo conceito matemático, a interpretação de significado de uma história, um pensamento abstrato pela primeira vez etc.

E, se a infância está muito distante, pense nesses momentos em que você intuiu alguma coisa. O que acontece? O que é a intuição? Por que você chama certos pensamentos de intuições? Porque não há explicação contínua e racional para esses pensamentos; não existe precedente contextual para eles. A intuição é o seu vislumbre de um futuro salto quântico.

Neste dia e nesta época, você pode seguir uma rota diferente. Pode assistir ao filme *O Segredo* e ficar inspirado pela mensagem que diz que você pode manifestar qualquer coisa. Quando você tenta algumas vezes e não consegue, talvez se recorde da lição da física quântica: a intenção de manifestar deve ressoar com a consciência não local. Então, é o momento do exercício que mostro a seguir.

Exercício: intenção criativa e transformadora

Sente-se confortavelmente e em silêncio. A intenção deve partir do ego, e é nele que você está. Assim, no primeiro estágio, manifeste a intenção; use a força, procure manifestar sua intenção. No segundo estágio, perceba que você pode obter o que deseja de duas maneiras: conseguindo tudo sozinho ou conseguindo porque todos (e isso inclui você) recebem. Por isso, agora manifeste a intenção por todos, pelo bem maior. Comece expandindo sua consciência de modo a incluir todas as pessoas em seu círculo; depois, inclua em sua consciência todas as pessoas de sua cidade, de seu estado, de seu país e, finalmente, do mundo todo. No terceiro estágio, sua intenção deve tornar-se uma prece: "se a minha intenção ressoar com o movimento intencionado do todo, que ela frutifique".

No quarto estágio, a prece deve silenciar e tornar-se uma meditação. Medite durante alguns minutos.

Naturalmente, nesse exercício, você vai tentar, de início, manifestar coisas físicas: um helicóptero seria ideal! Você quer voar. Se tentar, pode haver uma fase em que tem um monte de sonhos em que está voando, e a experiência é frustrante. No sonho, você voa tão bem, mas sempre que acorda percebe que está no solo, que não pode voar; seu helicóptero não se manifestou. Um dia, porém, quando acorda, ocorre-lhe uma ideia diferente. Suponha que o sonho está tentando chamar sua atenção para o fato de que você *pode* voar em seu sonho, embora não possa fazê-lo na realidade física.

Em outras palavras, você pode ser criativo no plano sutil, e é nele que exercita seus poderes de criatividade e de manifestação.

A transformação envolve o mesmo tipo de salto quântico descontínuo no movimento da consciência presente em atos criativos na ciência, na matemática, na arte, na música. Chamo estes últimos de atos de criatividade exterior, e, o primeiro, de criatividade interior, por esse motivo.

Logo, a primeira ferramenta quântica de exploração para o desenvolvimento da inteligência supramental são os saltos quânticos descontínuos. Vamos analisar algumas práticas para saltos quânticos.

Primeira prática: explorando lacunas no fluxo do pensamento consciente

Sente-se em silêncio, confortavelmente, com as costas eretas. Em seguida, feche os olhos e observe seus pensamentos entrando e saindo de sua percepção-consciente. Procure não ser parcial com nenhum pensamento específico, considere todos como um programa passageiro. A analogia com a observação de nuvens no céu da mente pode ajudar.

Quando começar a praticar esta meditação, vai perceber que um pensamento substitui o outro rapidamente: sua mente está acelerada. Depois de algum tempo, especialmente com a prática, verá que sua mente reduz a velocidade, e pensamentos sucessivos parecem surgir com lacunas entre eles. Mas não se anime demais. Você não descobriu o "não pensamento" ou a mente vazia, pois mesmo nessa lacuna existe a divisão sujeito-objeto da percepção-consciente. No entanto, é um bom lugar para estar, pois os saltos quânticos ficam muito mais fáceis a partir daí.

Segunda prática: explorando fenômenos repentinos e involuntários

Quando você estiver no meio de fenômenos aparentemente repentinos e involuntários, tais como um espirro ou um orgasmo, fique intensamente alerta. Pratique e veja se consegue parar logo antes de espirrar ou de ter um orgasmo. É fato que um espirro ou um orgasmo não são saltos quânticos nem descontinuidades autênticas, mas manter a percepção nesses momentos é uma receita comprovada para facilitar um salto quântico.

Terceira prática: explorando a lacuna entre sono e vigília

Perceba atentamente se você consegue se manter aware na junção entre a vigília e o sono. A partir dessa percepção-consciente, o salto quântico é bem possível. Você já deve ter ouvido falar que muitas pessoas criativas obtêm boas ideias enquanto estão nesse devaneio; este deve ser o seu objetivo.

Se quiser mais práticas como esta, com o mesmo propósito de dar saltos quânticos, leia o apêndice do livro de Paul Reps sobre zen (Reps, 1957); são chamadas de 112 técnicas de meditação de Siva.

Não localidade quântica

Agora, analise outro princípio importante da visão de mundo materialista: a localidade. Localidade é a ideia de que todas as influências que causam movimento ou mudança viajam continuamente pelo espaço e pelo tempo, um pouco de cada vez. Assim, influências que estão na vizinhança local têm mais efeito; as influências mais distantes são bem menos eficientes. Um exemplo deriva do modo como uma onda afeta um objeto. Quando o objeto está próximo, a força da onda que atinge o objeto é intensa. Mas, numa distância duas vezes maior, essa força se atenua e atinge apenas um quarto da intensidade original. Além disso, Einstein provou, com sua teoria da relatividade (e cientistas comprovaram a relatividade de Einstein várias e várias vezes), que as influências só podem se propagar no espaço e no tempo se submetidas a um limite de velocidade: a velocidade da luz (300 mil quilômetros por segundo). Isso também é parte do princípio da localidade.

Para objetos quânticos, porém, o princípio da localidade não se aplica. Ironicamente, Einstein, cuja teoria da relatividade foi fundamental para se estabelecer o princípio da localidade, mais outros dois colaboradores, Nathan Rosen e Boris Podolsky, foram os primeiros a ver a viabilidade da não localidade quântica (Einstein, Podolsky & Rosen, 1935). Se dois objetos quânticos interagem, tornam-se tão correlacionados que sua influência mútua continua inabalada mesmo a distância, e mesmo quando não estão nem interagindo através de alguma força local, nem trocando sinais locais. Posteriormente, os físicos John Bell e David Bohm desenvolveram ideias que tornaram a não localidade quântica comprovável em termos experimentais. Como discutido no Capítulo 4, a comprovação experimental da ideia deu-se graças ao trabalho do físico Alain Aspect e de seus colaboradores. Eles observaram dois fótons emitidos com correlação quântica do mesmo átomo de cálcio, que continuaram sua dança correlacionada mesmo depois de separados pela distância, e sem trocas de sinais entre eles.

Como mencionei antes, a não localidade quântica já foi comprovada diretamente até em seres humanos, com a correlação entre cérebros, não deixando dúvidas de que a física quântica se aplica a nós, ao macromundo, sob condições sutis adequadas.

Sabemos que as comunicações não locais entre seres humanos existem há milênios, em fenômenos como a telepatia mental. O que os novos experimentos têm de especial é que são objetivos, e o papel da meditação e da intenção pode ser visto claramente neles (Grinberg *et al.*, 1994).

Normalmente, nossa consciência funciona com estímulos locais, seja do ambiente físico, seja da memória; esse é o modo do ego. Na comunicação não local, transcendemos o ego-mente local e usamos momentaneamente a consciência quântica. Como as pessoas criativas que (de forma um tanto inconsciente) usam acessos momentâneos à consciência quântica para processar a inteligência supramental em seu campo profissional, os psíquicos são pessoas que têm acesso (novamente, de forma um tanto inconsciente) à consciência quântica na área da comunicação não local. Esse acesso à consciência quântica pode ser usado para processar também a inteligência supramental.

Como disse antes, a física quântica torna cientificamente viável a ideia da comunicação não local de informações. Eis alguns exercícios para que você tenha acesso à consciência quântica – Deus – através de uma experiência de não localidade quântica. Ela deve ajudá-lo a abrir ainda mais as portas de acesso ao processamento da inteligência supramental.

Um aviso. A comunicação não local é a forma mais fácil de entrada na consciência não local. Pode ser usada para termos acesso a Deus, mas pode ser utilizada – e tem sido – para o ser humano adquirir poder. O sábio Patanjali nos advertiu sobre esse risco, e o ativista quântico deve saber muito bem que não pode ser vítima dessa tendência.

Exercício 1. Exercício de visão remota

Sente-se perto de alguém que tem na mão um objeto numa caixa fechada; você não sabe nada sobre o objeto, mas a pessoa sabe. Meditem juntos com a intenção de manter uma comunicação direta durante vinte minutos, e mantenha essa intenção meditativa durante o resto do exercício, que será a visão remota. Você vai tentar "ver" não localmente, sem sinais visuais, o que está dentro da caixa, enquanto a pessoa vai visualizar a coisa dentro da caixa. Para obter melhores resultados, escreva e desenhe aquilo que parece "brotar" na mente, fora do fluxo normal de pensamentos conscientes. Depois do exercício, compare o desenho etc. com o objeto físico. Então, troquem de lugar.

Exercício 2. Meditação com um grupo de meditação

Para começar, adote um ponto de referência, meditando sozinho durante uns dez minutos. Depois, medite durante mais dez minutos com um grupo de meditação, observando se a qualidade da prática meditativa melhorou. Repita isso durante alguns dias. Se a meditação em grupo for sempre melhor do que a individual, significa que você está começando a pegar o jeito da não localidade quântica e sua inteligência supramental está sendo reforçada. Por falar nisso, esse reforço não local da qualidade meditativa é aquilo a que Jesus se referiu quando disse: "Pois onde dois ou três estiverem reunidos em meu nome, eu estarei aí no meio deles".

Exercício 3. *Brainstorming* quântico

Pode ser que você conheça o conceito de *brainstorming*. A ideia é comunicar-se livremente com outra pessoa, ouvindo sem julgar, com atenção e respeito. No diálogo quântico, você também inclui a fala a partir do silêncio, para dar à não localidade uma chance de realizar sua magia.

Use qualquer tema, como a transformação, por exemplo. Mantenha um diálogo quântico com um amigo e anote os resultados. Se o diálogo começar a produzir novos *insights* de pensamento descontínuo, é um sinal claro de que sua inteligência supramental está crescendo.

Exercício 4. A não localidade no cenário vital

Esta prática deve ser realizada em dois estágios. No primeiro, encontre um grupo em sua cidade que pratique a radiestesia, técnica que consiste em encontrar água graças à sua assinatura energética vital por meio de uma forquilha.

Num segundo estágio, mais avançado, um grupo pode tentar este experimento. Cada um escreve o próprio nome num cartão. Uma pessoa reúne todos os cartões e fixa-os em objetos variados do recinto. Os outros são vendados e, nessa condição, procuram localizar seu cartão pessoal.

Hierarquia entrelaçada

O colapso autorreferente que nos dá a divisão sujeito-objeto numa experiência é uma hierarquia entrelaçada, oposta à hierarquia simples. O que isso significa? Numa hierarquia entrelaçada, os níveis da hierarquia são codependentes, cada um tem eficácia causal sobre o outro, e, ainda assim, a eficácia causal é apenas uma aparência, vinda de um nível inviolado. No caso da divisão sujeito-objeto, a eficácia causal não está nem no sujeito, nem no objeto, mas na consciência-Deus por trás da divisão sujeito-objeto.

Quando aprendemos a amar segundo a hierarquia entrelaçada, temos a oportunidade de entrar no *self* quântico que está além da hierarquia simples do ego. Isso nos dá outro caminho que leva à inteligência supramental. A tradição espiritual do cristianismo basicamente usa esse caminho do amor de Deus em hierarquia entrelaçada. "Deus necessita tanto de mim", costumava dizer o místico Mestre Eckhart, "quanto eu necessito de Deus."

Do sexo ao amor: sexo e a nova física

Espero que o subtítulo desta seção não lhe dê a impressão de que estou falando de alguma nova e exótica receita quântica para aumentar o prazer sexual, ou que estou tentando criar um novo tipo de *tantra da Nova Era*, como o sexo quântico. Para pessoas comuns deste mundo, o caminho do amor é atingido idealmente por meio de relacionamentos íntimos que envolvem sexo. O que a nova física tem a dizer sobre o sexo? Muito, mas é sutil.

Você já sabe que a física quântica, se interpretada apropriadamente com a lente conceitual da primazia da consciência, diz respeito à não localidade, a saltos quânticos e à hierarquia entrelaçada. Será que o sexo pode levar a relacionamentos nos quais esses princípios quânticos tenham um papel frequente?

Quando começamos nossa vida sexual, temos a clara tendência a usar o sexo para explorar o poder. Isso se aplica particularmente aos homens. Misteriosamente, porém, com alguns parceiros especiais, ouvimos uma melodia diferente, sentimos um tipo de energia vital diferente e nos enamoramos. Como alguém dá o salto quântico da tendência ao sexo para ganhar poder para a tendência ao sexo sempre com o propósito de fazer amor, e não de buscar o poder?

Como alguém consegue transformar os relacionamentos românticos habituais, com causalidade linear, em relacionamentos quânticos de causalidade circular, a hierarquia simples em hierarquia entrelaçada? Encare os fatos! Apesar de todo oba-oba em torno dele, o amor romântico tem uma hierarquia simples: "ela é minha (ele é meu)". Como os compromissos e o casamento se encaixam nessa discussão?

E, finalmente, chegando ao tema central: como usamos os relacionamentos sexuais como plataforma para a prática do amor incondicional? Como damos um salto quântico até uma existência transformada, na qual o sexo é uma escolha, e não uma compulsão?

Assim, estas são as questões quânticas do sexo. As respostas nos falarão dos três estágios da maturidade sexual nos relacionamentos, dos três estágios da inteligência sexual, por assim dizer.

Do sexo a serviço do poder ao sexo para fazer amor

Em virtude dos circuitos cerebrais instintivos, nossa sexualidade é despertada fácil e frequentemente por diversos estímulos. Quando somos adolescentes e esses sentimentos são pouco conhecidos, ficamos confusos com nossa sexualidade. Muitas sociedades têm tabus contra a educação sexual dos jovens. Em algumas sociedades, a ideia do celibato é apresentada aos jovens. Mas, infelizmente, até isso é feito sem se esclarecer muito bem como ou por quê. A ideia original pode ter sido boa: fique solteiro enquanto não descobrir o amor romântico, pois então você não ficará mais confuso sobre a verdadeira meta de sua sexualidade. Mas, sem esse canal educativo, como a confusão poderia se dissipar?

Se um adolescente começa sua vida sexual sem compreender o significado e o propósito do sexo (e não estou falando do aspecto reprodutivo do sexo, dos "pássaros e abelhas" que costumam ensinar nas escolas como educação sexual), ele irá reagir cegamente aos circuitos cerebrais e verá a sexualidade como uma gratificação, como um veículo para um tipo singular de prazer intenso. Como a realização do prazer sexual com um parceiro leva energia vital até o terceiro chakra, associado com a identidade egoica e com o corpo físico, a sensação de poder pessoal entra em cena. Por isso, é comum pensar nas "conquistas sexuais" em conexão com o sexo que não está associado ao amor romântico.

No mundo ocidental, o padrão que surgiu nas últimas décadas, pelo menos para os homens, é esse condicionamento desde cedo: o sexo pelo poder. As mulheres, graças a alguns pais protetores ("conservadores"), estão distantes disso, embora tal posição esteja mudando rapidamente. O que acontece quando acabamos encontrando um parceiro com o qual nosso chakra cardíaco entra em ressonância? Entramos num relacionamento amoroso romântico, mas não abandonamos os antigos hábitos. Assim, quando o romance se esgota, o que acontece mais cedo ou mais tarde, volta a tendência ao sexo pelo poder. Então, temos uma opção. Podemos procurar outro parceiro romântico ou podemos nos aprofundar no relacionamento existente.

Daí o costume social de serem os homens a pedir as parceiras românticas em casamento. Casar é mudar a equação do sexo: "vou me comprometer a alterar meu padrão de uso do sexo para ter poder, para o uso do sexo sempre para fazer amor". Isso significa que, sempre que permitimos a energia se elevar até o coração após um encontro sexual, permitimo-nos ser vulneráveis. O casamento é um compromisso para fazer amor, e não guerra (a conquista).

Infelizmente, esse acordo do corpo vital precisa encontrar também, ao mesmo tempo, acordos entre os corpos mentais dos parceiros, bem como onde os condicionamentos dos egos são muito profundos, envolvendo amplas áreas de superposição nas quais a competitividade vai emergir e fazer com que a energia desça novamente do chakra cardíaco. A competitividade e outras emoções negativas só irão embora quando começarmos a vislumbrar intuitivamente que é possível abrir mão das emoções negativas dentro da energia positiva do amor.

Exercício: praticar o amor com um parceiro íntimo, em três partes

No filme *Muito Bem Acompanhada*, para minha grande satisfação, o herói diz à heroína: "Quero me casar com você, pois prefiro brigar com você a fazer amor com outra pessoa". Para praticar amor incondicional, é importante identificar seu parceiro amoroso desinibidamente como "a energia íntima". O conselho behaviorista é usar a lógica para ajustar as diferenças que causam discussão ("discutir a relação"), mas isso só leva a emoções reprimidas. Ou, se as emoções acabarem aflorando, o conselho behaviorista é sair de cena, não permitir que as coisas "saiam do controle", ou "deem um beijo e façam as pazes", geralmente uma pretensão. Podem ser bons conselhos para pessoas que não estão prontas. Para você, porém, ativista quântico, o desafio é amar o parceiro apesar de suas diferenças. E, quando essas diferenças provocam uma briga, que seja, mantenha-se na briga explícita ou implicitamente até acontecer um salto quântico. As práticas são sugestões para propiciar o salto quântico. Para as três partes desta prática, espere uma situação na qual acontece uma discussão entre vocês e isso chegou a um estágio no qual ninguém está medindo palavras.

Cuidado: estes exercícios não devem ser praticados se você não estiver pronto para ele, ou se não se sentir seguro em seu relacionamento com o parceiro. Estímulo: só os heróis conseguem trilhar esse caminho. Lembre-se de que até alguns dos mais conhecidos mestres espirituais ou místicos não passam com facilidade pelo teste da equanimidade no relacionamento íntimo.

Estágio 1. Mantenha sua percepção-consciente o máximo que puder durante a discussão. Veja-se perdendo a percepção-consciente repetidas vezes e ficando defensivo, especialmente quando os ataques forem pessoais e "abaixo da cintura". E ainda reagindo também com golpes baixos e insultos. De repente, esqueça tudo isso e comece a rir, deixe que o riso se transforme em gargalhadas incontroláveis. Então...

Estágio 2. Espere uma situação como a descrita acima, com você ficando defensivo e reagindo indefeso. De repente, volte-se e comece a abraçar o parceiro intimamente, deitando-o sobre o sofá ou a cama, ou no chão, e segure-o bem apertado, com os olhos fechados até...

Estágio 3. Aguarde pela mesma situação até sentir-se indefeso. Desta vez, continue a discutir ocasionalmente (internamente), focalizando uma intenção e uma prece para que a energia do amor suba até o chakra cardíaco. Talvez vocês tenham de fazer uma pausa de mútuo acordo para este exercício. Durante a pausa, tente levar energia ao coração, visualizando grandes mestres amorosos, lembrando-se de episódios carinhosos com o parceiro ou pensando em sua história de amor predileta. Quando sentir energia no coração, volte à luta. Faça isso repetidas vezes, até...

Um comentário. Estas práticas são preliminares e certamente não excluem outras. Você pode procurar práticas mais avançadas, e a maneira mais efetiva é ir à fonte tradicional de sua preferência, budista, hindu, sufi, judaica, taoísta, cristã ou a que melhor lhe convir. Alternativamente, há a possibilidade de frequentar seminários de mestres espirituais. Isso também pode ser bastante eficaz. Mais cedo ou mais tarde, você vai descobrir sua própria prática, algo que dá certo para você.

Convidando Deus para resolver seus conflitos: a prática do amor incondicional

Depois de perceber que seu inimigo íntimo também pode ser seu amigo intimo, começa a se desenvolver um relacionamento respeitoso entre você e seu parceiro. Nesse relacionamento, cada um de vocês é um indivíduo, cada um de vocês percebe a "alteridade" do outro (usando a linguagem de Carol Gilligan). Agora seu relacionamento deu uma aprimorada, passando da hierarquia simples para a hierarquia entrelaçada.

Observe novamente a ilustração *Desenhando-se*, de Escher (Figura 6). Na figura, a hierarquia entrelaçada está criada porque a mão esquerda desenha a direita, e a mão direita desenha a esquerda, mas você vê que é uma ilusão. Por trás da cena, Escher desenhou as duas mãos. Após estudar os paradoxos quânticos (ver Capítulo 4) e conseguir realmente dar o salto quântico de compreensão que a realidade de sua consciência manifestada, e a natureza **sujeito** da parceria sujeito-objeto erguer-se da escolha quântica e causar colapsos a partir de uma consciência quântica indivisa, você também terá identificado a fonte de sua verdadeira liberdade. Ela está nesse estado da consciência quântica imanifestada. Mas como passar sua identidade do manifestado para o imanifestado, mesmo que temporariamente?

Agora, sua amiga-inimiga íntima pode ser uma imensa dádiva. Falamos antes da criatividade. Os *insights* criativos melhoram muito se, de algum modo, pudermos produzir uma proliferação das possibilidades quânticas, dentre as quais nossa consciência quântica faz escolhas. Seu parceiro é uma dádiva porque introduz a segunda fenda de um dispositivo com fenda dupla, pelo qual passam os estímulos que você processa e permitem uma enorme proliferação de possibilidades. (Volte ao experimento da fenda dupla no Capítulo 4. Quando os elétrons passam pela fenda dupla, as possibilidades quânticas disponíveis para eles aumentam muito.)

Você e seu parceiro representam fendas diferentes, pontos de vista diferentes para filtrar os estímulos, os conflitos são naturais. Suponha que você não tente resolver esses conflitos, e sim aprenda a viver com conflitos não resolvidos, deixando à sua consciência quântica não manifestada o processamento das possibilidades e a escolha da solução.

Esta prática, manter conflitos em aberto por tempo indefinido até a solução sair da consciência superior, é uma prática difícil, mas suas recompensas são enormes. As condições que impomos sobre nosso amor agora podem mudar e o amor pode se tornar um amor incondicional e objetivo. Objetivo porque o amor da consciência quântica é objetivo.

E temos opções. Quando podemos amar incondicionalmente, o sexo é uma opção. Não precisamos dele para fazer amor. Agora, temos um circuito amoroso de emoções positivas no cérebro. Ainda poderemos incluir o sexo em nosso relacionamento amoroso caso seja apropriado e, naturalmente, se assim o desejarmos, mas o sexo não é mais compulsório. Não precisamos desesperadamente dele.

Este é o lendário amor de Krishna e suas *gopis*, celebrado na tradição *vaishnavita* hindu. Em noites especiais de lua cheia, Krishna dança com suas 10 mil *gopis*, todas ao mesmo tempo. Pelo menos, é o que diz a lenda. Será que Krishna pode se desdobrar em 10 mil corpos? Se você pensar no amor de Krishna como um amor no espaço e no tempo, essa lenda vai deixá-lo intrigado. Deve ser uma metáfora! E é. O amor incondicional de Krishna sempre é celebrado fora do tempo e do espaço, de forma não local.

Do materialismo espiritual à entrega total

Algumas palavras de cautela antes de prosseguirmos. Em nossa sociedade materialista, tornamo-nos muito corrompidos pela psicologia behaviorista e passamos para uma motivação recompensa-castigo por nossas realizações espirituais. Lembre-se, estamos falando do materialismo espiritual; ele se torna uma grande barreira contra sua realização espiritual pessoal, especialmente se você quer chegar a ter uma identidade permanente com a consciência-Deus (chamada *nirvikalpa*, ou estágio "sem limites"; veja mais sobre isso no Capítulo 17) e vive principalmente em seu *self* quântico nessa condição muito humana. Lembre-se, obter o controle na forma da sobremente é apenas uma meta intermediária; o objetivo final é chegar a um estado da consciência no qual até as respostas de nível egoico e baseadas na memória se sujeitam à inteligência supramental, naquilo que for possível.

Logo, nunca perca de vista a meta suprema: abrir mão da supremacia do ego em favor do *self* quântico – a consciência-Deus. A prática para se chegar a isso é solapar o *realizador* que existe em nós, é não nos levarmos demasiadamente a sério. Em outras palavras, nós dançamos, mas sempre com leveza, sem nos preocuparmos com o que os outros pensam de nós, nem mesmo com o que eu penso a meu respeito.

Karma yoga

Karma yoga é a yoga da aplicação da prática yogue em meio à vida cotidiana. *Karma* significa ação e *yoga*, união ou integração; assim, literalmente, karma yoga significa a união entre ego e espírito através do caminho da ação. Esta é uma importante prática de serviço aos outros em muitas tradições espirituais, especialmente o hinduísmo, o cristianismo e o Soto Zen. Contudo, nessas tradições, esse serviço não costuma fazer parte do ganha-pão. Para o ativista quântico, estimula-se a prática da karma yoga como parte do modo de ganhar a vida. Se estiver satisfeito com seu modo atual de viver, obviamente você consegue praticar karma yoga enquanto ganha a vida. Mas, se houver um desajuste, isso não é prático.

Os capítulos da Parte 3 destinam-se a levá-lo a situações da vida real de nossa sociedade e a encontrar meios de vida adequados nos quais você pode praticar karma yoga para seu ativismo quântico. À medida que ler, procure o contexto específico de ativismo que o deixa animado. Por exemplo, se, no fundo, você é uma pessoa ligada à cura, é claro que a saúde e a cura serão o cenário de seu ativismo quântico. Isso não exige anos de estudos e muito dinheiro? Não necessariamente. Quando o paradigma médico mudar e tornar-se uma medicina integradora, haverá muitos modos novos de receber uma educação para a cura, e um deles será adequado para você.

capítulo 11

será que um punhado de pessoas pode fazer diferença?

Agora, você deve ter percebido o problema com a criatividade e a transformação em massa. Sim, qualquer um pode ser criativo; sim, qualquer um pode transformar. Mas é difícil ser tão motivado. Especialmente hoje, numa sociedade materialista na qual praticamente não existe apoio de seu ambiente, incentivando-o a ser criativo e transformador. As sociedades materialistas têm um interesse velado em manter as pessoas funcionando dentro de seus padrões condicionados de comportamento para que sejam previsíveis, sujeitas a projeções estatísticas. Os economistas querem que os consumidores se ajustem a um padrão, no qual são manipulados por meio de técnicas de marketing; se os consumidores estão condicionados e se ajustam à teoria matemática do comportamento do consumidor, a economia torna-se previsível e pode ser usada para se ganhar dinheiro sem riscos! Na política, os políticos querem que você se filie a um partido específico; ninguém quer que você seja independente. Mesmo nas escolas, os alunos que obtêm boas notas costumam ser aqueles que se ajustam às opiniões dos professores.

E, sem dúvida, alguns querem ser criativos, querem se transformar, querem transformar a sociedade. Onde encontramos nossa coragem? Alguns querem se transformar porque não querem mais sofrer. Alguns são curiosos: o que significa amar alguém de modo realmente incondicional? Um grande número de pessoas se motiva porque, no fundo, elas são ativistas: a Terra passa por condições críticas agora e exige soluções urgentes, mas como eu vou descobrir e pôr essas soluções em prática?

E agora estamos aqui, ativistas quânticos, com a audácia de esperar que podemos mudar a visão de mundo, mudar a nós mesmos e mudar o mundo? "Não duvide", disse a antropóloga Margaret Mead, "de que um pequeno grupo de pessoas dedicadas pode mudar o mundo. É a única coisa que pode mudá-lo." A mais recente teoria da evolução nos mostra como isso é possível.

Desenvolvendo emoções positivas como instintos

Vamos tornar a analisar a evolução. Geralmente, a evolução importante acontece graças a saltos quânticos na constituição genética dos órgãos. Contudo, há muito tempo, antes de Darwin, o biólogo Lamarck sugeriu que poderia haver outro modo pelo qual a informação biológica sobre características adquiridas pode ser transferida de uma geração para a próxima. Rupert Sheldrake (1981) apresentou uma teoria a respeito: por meio dos campos morfogenéticos não locais. Usando a física quântica, levei a ideia de Sheldrake um pouco além (Goswami, 2008b). Com o darwinismo e até com a evolução criativa, o fenômeno dos instintos não pode ser explicado. Mas, com o lamarckismo à moda de Sheldrake, explicamos os instintos (Goswami, 2008b).

Aqui, o corpo vital e seus campos morfogenéticos têm importância crucial. Já falei do circuito neural que existe no mesocéfalo e no neocórtex de forma associativa, que, quando excitado, dá a impressão da experiência de uma emoção negativa instintiva. Quem faz esse circuito? A consciência, durante o processo de desenvolvimento embrionário, com a ajuda crucial da modificação dos campos morfogenéticos vitais correlacionados com o cérebro límbico e com o neocórtex de toda a espécie humana.

Os animais também têm instintos, mas seus instintos não apresentam um componente psicológico, neocortical. No início da história da evolução da espécie humana, os humanos aprenderam a dar significado a seus sentimentos, fazendo circuitos neocorticais correlacionados, associados com os circuitos límbicos que herdaram de seus ancestrais animais. Os campos morfogenéticos associados com o neocórtex se modificaram também. É razoável presumir que, nesses primeiros dias da espécie humana, a consciência individual era secundária à consciência de grupo. Desse modo, as modificações individuais dos campos morfogenéticos estavam disponíveis para todo um grupo, para que este os usasse via transmigração não local, como na reencarnação. Mais cedo ou mais tarde, a herança grupal dessa característica adquirida específica se espalhou para toda a espécie humana.

Acredito mesmo que o circuito para as emoções negativas que experimentamos hoje foi completado nessa era vital da evolução humana que discutimos antes. E mais. Creio que esses nossos dignos ancestrais também completaram alguns circuitos emocionais positivos. Já mencionei a recente descoberta neurofisiológica do ponto de Deus no mesocéfalo. Quando você excita esse ponto, experimenta o encantamento espiritual. Outro exemplo desse circuito corresponde ao comportamento altruísta que também é universal nos seres humanos.

Mas, como mencionei antes, a era vital da evolução humana foi abortada prematuramente devido à invenção tecnológica das máquinas agrícolas pesadas, e assim nós nunca completamos a formação dos circuitos emocionais positivos do cérebro. Dessa forma, quando as emoções negativas são suscitadas e obscurecem nosso poder de raciocínio, nós não temos o poder de equilibrar espontaneamente essas emoções negativas com emoções positivas.

Podemos retomar a tarefa interrompida de criar circuitos emocionais positivos no cérebro da espécie humana? Podemos e devemos. Durante milênios, estivemos criando esses circuitos cerebrais de forma individual; isso não ajuda muito a espécie em termos de herança. Mas suponha que possamos fazer circuitos cerebrais em grupos, como fizemos nessas comunidades agrícolas.

Até aqui falei do ativismo quântico como uma atividade individual. No entanto, suponha que demos mais um passo e praticamos o ativismo quântico, criando circuitos emocionais positivos no cérebro como atividade grupal. Em princípio, isso deve ser mais fácil, pois a consciência coletiva é mais poderosa do que a consciência individual em termos criativos.

Essa criação de circuitos cerebrais do amor é feita inicialmente em relacionamentos de mão dupla, relacionamentos íntimos – namorados, terapeuta-cliente, pai-filho etc. Depois, em famílias. E, mais cedo ou mais tarde, aprendemos a trabalhar até em grandes grupos, como em empresas ou instituições de ensino. E sempre usamos o poder da intenção para propagar o efeito: que minha experiência de transformação seja compartilhada por todas as pessoas, que os benefícios dos saltos quânticos sejam passados para todas as pessoas.

Finalmente, vamos usar a internet (o "cérebro global") como o gatilho local necessário para ativar nossa conexão quântica não local, nossa consciência interconectada com grupos realmente grandes de cada vez.

Começamos pequenos, com muita paciência. Que aqueles que podem percebam o ponto da nova ciência, e mudem rapidamente sua visão de mundo. Que aqueles que podem deem saltos quânticos, passando de emoções negativas para positivas, com intenções evolucionárias. Que aqueles que podem vivam cada vez mais com emoções positivas, formem circuitos cerebrais e façam mudanças nos campos morfogenéticos associados. Que aqueles que podem espalhem emoções positivas por meio de relacionamentos em grupos cada vez maiores. Aqueles que têm a capacidade técnica de usar a internet e de fazer conexões quânticas com grupos realmente grandes, que todo o poder de nossa intenção coletiva os ajude.

Quanto tempo isso vai levar? Não muito. Meu palpite é de seis a sete gerações. Ainda assim, isso é um prazo longo. Podemos conter as energias de transformação por tanto tempo? Enquanto isso, precisamos criar instituições que facilitem essa jornada evolucionária para números cada vez maiores de pessoas. Esta é a meta do ativismo quântico em curto prazo. Mudamos a visão de mundo, mudamos nosso sistema de saúde, mudamos a economia, revitalizamos a democracia, a educação liberal, até religiões. Podemos conseguir isso? Por que não? Lembre-se de que o movimento evolucionário da consciência está conosco, eventos de sincronicidade estão nos ajudando, os arquétipos que vivenciamos estão nos motivando.

O movimento evolucionário da consciência é claro: a visão de mundo já mudou, e nossos sistemas sociais também mudarão em alguma época futura. Mas precisamos ser a conexão causal entre o agora e o futuro.

Ode ao amor

Amo você.
Isso já é real em possibilidade;
para mim, o problema é a representação
no plano físico.

Amo você.
Isso é real no supramental;
o problema, para mim, é representá-lo
no plano físico.

Amo você.
Estou representando isso
no mental,
neste poema.
E prometo vivenciar meu amor
para criar um circuito cerebral
que dure enquanto eu viver.

Amo você.
Estou representando meu amor
no plano vital,
na energia do pulsar de meu coração
quando vejo você,
quando penso em você,
quando sonho com você.

Amo você.
Quando as emoções negativas me tomam,
levando você com elas,
prometo ficar com elas,
com você,
até esse amor,
nosso amor,
tornar-se
o amor de todos
nas instruções
dos campos mórficos,
para criar um instinto positivo,
uma nova possibilidade no cérebro límbico
de algum bebê no futuro.

PARTE 3

VIDA CORRETA PARA TODOS

capítulo 12

quer fazer mudanças de verdade, senhor presidente? eis o manifesto quântico para a mudança social

Caro Sr. Presidente.

Seu lema de campanha sempre me atraiu: "mudanças em que podemos acreditar". Mas quase todos falam em mudança na época de eleições. O senador McCain falou. Em seu discurso de aceitação na convenção, ele chegou a tentar assustar os lobistas com sua conversa sobre mudança. Mas os lobistas que procuram influenciar o governo em nome de seus clientes são apenas um sintoma de que nosso sistema político democrático não está funcionando. O governo não está fazendo o que deveria fazer.

O mesmo acontece em toda parte. A crise econômica é um sintoma, mostrando que há alguma coisa muito errada na base: os modelos econômicos que estamos usando não estão funcionando. O sistema de saúde nos Estados Unidos ainda não é universal, como em outras economias avançadas. Mesmo assim, os planos de saúde aumentam de preço. Este é um sintoma de que há algo muito errado com a própria ciência da saúde. Não é culpa dos hospitais, dos médicos, nem mesmo das companhias de seguro ou das indústrias farmacêuticas. Há outros dois sistemas que também precisam de reparos – a educação e a religião. Mas, por enquanto, vamos ficar nos maiores.

Vamos falar primeiro da economia. Os bancos ficaram congelados com seus ativos podres; bem ou mal, o senhor os tirou dessa. Quando a casa pega fogo, naturalmente o senhor precisa apagar o incêndio. Agora que o incêndio parece ter sido debelado, para onde vamos? Algumas pessoas estão culpando os derivativos; outras, a mudança nas leis, permitindo que bancos de investimento se fundissem com bancos comerciais; outros culpam a cobiça generalizada; alguns, a disponibilidade de crédito fácil. Mas essas coisas todas contribuíram para a crise, não temos dúvida disso! Certamente, a causa real é mais profunda!

Alguns economistas se aventuraram a dizer que "o capitalismo fez bobagem". Fazendo eco com isso, seu secretário do Tesouro disse: "o capitalismo será diferente". Mas de que capitalismo ele está falando? Do clássico, fundado por Adam Smith e que Keynes aprimorou um pouco? Ou do capitalismo que foi apropriado pelos seguidores de nossa mais recente visão de mundo científica – o materialismo científico – e modificado repetidas vezes? Você deve saber, Sr. Presidente, que Adam Smith era moralista; ele nunca confundiu necessidade com ganância. Ele acreditava que, se fizermos tudo direito, sendo guiados por nossos interesses individuais, nossas necessidades, se produzirmos e consumirmos segundo esses interesses, se formos livres para fazê-lo, as "mãos invisíveis" do livre mercado vão alocar adequadamente os recursos, ajustar os preços, e a economia será estável. Esse tipo de capitalismo não era perfeito, e por isso a intervenção governamental – à maneira de Keynes – se fez necessária, mas cumpriu seu papel, que era permitir que mais gente, além de uns poucos senhores feudais, possuíssem capital e explorassem significados. Pois bem, o sistema estava funcionando tão bem que, segundo disseram, impressionantes 80% dos Estados Unidos pertenciam à classe média na década de 1970.

Naturalmente, os materialistas estavam brincando com a economia antes disso. Primeiro, livraram-se do indivíduo e da necessidade individual, substituindo-o pelo comportamento; pior, pelo comportamento consumista. Para Adam Smith, o capitalismo era necessário para encontrar expressão para a inovação tecnológica. Quando veio a recessão, o que, senão a inovação tecnológica, poderia nos livrar dela? Mas não sob a economia materialista. Para ela, é o consumismo, sempre o consumismo, que move a expansão econômica. Não se preocupe se isso cria problemas, uma vez que nossos recursos são finitos; não se preocupe se o consumismo se nutre da ganância, e não da necessidade; não se preocupe se o consumismo polui o ambiente.

Liberada, a ganância não se restringe à satisfação das necessidades; ela quer possuir. Originalmente, o dinheiro foi criado para facilitar transações comerciais significativas; era um catalisador que nunca deveria ser acumulado. Mas, com a ganância materialista em jogo, empresários e empresas começaram a acumular dinheiro para fazer aquisições. Não a aquisição de brinquedos inofensivos para sua distração, nada disso. A aquisição de outras empresas, até a aquisição de poder político. Agora, você entende por que são necessários os *lobbies*?

Portanto, é esta versão materialista do capitalismo que você precisa desenraizar. E substituí-la pela versão original. E, já que está com a mão na massa, ajuste um pouco as coisas. Como disse Maslow, temos toda uma hierarquia de necessidades, não apenas a necessidade material de sobrevivência. A recente mudança de paradigma da ciência, agora baseada na consciência e na teoria quântica, está confirmando nossas necessidades sutis – a necessidade de amor, a necessidade de explorar os significados, a necessidade de justiça e de beleza, e do bem. Isso não sai de nosso cérebro ou de nossos genes; isso vem de mundos sutis, imateriais, e a consciência medeia sua interação com o mundo material. Assim, por favor, faça com que participem da equação produção-consumo. Podemos fazer isso? Sim, nós podemos. Há uma consequência colateral disso de que você vai gostar. Em contraste com a economia material densa, a economia sutil não é um jogo de soma zero! Investimentos inteligentes permitem que nos livremos desses terríveis círculos viciosos comerciais sem a intervenção do governo.

Agora, vamos ver a questão da saúde. Sr. Presidente, há algum tempo, temos visto que, na maioria das situações, a medicina alopática convencional só nos livra dos sintomas, mas não chega a curar, pois no nível sutil a doença é produzida por uma má administração do sentimento vital ou dos significados mentais. A alopatia, em particular, não funciona com doenças crônicas; na verdade, se a usamos para aliviar sintomas, em virtude dos efeitos colaterais, elas podem até prejudicar o corpo a longo prazo. Quando a doença é causada no nível sutil, não parece lógico cuidarmos dela no sutil? Já temos sistemas médicos alternativos em operação; são legais e populares neste país graças à visita do presidente Nixon à China e graças ao fato de o presidente Clinton ter criado a secretaria da medicina alternativa.

Agora, eis minha dúvida em relação ao senhor. Está com tanto medo do *lobby* alopático, da AMA (Associação Médica Americana) e de coisas do gênero, que se esqueceu do simples fato de que a medicina alternativa é muito mais barata do que a medicina convencional? Que sua ênfase é a prevenção, e que, por isso, as empresas de seguro não seriam tão pressionadas por custos onerosos, como ocorre hoje? E, o mais importante, o uso inteligente da medicina alternativa cura de fato, e, por isso, seriam evitadas despesas recorrentes.

Sr. Presidente, há hoje um paradigma da medicina integrativa que estabelece os perímetros da medicina convencional e da medicina alternativa, e que é economicamente viável. A melhor parte da medicina integrativa é notável: ela dá ao paciente condições de se manter saudável e, até mesmo, de se curar sozinho. Se esse sistema integrativo for usado, a gestão dos planos de saúde ficará sob controle.

Agora, tratemos da política, e serei breve. Sob a influência do materialismo, os políticos, originalmente destinados por Thomas Jefferson e seus colegas para facilitar o acesso de um número cada vez maior de pessoas ao cenário do processamento de significados, ficaram cativos da sede de poder – mais uma vez, é a aquisição. Como eles podem mudar o sistema de *lobby* se eles mesmos se tornaram negociantes de poder, e não de significado? Como eles podem provocar mudanças nas quais possamos acreditar, mudanças significativas para nós?

Sr. Presidente, o senhor escreveu o livro *A audácia da esperança*, e por isso não preciso lembrar que eu tenho a audácia de esperar que o senhor vai respeitar essas novas descobertas e, se considerá-las adequadas, vai permitir que entrem em prática. Conseguir verdadeiras mudanças por meio do Congresso não é brincadeira, mas de uma coisa eu sei: sua motivação ressoa conosco, aqueles que buscam mudanças, seu coração está no lugar certo, e as "mãos invisíveis" da causação descendente virão em seu auxílio.

capítulo 13

ação correta, vida correta

Assim, finalmente, vamos ao que interessa: qual o plano de ação do ativista quântico? Usando a frase tão citada dos hindus, qual a karma yoga do ativista quântico?

Segundo os hindus, karma yoga é a yoga da aplicação do conceito de práticas espirituais bem no meio da vida real. Pela prestação altruísta de serviços. A estratégia consiste em solapar o controle do ego. Esta é uma prática importante em muitas tradições espirituais, mesmo fora do hinduísmo, especialmente do cristianismo, e do Soto Zen. Para o ativista quântico, a karma yoga pode se estender ao serviço altruísta, à sociedade e ao mundo, tendo em vista a evolução.

Qual é a diferença? Na espiritualidade convencional, a sabedoria é que só podemos mudar a nós mesmos, e não o mundo. Assim, tentamos nos mudar por meio do serviço altruísta para diminuir o controle do ego. No ativismo quântico, porém, tentamos ganhar forças mudando também o mundo; como criamos o mundo, podemos recriá-lo. Se a recriação estiver em sincronismo com a evolução da consciência, nossa tarefa será relativamente sem esforço.

Para o ativista quântico, o ego precisa ser forte, com um extenso repertório de contextos aprendidos, para participar da jornada criativa da recriação do mundo. (Naturalmente, ainda podemos tentar reduzir o controle do ego sobre o processamento inconsciente; de que outro modo Deus pode ter a oportunidade de nos encontrar? Isso nos inspira a praticar karma yoga em nosso trabalho profissional, em nosso local de trabalho. "O local de trabalho é conveniente para a karma yoga?", você pergunta. Então, para que serve o seu ativismo, se não para levar a mudança onde quer que ela seja necessária?

É fato que todas as nossas instituições sociais, nas quais a maioria das pessoas trabalha hoje em dia, perderam seu rumo, indo do idealismo para o materialismo. "Mas a maioria dos locais de trabalho, por necessidade, não é dedicada ao lucro e ao ganho material?", você pergunta. "Sim, mas para que é o ganho material? Não é para o bem-estar de nossa sociedade?". O problema é que, movidos por crenças materialistas, nós limitamos a definição de nosso bem-estar apenas ao domínio material. Se o bem-estar se estender e incluir o sutil, nossas instituições vão facilmente se tornar lugares para karma yoga.

Praticar nossa karma yoga no trabalho tem uma grande vantagem, pois lhe permite integrar exterior e interior. Na era industrial, a necessidade de produção em massa tornou o trabalho das pessoas comuns repetitivo e monótono. É fácil falar de karma yoga no trabalho numa linha de montagem, mas não é fácil praticá-la. Mas, em economias avançadas como nos Estados Unidos, na Europa e no Japão, estamos prestes a sair da era industrial e entrar numa era tecnológica que vai nos aliviar da produção em massa (Friedman, 2005). Este e outros fatores, como a percepção-consciente ecológica, estão aumentando o escopo da criatividade no trabalho como nunca se viu antes. Com isso, o futuro da karma yoga no local de trabalho está dando um salto quântico.

Seu contexto específico para o ativismo quântico vai depender, portanto, de como você decide viver. Se é uma pessoa dedicada aos negócios, evidentemente o mundo dos negócios será o seu cenário de ativismo quântico.

Você precisa escolher seu modo de vida com cuidado. Pergunte-se: esse modo de ganhar a vida é um veículo adequado para a minha criatividade, minhas necessidades não locais de consciência social e minha dedicação aos relacionamentos íntimos, por meio dos quais trabalho em minhas hierarquias? E, mais importante de tudo, esse modo de ganhar a vida me dá significado, cria caminhos para aprendizado e expressão de meu dharma, e me dá satisfação?

Os cofundadores da New Dimensions Radio, Michael e Justine Toms (1998), colocaram a questão desta maneira: "Na língua tailandesa, existe uma palavra, *sanuk*, que significa: seja o que for que você faça, deve ser algo agradável a você". O processamento de antigos significados é algo computacional, mecânico, na melhor das hipóteses neutro em termos de felicidade, e geralmente monótono. Como a alegria entra no processamento de significados? Quando um novo significado é processado, quando nossa facilidade intuitiva é ativada, então as energias vitais do chakra frontal, ou do terceiro olho, e do chakra coronário (da clareza e da satisfação) também estão ativadas. Quando você processa novos significados de que gosta muito, e, além disso, ativa o chakra coronário, sua consciência torna-se expansiva, e você experimenta a alegria espiritual, sublime.

A próxima pergunta é a seguinte: a prática de nossa profissão serve ao propósito da evolução? Se não, devemos tentar mudar os caminhos de nossa profissão. Teoricamente, compreendendo de que modo o campo de nossa profissão se desviou e como corrigir o desvio. Experimentalmente, colocando nossa compreensão em prática por meio de esforços ativistas. E fazemos isso sempre tendo em mente nossa transformação pessoal no trabalho. Devemos tentar deixar o egoísmo de fora de nosso ativismo, por exemplo.

Em nossa atual cultura materialista, a realização material é tudo. Quando alguém trabalha com o reconhecimento da orientação material, qualquer ação, mesmo aquela que parece altruísta, tende sempre a fortalecer o narcisismo centrado no ego – o realizador precisa procurar o *numero uno* num jogo de soma zero, precisa competir e controlar. Quando paramos de medir nossas realizações em termos materiais e aprendemos a desfrutar de nossas realizações sutis, não precisamos mais ser o *numero uno*, não precisamos mais buscar o poder para dominar os demais, então podemos buscar o significado sem violar nossos valores, realizando nosso dharma. Não precisamos mais nos levar demasiadamente a sério. Em outras palavras, com tal mudança naquilo que consideramos como realizações, nós dançamos, mas sempre com leveza, sem nos importar com aquilo que os demais pensam de nós, nem mesmo com o que eu penso a meu respeito.

Em um dos cartuns da tira em quadrinhos *Mutts – Os vira-latas*, um dos personagens caninos diz a outro, enquanto observa alguns pássaros voando: "Como os pássaros conseguem voar?". "Porque", responde o outro cão, "eles pegam leve."

Equilibrando as qualidades chamadas gunas

Lembre-se, há três maneiras de processar significados. Podemos fazê-lo dedicando-nos à criatividade fundamental – a criatividade que consiste na descoberta de um novo significado num novo contexto. A dedicação à criatividade fundamental é o *guna sattva*. Também podemos processar significados dedicando-nos à criatividade situacional, na qual procuramos inventar um novo significado, mas só dentro de contextos conhecidos. Esta qualidade da mente se chama *rajas* em sânscrito. Finalmente, podemos processar significados dentro daquilo que sabemos, dentro de nossa memória condicionada, sem procurar novos significados. Este é o *guna* de *tamas*, a propensão a agir segundo o condicionamento.

A criatividade fundamental é a mais difícil de todas, pois consiste na descoberta de novo significado num novo contexto; seu processamento requer ser e fazer. Desse modo, pessoas de *sattva* dedicam-se a muito *tamas* quando desejam ser. Naturalmente, também estão aceitando pessoas de *tamas*. *Rajas*, a propensão para a criatividade situacional, que consiste no movimento horizontal do significado, a invenção em contextos já conhecidos, por outro lado, requer com frequência o fazer em nome do próprio fazer. *Tamas* não é tão necessário e costuma ser visto como um obstáculo. Logo, pessoas de *rajas* não toleram *tamas* em si, e geralmente são intolerantes com pessoas de *tamas*.

Ouvi uma piada sobre os títulos que nossas universidades, principalmente motivadas pela energia de *rajas*, nos conferem. Estou falando de BS; você pode adivinhar o que significa isso*. Leva quatro anos para a coisa chegar ao grau de BS ("bacharel em ciências"). Mais dois anos *da mesma coisa* para se obter um MS ("mestre em ciências"). Finalmente, passe mais cinco anos acumulando tal coisa; agora a coisa está *piled high and deep* ("pilha alta e profunda"), e assim você se torna um Ph.D.

No Ocidente, as pessoas são dominadas pelo *guna rajas*, e no Oriente, pelo *guna tamas*. Contudo, no Oriente, algumas pessoas são de *sattva* (que usam principalmente para a exploração espiritual). Basta pensarmos um pouco para ver que, historicamente, isso se deve principalmente ao clima da região. Os orientais precisam relaxar, pois o clima – quente na maior parte do tempo – impede a realização de muitas atividades. Os ocidentais, por sua vez, precisam ser bastante ativos para enfrentar as condições climáticas, geralmente adversas. No entanto, algumas pessoas aqui também são pessoas de *sattva*, mas a dominância cultural, *rajas*, restringe-as à criatividade exterior – realizações exteriores.

Agora, porém, devido à tecnologia moderna, o tempo e o clima não precisam exercer tanta influência sobre nossos hábitos mentais. No entanto, em parte devido à força da inércia do condicionamento social, e em parte à moléstia materialista, que continua a nos dominar,

---

*Em inglês, BS é a abreviatura de bull-shit, "bosta de boi", no sentido de conversa fiada, besteira; trata-se de um jogo de palavras. [N. de T.]

não reagimos a esse progresso tecnológico. Por outro lado, como ativistas quânticos, seria oportuno começar a praticar o equilíbrio dos três *gunas* – *sattva*, *rajas* e *tamas* – assim que pudermos. Também seria oportuno mostrar liderança nessa área.

Para os ocidentais, tudo se resume no seguinte: aprender a relaxar, abrir mão do estilo de vida fazer-fazer-fazer e transformar o fazer--ser-fazer-ser-fazer no seu mantra de vida. Só então a criatividade fundamental irá se abrir para você, a porta para o amor irá se escancarar e a luz da evolução consciente ficará claramente visível. Contudo, abrir mão das realizações exteriores vai contra a corrente da cultura ocidental; foi por isso que o materialismo fincou raízes aqui com tanta rapidez. A única razão pela qual a sociedade pode sequer pensar em mudar agora é que acabou o jogo de soma zero, os limites do crescimento material estão visíveis e a mudança de paradigma está próxima. Mesmo assim, nós, ativistas quânticos, temos de liderar o resto da cultura nessa área, temos de mudar os sistemas sociais para que as realizações sutis sejam valorizadas.

Um aspecto importante do desenvolvimento de *sattva* é a alimentação. Como você sabe, as proteínas do corpo são nossos agentes de ação. Desse modo, uma dieta rica em proteínas promove *rajas*, a qualidade que constrói impérios e busca o poder com a finalidade de dominar os outros. Não foi à toa que, há muitos anos, as dietas ricas em proteínas ficaram populares nos Estados Unidos, onde a maioria das pessoas buscava *rajas* e se dedicava ativamente a cultivá-la, visando ao poder. Para o ativista quântico que está interessado numa criatividade fundamental que inclui a espiritualidade, uma dieta com porções moderadas de proteínas ajuda bastante. Em outras palavras, mantenha distância de gorduras (que geram *tamas*), bem como do excesso de proteínas, desenvolvendo uma alimentação rica em carboidratos complexos, frutas e verduras. O consumo moderado de proteínas, abrindo espaço para *sattva*, permite-lhe canalizar seu poder para usos positivos motivando não apenas a si mesmo, mas a outras pessoas a se dedicarem ao processamento de significados.

O ativismo quântico no cenário de seu ganha-pão

No *Bhagavad Gita*, Arjuna – herói da épica história indiana do *Mahabharata* – recebeu o ensinamento da karma yoga, a yoga do comportamento correto. "O mistério", disse Krishna, o professor, "consiste em exercer nosso direito a agir sem acreditar implicitamente que temos direito ao fruto da ação." Dá para ver a relevância desse ensinamento no ativismo quântico. Os problemas que tentamos enfrentar no ativismo quântico, como as crises econômicas, por exemplo, não são apenas de curto prazo, mas também de longo prazo. Do mesmo modo, as soluções exigem ações que não trarão necessariamente nenhum fruto imediato; daí a relutância dos políticos de hoje em cuidar das soluções.

Você pode se perguntar se o conselho de Krishna é um modo mais fácil de participar do ativismo necessário para enfrentar os problemas atuais. Por que desenvolver *sattva* – a capacidade da criatividade quântica que não vem naturalmente? Precisamos mesmo do ativismo quântico, da criatividade quântica no ativismo, quando temos à disposição uma receita simples, abrir mão do fruto da ação? É que precisamos de *sattva*. Quando lidamos com problemas com *rajas* predominante, em que a motivação é formar impérios, não podemos abrir mão dos ganhos e dos frutos de curto prazo de nossa ação. Experimente. Mas, com a purificação espiritual, quando *rajas* cede parcialmente a *sattva*, podemos nos dedicar a projetos de longo prazo, muito embora não haja fruto imediato de nossas ações à vista. Não é segredo que é desse modo que nossos maiores cientistas e artistas agem em busca de sua grande ciência e de sua grande arte. Nos últimos trinta anos de sua vida, Einstein procurou uma teoria que unificasse todas as forças materiais. Ele não se preocupou com o fato de que seu trabalho não frutificou durante sua vida (ou seja, seus desapontamentos não o distraíram). Na verdade, os frutos vieram apenas após a sua morte.

Uma leitura atenta do *Bhagavad Gita* mostra que Krishna estava bem a par desse tipo de consideração. O *Bhagavad Gita* começa com o que parecem ser simples receitas: agir sem a garantia do fruto da ação. Perto do fim do livro, quando obtemos os ensinamentos completos, Krishna disse que, para realizar essa simples meta de agir sem frutos, a pessoa precisa cultivar *sattva* e equilibrar todos os *gunas* – *sattva*, *rajas* e *tamas*. Em outras palavras, a pessoa precisa combinar o simples ativismo com a criatividade quântica, com o fazer-ser-fazer--ser-fazer, que é o ativismo quântico.

Nas sociedades tradicionais, as pessoas que ganham a vida em trabalhos de prestação de serviços usam principalmente a qualidade condicionada de *tamas*, elas precisam apenas de seu repertório condicionado, e são incentivadas a usar apenas ele. São, marcantemente, pessoas de *tamas*. Pessoas que ganham a vida em atividades empresariais e comerciais são motivadas principalmente pela emoção instintiva e condicionada da ambição de aumentar seus bens materiais (em outras palavras, o amor pelo dinheiro). Em parte, também são movidas por *rajas*, a tendência à expansão. Portanto, as pessoas ligadas ao mundo dos negócios são dominadas por *tamas*, com uma pitada de *rajas*. Elas se dispõem a servir, mas também são criativas situacionalmente para ganhar dinheiro e construir conglomerados. Os políticos são pessoas predominantemente movidas pela qualidade de *rajas*, e usam isso para construir seus impérios. Mas seu *rajas* é maculado por *tamas* na forma da emoção do poder para dominar o egoísmo. As pessoas com *sattva* predominante dedicam-se ao ensino – o conhecimento secular e temporal, a profissão da cura (excluindo a cura cosmética), e, naturalmente, a profissões que requerem explicitamente a criatividade fundamental – artes, ciência, música, dança e matemática.

Esse ajuste fixo entre o *guna* de uma pessoa e a profissão à qual ela se dedica resiste profundamente a mudanças. Mas, com a presença cada vez maior do ativismo quântico em nossa sociedade, as pessoas vão equilibrar seus *gunas* cada vez mais, dedicando-se a todas essas profissões com os três *gunas*. Só desse modo é que poderemos sair dos estereótipos dos *gunas* desses meios de vida. Só então os ventos da mudança poderão envolver os cenários de nosso ganha-pão, de nossos locais de trabalho, e a evolução mental poderá acontecer em massa.

Como o capitalismo, a democracia e a educação liberal precisam mudar

Capitalismo, democracia e educação liberal são as principais realizações da era mental da evolução, na qual a mente se desenvolve a ponto de cada vez mais pessoas se dedicarem às suas vantagens – os diversos modos de processamento de significados. Há algo de especial nessas três instituições que exigem que as discutamos em conjunto. Elas representam um salto quântico no acesso de que dispõem as pessoas comuns àquilo que a mente sabe fazer melhor – processar questões profundas do significado, o significado do mundo, o significado de suas vidas e sentimentos, o significado das experiências profundas de amor e espirituais etc.

A primeira coisa que você precisa notar é que as três instituições evoluíram para corrigir o que teria se passado antes de seu advento, quando as instituições sociais da época restringiam o processamento de significados a uns poucos privilegiados. Por exemplo, antes do capitalismo, tínhamos o feudalismo, em que a economia era dominada e manipulada pelos poucos donos do poder. Naturalmente, antes da democracia, o poder pertencia principalmente aos monarcas, aos reis e seus cortesãos, o que era compartilhado, até certo ponto, pelas hierarquias religiosas em países e culturas nos quais a espiritualidade era governada pela religião organizada. E não havia praticamente educação alguma a serviço dos significados para as pessoas comuns, exceto a educação religiosa, e olhe lá.

O capitalismo desenvolveu-se contra esse pano de fundo, e, de repente, um grande número de pessoas estava controlando o capital, para que as descobertas e invenções da moderna ciência e tecnologia pudessem dar frutos rapidamente para toda a sociedade. Isso deu origem a uma classe média que se multiplicou rapidamente, tornando-se o ponto central do processamento de significados nas sociedades modernas.

De modo similar, a democracia começou com a ideia do compartilhamento do poder por muitos, e não por uns poucos, e ficou funcional quando a ideia da democracia representativa ganhou forças. Assim, embora o poder se mantivesse concentrado, eleições periódicas asseguravam a mudança de poder com frequência suficiente para que ela não fosse mais uma ferramenta de dominação – uma prática da emoção negativa que cria a separação. Com efeito, foi reconhecido que o objetivo da democracia é disseminar o privilégio do processamento de significado para todos. Pessoas que demonstravam liderança na disseminação de significados eram eleitas como líderes. Entre alguns exemplos norte-americanos, temos Thomas Jefferson, Abraham Lincoln, Franklin Roosevelt e John Kennedy. O uso positivo que fizeram do poder ajudou-os a desenvolver suas respectivas sociedades, que acabaram atingindo novos níveis de grandeza.

As democracias usam a educação liberal para disseminar o processamento de significados por parte das pessoas. Por outro lado, a instituição do capitalismo depende da educação liberal produzindo pessoas que serão parte da mão de obra da indústria e do comércio. Perceba que as primeiras ideias de educação liberal enfatizavam o processamento de significados como elemento principal e a preparação para os empregos como secundária. Que diferença da educação atual, centralizada no trabalho, na qual a preparação para um emprego tornou-se a meta principal e o processamento de significados foi relegado a um papel secundário.

No epitáfio de Thomas Jefferson, escrito por ele mesmo, não há menção ao fato de ele ter sido eleito presidente dos Estados Unidos, mas sim que ele fundou a Universidade de Virginia. Isso pode parecer surpreendente caso você não se dê conta de que Thomas Jefferson, um dos arquitetos da democracia moderna, compreendeu perfeitamente bem a razão evolucionária para a democracia: ela não existe para compartilhar o poder em si, mas para levar o poder a servir as pessoas, para que estas, em todas as esferas da vida, possam se dedicar ao processamento de significados com a ajuda da educação liberal. Em outras palavras, os fundadores dos Estados Unidos sabiam muito bem que a essência da educação é servir ao aprimoramento evolucionário do processamento de significados e valores.

O capitalismo serve melhor à disseminação do processamento de significados dentro de uma democracia, e, com um sistema de educação geral (em oposição à especialização), como aquele proporcionado pela educação liberal tradicional, está operando para fornecer a mão de obra. A democracia prospera quando o capitalismo orienta a economia e a educação liberal educa o eleitorado. E a educação liberal com ênfase no significado só é possível quando existe uma classe média de bom tamanho (razão pela qual se faz necessário o capitalismo), e quando a classe média tem a liberdade de processar significados (razão pela qual se faz necessária a democracia).

Desse modo, capitalismo, democracia e educação liberal estão ligados pela base à meta comum da disseminação do processamento de significados entre as pessoas, para que a humanidade possa desenvolver suas mentes. Hoje, perdemos de vista essa elevada meta evolucionária. A educação perdeu o significado e o valor como forças motrizes, e tornou-se um treinamento para empregos nas diversas tecnologias produzidas regularmente pela ciência materialista. Cada vez mais, líderes democráticos optam pelo uso negativo do poder para dominar seu uso positivo para espalhar o processamento de significado pelas pessoas. E, mais uma vez, o capitalismo está voltando à concentração de capital em poucas mãos – esquecendo-se de repartir o capital e da ideia de uma classe média que processa significados. Creio que boa parte dos problemas que essas instituições enfrentam hoje surgiu por causa disso.

Agora, a tarefa do ativismo quântico está clara: devolver o processamento de significados ao ponto central das instituições sociais e culturais da humanidade, pois a evolução assim o exige. Como fazemos isso na economia? Generalizando o capitalismo de Adam Smith, que reconhece apenas as nossas necessidades materiais, para incluir também nossas necessidades sutis e espirituais. Chamo isso de nova economia espiritual (Goswami, 2005; ver também Capítulo 14).

A tarefa de fortalecer a democracia é similar. Os fundadores da democracia deixaram os princípios espirituais implícitos, na melhor das hipóteses. Precisamos incluir explicitamente as dimensões sutis e espirituais na busca dos ideais democráticos. Mas isso é apenas o começo.

A democracia se degradou muito por causa de nossa nítida propensão para as emoções negativas, e porque escolhemos nossos líderes de um modo que não leva em conta a inteligência emocional desses líderes. Isso precisa mudar, mas a tarefa do ativista quântico parece feita de encomenda para isso. Também precisamos levar pessoas de *sattva* ao cenário político, mas a atual dominação desse cenário pela mídia e pelo dinheiro dificulta muito o processo (ver Capítulo 16).

No caso da educação liberal, nosso principal desafio é substituir as ideias muito limitadoras da ciência materialista e da primazia da matéria pelas ideias da nova ciência e da primazia da consciência. Isso feito, a educação liberal pode voltar às suas raízes jeffersonianas (ver Capítulo 19).

capítulo 14

rumo a uma economia espiritual

Muita gente pensa que o capitalismo e a economia de mercado surgiram da filosofia materialista. Mas esse pensamento míope das pessoas é que não captou a evolução da consciência nos assuntos do mundo manifestado.

Primeiro, perceba que, durante o período em que o capitalismo se desenvolveu nas mãos de luminares como Adam Smith, foi o dualismo cartesiano sob o guarda-chuva modernista a metafísica influente, e não o materialismo. No modernismo, tanto a mente como o significado são valorizados.

Segundo, perceba que o capitalismo substituiu o feudalismo e a economia mercantil (expressão usada por Adam Smith para tratar a economia prevalente na Inglaterra em sua época), na qual a busca do significado é muito limitada e grande número de pessoas não pode se dedicar a ela. Comparados com o feudalismo, no qual a riqueza ou o capital se mantinham nas mãos de uns poucos felizardos, o capitalismo e a economia de mercado certamente levaram o capital para as mãos de muitas outras pessoas. Isso deu a um grande número de pessoas a liberdade econômica e a flexibilidade necessárias para buscarem o significado em suas vidas.

Terceiro, vale observar que o único desafio sério ao capitalismo após o desaparecimento da economia feudal e mercantil foi a economia marxista. E ela tem sido um fracasso! Em vez da "mão invisível" de Adam Smith a dirigir o mercado e distribuir o capital, Marx imaginou que essa distribuição poderia ser feita de maneira mais eficiente com a ditadura do proletariado, na qual o trabalho assume diretamente a distribuição e equaliza a riqueza. Mas, até aqui, a economia marxista só foi instalada sob a égide política do comunismo (no qual a ditadura do proletariado torna-se mais a ditadura da burocracia) e fracassou fragorosamente. E o fracasso deve-se basicamente ao fato de a maioria das pessoas não conseguir trabalhar muito ou de forma inteligente, quando não o faz em nome da propriedade privada e da riqueza privada (como disse o rabino Hillel, "se eu não for por mim, quem eu sou?").

Infelizmente, não é preciso ser gênio para ver que a economia capitalista, tal como é praticada hoje com a filosofia materialista no comando – que podemos chamar de economia materialista – também está num momento crítico. Primeiro, a economia materialista baseia-se na expansão e no crescimento contínuos, o que exige recursos ilimitados e uma expansão ilimitada do consumo; isso não pode ser sustentado num planeta finito. A finitude dos recursos pode já estar à nossa porta. A finitude do meio ambiente é uma limitação adicional ao crescimento ilimitado do consumismo.

Segundo, o livre mercado não parece mais tão livre assim. Por quê? Boa parte dessa perda de liberdade deve-se à confusão sobre o que fazer com o dinheiro. Por um lado, temos um controle quase governamental da oferta de dinheiro, e as intervenções governamentais na economia em momentos de crise; por outro, temos as manipulações do mercado por instituições financeiras confusas sobre o que fazer com o excesso de dinheiro. E qual é o remédio?

Terceiro, o capitalismo e sua contínua expansão econômica produzem padrões de vida e de salários cada vez mais elevados, que só acontecem às custas da inflação. Para atender às demandas de padrões de vida e de custos de vida mais elevados, as pessoas são forçadas a abrir mão de suas necessidades superiores, como a necessidade infantil de mães que não trabalham ou de tempo livre para procurar significados. Invariavelmente, algumas das promessas básicas do capitalismo à moda de Adam Smith são abreviadas pela natureza da economia materialista que a substituiu.

Quarto, não por conta do desenvolvimento de empresas multinacionais, o equilíbrio gerência-operários que alimenta a equalização do movimento do significado entre as classes está travado. Como remediar isso?

Na verdade, o capitalismo de mercado funciona melhor do que o marxismo porque reconhece uma necessidade básica das pessoas: a sobrevivência e a segurança do corpo físico. Essa necessidade básica do ego exige a propriedade privada, e qualquer economia que ignore tal necessidade das pessoas está fadada ao fracasso.

Mas, como disse o psicólogo Abraham Maslow, além dessa necessidade básica, temos toda uma hierarquia de necessidades. Um dos principais defeitos da economia capitalista de Adam Smith é ignorar as necessidades superiores das pessoas. Seguindo Maslow, mas modificando sua teoria de acordo com os *insights* de minha postura geral diante da espiritualidade, a ciência dentro da consciência, podemos ver facilmente quais são essas necessidades superiores.

Nossas necessidades superiores redefinidas e os rudimentos de uma economia espiritual

Pode ser interessante recapitular os elementos básicos da ciência que se desenvolve dentro da primazia da consciência ao começarmos a aplicá-la aos sistemas sociais, conforme os itens abaixo.

- A consciência é a base de toda a existência.
- As possibilidades da consciência são quádruplas: *material* (aquilo que nossos sentidos detectam); *energia vital* (aquilo que sentimos, basicamente, pelos chakras e, secundariamente, pelo cérebro); *significado mental* (aquilo que pensamos); e *contextos discriminatórios supramentais*, como leis da física, contextos de significado e de sentimento, como ética, amor e estética (aquilo que intuímos). O material é chamado de denso, e os outros formam o domínio sutil de nossa experiência.
- Quando a consciência faz uma escolha do evento concreto de sua experiência (com componentes físicos, vitais, mentais e supramentais), a partir das possibilidades, o físico tem a chance de fazer representações do sutil. O físico é como o *hardware* do computador; o sutil é representado como um *software*.
- Nossa capacidade de fazer representações físicas do sutil evolui. Primeiro, a capacidade de fazer representações do vital evoluiu por meio do desenvolvimento da vida, por meio de órgãos cada vez mais sofisticados e numerosos para representar as funções vitais, como manutenção, reprodução e sensações. Depois, evoluiu a capacidade de fazer representações cada vez mais sofisticadas do mental. Este é o ponto da evolução em que estamos agora.
- Nossa capacidade de representar o supramental ainda não evoluiu. Contudo, existe pressão evolucionária sobre nós nes-

ta direção, e o principal motivo é que alguns se sentem atraídos por significado, valores e espiritualidade.

- Em épocas de crises cataclísmicas, as necessidades de sobrevivência levam mais pessoas a procurar soluções criativas. A evolução ocorre graças ao efeito dessa criatividade biológica coletiva.

Desse modo, deve haver não apenas o impulso de satisfazer as necessidades físicas, como também necessidades em todas as outras dimensões de nossa experiência. Além da satisfação das necessidades físicas, a economia espiritual deve tratar dos seguintes aspectos:

- nossa necessidade de explorar necessidades emocionais, especialmente emoções positivas como o amor e a satisfação, tanto condicionadas como incondicionadas. O reconhecimento dessa necessidade vai levar a grande expansão da economia, envolvendo a produção e o consumo de energia vital;
- nossa necessidade da busca de significado, incluindo a procura de novos significados mentais que requerem criatividade;
- a necessidade de tratar de necessidades espirituais e supramentais (alma), como altruísmo, amor incondicional e felicidade.

E, na verdade, essa escala de necessidades não é inteiramente em hierarquia simples. Se alguém satisfaz necessidades superiores, o impulso de satisfazer necessidades inferiores acaba diminuindo. O oposto também é válido. Se uma necessidade inferior é satisfeita, a demanda pela satisfação de uma necessidade superior aumenta. Desse modo, a estratégia para uma economia espiritual mais adequada à condição humana do que a economia materialista ou mesmo do que o capitalismo de Adam Smith consiste em tratar simultaneamente de todas as necessidades.

Enquanto o capitalismo é a economia do bem-estar físico, baseada na satisfação das necessidades físicas condicionadas do ego, a economia idealista ou espiritual deve ser uma economia do bem-estar holístico, baseada na satisfação tanto de nossas necessidades egoicas (físicas) como superiores (pertinentes à exploração do vital, do mental, da alma e do espírito).

A microeconomia do sutil

A economia trata da produção e do consumo, da procura e da oferta, de preços e coisas do gênero (nem pense no fato de que hoje os mercados financeiros dominam a economia mais do que o setor de produção e de consumo da economia). Como esse tipo de coisa trata nossas necessidades sutis? Vamos falar desses microdetalhes.

A produção de energia vital positiva pode ser obtida de diversas maneiras: reflorestamento (plantas e árvores têm muita energia vital), cultivo de saúde positiva na sociedade (assim como pessoas com saúde mental positiva irradiam entusiasmo, pessoas com saúde positiva irradiam energia vital positiva) e assim por diante. Mas a melhor maneira de garantir a produção de energia vital consiste em estimular o local de trabalho para as pessoas comuns terem acesso a práticas de saúde positivas, como yoga, *tai chi* e meditação. Se você acha que isso vai reduzir o lucro material da empresa, talvez a verdade seja justamente o contrário em função de custos médicos menores. Seja como for, o governo pode compensar facilmente o custo material da produção com incentivos fiscais. Em vez de recompensar o investimento de capitais em bens de consumo, recompense o investimento de capitais no sutil.

Quanto à produção de significado mental, já temos em ordem alguns caminhos em contextos como as artes e a indústria do entretenimento. Esses dois setores também têm capacidade para produzir energia vital positiva (emoções positivas). No entanto, boa parte dessas duas indústrias mergulhou na negatividade de uma cultura materialista pós-moderna. Temos de mudar a ênfase para a positividade e a significância.

Outra fonte importante de produção de significado é a educação superior, as universidades, organizações de pesquisa etc. Neste momento, essas instituições não concorrem diretamente na economia de mercado, mas isso está mudando.

A produção de energia supramental e espiritual exige mais esforços agora mesmo. No passado, organizações espirituais como igrejas, templos, sinagogas, mesquitas e similares cultivavam e produziam inteligência supramental e espiritual em seus líderes e praticantes. Hoje, essas organizações estão mais interessadas em influenciar a política material do que em investir no supramental. Mas não se engane; isso pode ser feito, embora talvez tenhamos de desenvolver novas organizações espirituais para tanto. No passado, talvez o modo mais eficaz de produção (e também de disseminação) de energia supramental tenham sido os monges peregrinos (chamados *sadhus* na Índia; no Ocidente, os trovadores eram um exemplo). Isso nós podemos reativar.

Até certo ponto, as muitas conferências da Nova Era sobre ideias e espiritualidade dessa era já servem a esse propósito. A ideia de conferências veio originalmente da ciência e de empreendimentos empresariais. Uma conferência cria oportunidades para pesquisadores de uma dada área trocarem ideias e fazerem conexões. Mas, enquanto os pesquisadores de áreas como ciência e tecnologia são apoiados por fundos governamentais e particulares, os gurus da Nova Era não costumam ter esse privilégio. Assim, desde o início, em função da necessidade econômica, as conferências da Nova Era envolveram leigos interessados. Isso ajuda a produção de energias supramentais e também é bom para o consumo. Também são eficazes palestras e, em especial, seminários e workshops de sábios da Nova Era. Isso já está acontecendo; até empresas comerciais estão participando desses eventos, sob os auspícios de organizações como *The World Business Academy*.

Também são eficientes grupos de meditação em que, como mostram alguns experimentos do parapsicólogo Dean Radin (2006), as pessoas podem experimentar a consciência não local e depois dar saltos criativos ao domínio supramental. Isso pode ser feito até em locais de trabalho.

Agora, vamos voltar à questão do consumo. Como o vital e o mental podem ser mapeados em nós, podem ser consumidos tanto por meios locais como não locais. Por exemplo, se assistimos a uma boa peça de teatro, isso cultiva o processamento de significados em nós, até novos significados. Quando participamos de um entretenimento significativo, bom, sentimos emoções positivas; nós as estamos consumindo. Ao fazê-lo, nós mesmos temos o potencial de nos tornar produtores.

O consumo de energia supramental é não local, mas exige gatilhos locais. Há cientistas que concordam com o chamado efeito Maharishi, segundo o qual a energia espiritual e supramental gerada numa meditação em grupo é consumida automaticamente nas vizinhanças do local. Existem muitos dados mostrando a redução de crimes em grandes cidades onde os grupos de meditação transcendental (MT) realizam essa meditação. Contudo, o efeito é temporário, na melhor das hipóteses, e é controvertido; não o estou defendendo. Um consumo não local, físico, puramente quântico de sua energia espiritual exige que eu e você estejamos correlacionados. Experimentos realizados pelo neurofisiologista mexicano Jacobo Grinberg e outros sugerem que, se duas pessoas tiverem intenção de se correlacionar, isso ocorre, mas deve ser ainda mais simples do que isso. Há muitas histórias dizendo como as pessoas se sentem em paz diante de um sábio (eu mesmo senti isso na presença de um sábio norte-americano, já falecido, chamado Franklin Merrell-Wolff; ver Goswami, 2000). Por isso, a mera presença no local pode provocar o consumo.

A melhor parte da história dos produtos da energia sutil é que ela é praticamente gratuita. As dimensões sutis não têm limites; podemos consumir todo o amor de um sábio que desejarmos, pois o estoque não vai diminuir. Não existe jogo de soma zero no plano sutil. Pode haver algum custo material na produção. Assim, alguém pode colocar uma etiqueta de preço material em produtos sutis para compensar isso, e talvez não seja tão má ideia, pois permite às pessoas serem mais sérias em relação às suas intenções quando consomem produtos sutis. Há, ainda, a oportunidade de o governo subsidiar a indústria sutil.

Redefinindo o PIB

Para a maioria dos materialistas, a ciência só precisa lidar com o mundo material, pois só o material pode ser quantificado, pode ser medido de forma confiável. Precisamos erradicar esse preconceito.

Não podemos medir energia vital, prana ou *chi*, da forma como medimos uma porção de arroz, mas não é verdade que não podemos medi-la nunca. Quando, por exemplo, a energia vital sai de você, seu sentimento no chakra específico vai lhe dizer a história, e o mesmo se aplica a excessos de energia vital. Quando a energia vital sai do chakra umbilical, ou do plexo solar, você se sente inseguro, sente um formigamento na barriga. Quando a energia vital entra nesse mesmo chakra, o sentimento é bem distinto, é o da autoconfiança ou orgulho. Os sentimentos são claramente mensuráveis e podem passar pelo critério da objetividade fraca – subjetivos, mas não mudam muito de uma pessoa para outra (ver a seguir).

Na verdade, medições mais objetivas estão se tornando disponíveis. Um método, a fotografia Kirlian (ver Goswami, 2004), é tão preciso que já é possível fazer diagnóstico precoce de câncer de mama em mulheres procurando e identificando bloqueios de energia vital. Um método ainda mais preciso pode ser a técnica de imagens por biofóton.

De modo similar, o processamento de significado confere um sentimento de satisfação no chakra coronário, pois a energia vital entra ali. Assim, podemos quantificar o significado pela "quantidade" de satisfação que obtemos em seu processamento.

Até o supramental pode ser medido. Se realizamos uma boa ação para alguém, um exemplo de altruísmo, ficamos felizes, radiantes. Não porque haja um influxo específico de vitalidade num dos chakras, mas porque nossa sensação de separação desaparece por alguns momentos. Com o amor, é ainda mais fácil, pois não só sentimos a felicidade de não estar separados do todo, como sentimos a energia vital no chakra cardíaco. E ambos podem ser usados como medida.

Naturalmente, esse tipo de medição não é preciso; é subjetivo e sempre um tanto vago. Mas, se afastarmos o preconceito de que só medições precisas e objetivas contam, o que teremos? Certamente poderemos estabelecer critérios para julgar o ganho ou a perda líquida de valores de uma nação (sentimento, significado e natureza divina) no domínio sutil. Precisamos perceber que a física quântica já substituiu a objetividade completa (a objetividade forte) pela objetividade fraca, na qual a subjetividade é permitida, desde que nos certifiquemos de que nossas conclusões não dependem de indivíduos específicos.

Podemos, por exemplo, enviar questionários adequados para uma análise estatística para pessoas, pedindo que mantenham um registro de seus sentimentos, significados e experiências supramentais, ou sua ausência. Se computarmos isso para um ano inteiro, podemos calcular facilmente um índice de bem-estar vital, mental e supramental. Este índice vai complementar o PIB, que é o índice de nosso bem-estar material. Essa indexação do bem-estar nacional bruto já está sendo feita em um país, no mínimo – o Butão.

Do mesmo modo, podemos estimar independentemente a contribuição para a produção de energias vitais, mentais e supramentais de grandes organizações produtoras, com o objetivo de proporcionar incentivos fiscais.

Alguns exemplos vão mostrar que o bem-estar nas dimensões sutis faz diferença, e que estamos perdendo alguma coisa em nossa economia porque não levamos isso em conta. Na Índia hindu (antes do século 10), o país e a cultura eram fundamentalmente espirituais. A economia era feudal, evidentemente, mas, segundo todos os relatos (não só de nativos, como de visitantes estrangeiros), as pessoas estavam satisfeitas e felizes, mesmo com a presença do sistema de castas. O que acontecia? Certamente, a Índia hindu tinha riquezas, mas nada que se compare com as dos Estados Unidos de hoje. Numa cultura espiritual, gera-se muita energia vital, significado mental e plenitude espiritual, esse era o motivo. A riqueza sutil diminuía a necessidade de riqueza material e mais do que compensava sua falta. O mesmo se pode dizer do Tibete (que, sem dúvida, inspirou o mito de Shangri-lá – o lugar onde não existe sofrimento, inclusive o envelhecimento) antes da invasão da China comunista em 1950.

Naturalmente, no passado, nem a cultura indiana, nem a tibetana eram perfeitas, pois limitavam o processamento de significados das classes mais baixas para que a evolução da consciência acabasse chegando até eles. Mas era gerada tanta energia nos domínios sutis da cultura indiana que, até hoje, quando existe uma verdadeira pobreza no domínio material, os pobres da Índia ainda se mostram felizes, pois continuam a herdar e a manter sua riqueza sutil. Se Karl Marx tivesse visto isso, poderia até ter repensado sua ideia de que as classes exploradas são sempre tristes!

Outro exemplo é a cultura dos nativos norte-americanos antes do advento da colonização. Havia tanta riqueza sutil que ninguém se preocupava com a riqueza material. Eles tratavam a riqueza material do mesmo modo que a riqueza sutil – de forma global, coletiva. E, como sua riqueza sutil, sua riqueza material também era praticamente ilimitada, pois eles usavam recursos renováveis.

A economia espiritual resolve os problemas atuais do capitalismo?

A economia espiritual, definida dessa forma, resolve os problemas do capitalismo e de seu atual desdobramento, a economia materialista, mencionados acima?

Primeiro, vejamos a questão dos recursos limitados. O crescimento da economia materialista depende crucialmente da demanda constante dos consumidores. Geralmente, isso é feito criando-se necessidades físicas artificiais. Um exemplo é a feira anual de moda feminina ou novos modelos de carro que só inflam o ego masculino. Isso representa grande desperdício, e é prejudicial aos recursos finitos.

Na economia espiritual, com as necessidades superiores das pessoas sendo atendidas, mesmo que parcialmente, suas necessidades físicas são reduzidas, diminuindo a demanda de consumo e por sua vez reduzindo o desperdício de recursos materiais limitados. A economia ainda se expande, mas nos planos sutis superiores, nos quais os recursos são ilimitados (não existem limites para o amor e a satisfação).

Há ainda outro problema relacionado com a expansão da economia materialista – a poluição ambiental. Este é um problema complicado. Em curto prazo, a produção de poluição ajuda a expandir a economia, criando setores de remoção de poluição. Acredite ou não, o desastre de derramamento de óleo do Exxon-Valdez produziu um *boom* econômico no Alasca. Mas, em longo prazo, a poluição ambiental, num ambiente planetário finito, vai acabar num apocalipse. Muitos ambientalistas acreditam que o aquecimento global já atingiu um ponto crítico ou apocalíptico. Na economia espiritual, o consumo material é reduzido, reduzindo automaticamente a poluição ambiental.

A seguir, vamos analisar o livre mercado. Por que ele não é livre do modo como Adam Smith o idealizou? A verdade é que um mercado realmente livre tem grandes altos e baixos (os ciclos de negócios) com os quais nenhum governo democrático consegue conviver sem tentar fazer alguma coisa a respeito; as pessoas, os eleitores, não deixam. Assim, atualmente, nós permitimos a intervenção governamental pela abordagem keynesiana (mais impostos para os ricos e mais programas governamentais para aumentar o número de empregos e os movimentos econômicos) ou a abordagem pelo lado do fornecedor (redução dos impostos dos ricos; os ricos vão investir, os investimentos produzirão atividades econômicas que vão escoar até os pobres). Se isso exige o financiamento da dívida, que seja. Ocorre que não há nada de errado com a intervenção governamental em si. O próprio Adam Smith sabia disso muito bem. Ele sugeriu a intervenção governamental para corrigir uma distribuição injusta de renda, para assegurar que a entrada no livre mercado seja realmente livre, mesmo para o pequeno empreendedor (legislações contra monopólios, por exemplo), e para proporcionar educação liberal para todos os que participam do mercado. Hoje, os governos mexem no livre mercado de formas diferentes da mencionada acima, e Adam Smith teria aprovado. Eles tentam controlar a oferta de dinheiro ajustando as taxas de juros por meio de uma organização semigovernamental central (nos Estados Unidos, esse é o papel do Federal Reserve, ou FED), fazem leis burocráticas, tiram grandes empresas do buraco, dão incentivos fiscais para segmentos da economia, contrariando o espírito do capitalismo etc. Mas quem disse que a palavra final sobre o modo como o livre mercado deve operar é de Adam Smith? O mundo mudou. O problema com esse tipo de manipulação é o crescimento econômico indefinido ao qual parece que ficamos presos. Já comentei sobre o modo como a economia espiritual resolveria esse problema (ver a seguir).

Mais recentemente, a liberdade do mercado está sendo afetada de outras maneiras, além desse modo tradicional. Isso tem sido fruto do ferimento que o materialismo produz em nossa psique coletiva.

O ferimento tem confundido os líderes, que passam da procura de significados mentais para a escravidão de nossa cobiça, avareza e competitividade instintivas. Uma das consequências é a grave corrupção das práticas que mantêm livre o mercado. A prática atual consiste em legalizar a corrupção, mas isso teve poucos resultados positivos. O outro efeito é sutil.

Está em marcha um movimento ativo contraevolucionário que visa a tirar o processamento de significados de grandes segmentos da população, tornando a monopolizá-lo nas mãos de uns poucos. Atualmente, esse é um fenômeno mais norte-americano, mas, em breve, pode se espalhar por outras economias desenvolvidas com moeda forte. Os norte-americanos têm estado numa posição singular desde que o padrão-ouro passou para o padrão-dólar. Os norte-americanos podem tomar empréstimos para comprar recursos e bens de outros países quase indefinidamente, pois esses países não têm muitas opções senão reinvestir seus recursos no dólar norte-americano e na economia norte-americana. O governo dos Estados Unidos tem a capacidade de financiar grandes valores de dívida e está usando o financiamento da dívida para reduzir os impostos dos ricos (como por exemplo, durante a presidência de Bush II). Isso, naturalmente, é a economia do lado do fornecedor, da qual falamos antes. Isso não é prejudicial de imediato para a economia, uma vez que os ricos são os maiores consumidores e também são grandes investidores, o que, em princípio, deve escoar pela pirâmide social. Infelizmente, hoje, os ricos parecem investir principalmente no mercado financeiro, e não no setor de produção e de consumo da economia, o que beneficiaria diretamente as pessoas comuns (por exemplo, a criação de empregos). Assim, na prática, a lacuna entre os ricos e os pobres e o desemprego causado pela recessão aumentaram. E o que é ainda pior para a evolução, isso tende a eliminar a classe média.

É como a história da boa notícia-má notícia. Um cirurgião precisa amputar o braço esquerdo de um homem, que está com gangrena. Por descuido, o cirurgião corta o braço direito. E ele diz ao paciente: "Tenho boas e más notícias para você. Primeiro, as más. Cortei o braço errado, quer dizer, o braço direito. Mas a boa notícia é que o braço esquerdo não está tão mal quanto eu pensava" – que é a mensagem duvidosa. Com a redução de impostos para os ricos, o governo passa uma mensagem semelhante. "A má notícia é que vocês (a classe média e os pobres) não vão receber redução de impostos. Mas a boa notícia é que o efeito da redução dos impostos para os ricos vai acabar sendo benéfica para vocês" – outra mensagem duvidosa.

Desse modo, o bolo está ficando cada vez mais concentrado nas mãos dos ricos, e um novo sistema de classes está sendo criado. A meta idealista do capitalismo pode continuar a funcionar quando o capital tornar a se concentrar, como na economia feudal e mercantil? Acho que não.

Na economia espiritual, isso faria parte de um renascimento universal de valores idealistas, pois não lidamos com os sintomas do ferimento materialista, como a corrupção, mas curamos o ferimento para que os sintomas desapareçam.

Veja, por exemplo, o caso do financiamento da dívida. Comentei antes que, nos Estados Unidos, ele foi usado recentemente para aumentar a lacuna de riqueza entre ricos e pobres, o que contraria o espírito do capitalismo. O que é pior, o financiamento da dívida remove a importante limitação econômica contra países com ideias agressivas. A guerra no Iraque de George W. Bush não teria sido possível se não fosse permitido o financiamento da dívida. Assim, devemos ser contrários ao financiamento da dívida em economias idealistas? Não necessariamente. Como a economia espiritual lida com o fato de o governo criar uma disparidade de rendas entre ricos e pobres, ou uma guerra agressiva? Numa sociedade idealista, a principal causa para que um governo criasse uma disparidade de renda ou uma guerra – emoções negativas – seria tratada e seriam feitas tentativas de eliminá-las, criando uma grande oferta de emoções positivas.

Na economia espiritual, sabe-se desde o princípio que o dinheiro não tem valor intrínseco; ele é símbolo de alguma coisa valiosa. A admissão explícita desse fato revela a natureza subversiva dos mercados financeiros, e formas adequadas de controlá-los (por exemplo, tributação) tornam-se aceitáveis.

Agora, vamos ver a questão de outra tendência contrarrevolucionária da expansão da economia materialista – a perda do tempo de lazer do trabalhador. A economia espiritual tem uma restrição embutida contra a expansão, como já comentamos. Assim, o padrão de vida não precisa subir numa velocidade maior que a do aumento de salários. Mais importante ainda é que a economia espiritual valoriza outras necessidades e a sua satisfação, o que exige tempo para o lazer. Logo, nessa economia, o padrão de vida é definido de forma diferente, e não aumenta na dimensão material, mas nas dimensões superiores, sem comprometer o tempo livre do trabalhador.

Finalmente, vamos ver a questão das empresas multinacionais. As empresas multinacionais têm acesso à mão de obra barata em economias subdesenvolvidas e usam isso instalando as unidades de produção em países subdesenvolvidos, terceirizando a produção etc. Assim, a mão de obra perde a alavancagem do aumento de salários por meio de negociações com a administração, pois as leis trabalhistas são muito diferentes em países subdesenvolvidos em função da necessidade econômica. A mão de obra dos países desenvolvidos também perde alavancagem em função do medo crescente da terceirização.

A fim de submeter as multinacionais a práticas empresariais uniformes, obviamente precisamos passar de economias nacionais para uniões econômicas maiores, internacionais. Em outras palavras, a tendência da economia espiritual seria passar para uma união econômica internacional, dentro da qual as democracias funcionariam com peculiaridade e soberania política e cultural, mas com cooperação cada vez maior.

Como a economia espiritual soluciona o problema do ciclo de negócios

Mencionei antes o ciclo de negócios, comumente chamado de ciclo de expansão e retração. Após alguns anos de crescimento, no século 19 as economias capitalistas pareciam cair em recessões periódicas, sempre com o risco de uma estagnação ainda maior, chamada depressão. (Com efeito, os Estados Unidos foram afetados por uma depressão na década de 1930.) Para prevenir esse tipo de flutuação, foram propostas, no século 20, as curas keynesiana e da intervenção governamental do lado do fornecedor. Com essas curas, as recessões ainda acontecem, mas supõe-se que de forma mais amena. (Mas não obrigatoriamente, como a recente e intensa recessão mostrou de modo deplorável.) Todavia, essas curas criaram uma economia em perpétua expansão. Como a recuperação depende quase que exclusivamente do consumismo, foi criado um dreno perpétuo dos recursos planetários.

Numa economia espiritual, como a produção de produtos sutis é barata, durante uma recessão podemos suavizar o golpe aumentando a produção no setor sutil, para que o consumo desse setor aumente também. Isso reduziria a demanda no setor material, dando tempo às empresas para se recuperarem e aumentarem a produtividade material.

Mas a maioria das pessoas só consegue lidar com as práticas transformadoras sutis durante algum tempo. Num breve período de alguns meses, elas atingem um platô temporário; a prática torna-se condicionada e seca, vira uma rotina. Assim, em um ano, a maioria das pessoas comuns acha que, por enquanto, já se transformou o suficiente e segue em frente. Com efeito, estão prontas para voltar ao mercado de trabalho quando as empresas estão prontas para retomar a produção normal, com a criatividade e a inovação como propulsores do novo *boom*.

Do mesmo modo, em épocas de expansão, a produção de bens materiais aumenta, o consumo material aumenta e haverá menos elementos sutis produzidos e consumidos. Mas, com a recuperação da economia, as necessidades materiais das pessoas estarão novamente satisfeitas, e elas voltarão a sentir fome de suas necessidades sutis, cuja produção, em função disso, aumenta. E isso tem o efeito de amortecer as tendências inflacionárias das épocas de expansão de uma economia capitalista. Aqui, o importante é que não existe um preço sutil para as coisas sutis, não existe uma pressão inflacionária sobre as dimensões sutis. Prestar atenção no sutil permite que toda a economia amenize o golpe de recessões e da pressão inflacionária de épocas de expansão. Em outras palavras, as variações cíclicas da economia seriam muito menos severas, seriam tão suaves que uma intervenção governamental moderada ou inexistente poderia manter estável a economia.

Desse modo, estou convencido de que espiritualizar a economia é a melhor forma de se obter uma economia estável, um feito que muitos economistas têm se perguntado se é realmente possível. Deve ficar claro que, se a economia espiritual (tendo a ética como parte integrante) estivesse no comando, a crise econômica de 2008 nunca teria acontecido.

A pergunta que não quer calar é a seguinte: "Como substituir a economia capitalista pela economia espiritual?".

Implementação: quando e como?

Como a economia espiritual pode substituir o capitalismo e o materialismo econômico? Quando? Você pode pensar: "economia espiritual, parece bom". Reúne valores espirituais com aquilo que o capitalismo tem de melhor. Mas como implementá-la? Por governos? Com revoluções sociais, como no caso da economia marxista? Com uma mudança de paradigma nas práticas acadêmicas da economia, inspiradas pela mudança de paradigma nas ciências e na medicina?

Como foi que o capitalismo substituiu a economia feudalista/mercantil? Por um lado, ele foi o fruto do trabalho de Adam Smith, sem dúvida. E, com efeito, ajudou o fato de o mundo acadêmico ter recebido muito bem a pesquisa de Smith, pois ela inaugurou um novo paradigma na academia, a própria economia. Mas a situação acadêmica de hoje é bem diferente daquela dos tempos de Adam Smith. Mencionei antes que, há algum tempo, os economistas acadêmicos decidiram que não iriam buscar uma economia do mundo real, mas uma economia com certas situações ideais, para que os modelos matemáticos pudessem ser usados para previsão e controle econômico. Por exemplo, uma teoria econômica bastante recente foi alardeada como revolucionária, pois aplicava uma inovação da matemática da teoria dos jogos à economia. Anteriormente, os economistas tinham limitações à aplicação da teoria dos jogos, pois precisavam presumir a "racionalidade perfeita", ou seja, que cada participante da economia pode descobrir a melhor combinação de estratégias de maximização monetária usada pelos concorrentes. Mas, obviamente, a racionalidade perfeita é impossível na prática, uma vez que há muitas possibilidades. O que temos é a "racionalidade limitada" – decisões racionais feitas com base em informações incompletas sobre as estratégias de maximização monetária dos concorrentes. A ideia é considerada revolucionária porque usa fórmulas da teoria da informação para deduzir uma descrição aproximada de um conjunto de estratégias, mesmo com a premissa da racionalidade limitada. Mas isso tampouco é o mundo real. Em vez de aumentar a busca pelo racionalismo, o materialismo corroeu-o, tirando as limitações com base religiosa de nossas emoções negativas; hoje, estamos tão sujeitos a emoções negativas em nossas tomadas de decisão que qualquer teoria que ignore o componente emocional da decisão econômica do concorrente não será muito útil.

Na verdade, o capitalismo não foi implementado porque os acadêmicos receberam bem a ideia, mas porque o capitalismo servia aos propósitos de um povo modernista e aventureiro. Era uma época em que as pessoas estavam explorando novas aventuras da mente e dos significados, e o feudalismo não tinha gente capacitada para fazê-lo. A exploração de significados precisou ser aberta quando a ciência se libertou das autoridades religiosas. Quando a exploração de significados se abriu, a sociedade precisou ser preparada para a implementação dos resíduos dessa exploração, disponibilizando o capital para pessoas inovadoras e mantendo-o disponível. A partir daí, o capitalismo foi inevitável. De modo análogo, quando a ciência se livrar do jugo do materialismo científico (com o crescimento de tecnologias sagradas), a economia espiritual será inevitável.

Quando o modernismo cedeu lugar ao pós-modernismo, a antiga exploração e a expansão do domínio material praticamente terminaram. A antiga fronteira se foi. Por mais que se assistam a antigos filmes de *Jornada nas Estrelas*, o espaço exterior não vai emergir como a fronteira final da humanidade para participar de um episódio derradeiro do falecido modernismo.

Agora, a sociedade precisa lidar com os problemas da economia materialista, com poucas oportunidades de expansão diante dos recursos finitos e dos desafios da poluição ambiental. Além disso, a sociedade precisa curar as feridas criadas pelo materialismo. **Existe** uma nova fronteira; as novas fronteiras pertencem às dimensões sutis do ser humano, e precisamos de uma economia mais sutil a fim de explorá-las.

Assim, é inevitável a implementação da economia espiritual, pois nossa sociedade precisa dela. À medida que a humanidade se afasta coletivamente de nossas necessidades egoicas e competitivas, em que começamos a explorar os benefícios da cooperação em massa, a antiga competição exclusiva da economia materialista deve ceder lugar à nova economia, na qual a competição existe simultaneamente com a cooperação, cada uma em sua própria esfera de influência.

Para compreender isso, precisamos analisar como qualquer economia é implementada: quais os elementos que a implementam? Esses elementos são as empresas, evidentemente. O modo como se fazem negócios proporciona o impulso para a mudança na economia. E vice-versa. A mudança na economia ajuda as empresas. Um é essencial para o outro.

Pois bem, e o que permitirá que a economia espiritual substitua a economia materialista? Em última análise, é a necessidade do local de trabalho, a empresa. E, nele, se você analisar direito, verá muitas evidências de que as empresas estão mudando (Aburdene, 2005).

Duas tendências empresariais recentes são bastante notáveis e em consonância com o movimento evolucionário da consciência na direção da implementação de um setor sutil da economia. A primeira é o amplo reconhecimento, por parte de um segmento substancial das empresas e indústrias, da importância da criatividade e da inovação; a segunda é o reconhecimento de que a conversão para ideias "verdes", ecoamigáveis, de recursos sustentáveis pode não ser prejudicial para a lucratividade.

Sim, ainda haverá concorrência, sem a qual não existe economia de mercado. Mas no local de trabalho, dentro da gestão da empresa, encontra-se cada vez mais uma filosofia e um aspecto diferente do ser humano em ação. Em algumas empresas, já se descobriu o valor da criatividade, do lazer, do amor, da cooperação e da felicidade.

Há mais de uma década, o filósofo Willis Harman previu: "As implicações das pesquisas sobre a consciência [...] sugerem uma interconexão num nível que ainda precisa ser plenamente aceito pela ciência ocidental, e que põe em dúvida a onipresente concepção de um mundo dominado pela concorrência". As empresas de hoje estão mostrando como a concorrência pode coexistir com a cooperação.

Sugestões para um ativista quântico

Disse anteriormente que as empresas estão abrindo caminho para a implementação da economia espiritual. Se você for uma pessoa orientada para negócios, a atual situação lhe proporcionará uma excelente oportunidade para aplicar os princípios do ativismo quântico em sua atividade atual ou em um novo empreendimento (ver o capítulo seguinte). O que um executivo de uma grande empresa pode fazer em larga escala, qualquer ativista quântico tem a oportunidade de fazer em pequena escala. No mínimo, podemos ajudar a fazer a mudança de paradigma com uma mudança pessoal, afastando-nos do consumismo. Podemos ajudar as vanguardas a criar empresas baseadas na economia espiritual.

Basicamente, a implementação de alguma forma de economia espiritual será obrigatória, pois a evolução exige que nos afastemos da atual cultura materialista e busquemos uma cultura multidimensional, com a procura e a oferta no cenário sutil, além do cenário material. Os ativistas quânticos vão fornecer líderes para esse movimento. Ativista quântico é aquele que já satisfez seus desejos materiais a ponto de procurar agora satisfazer as necessidades superiores, sutis, obedecendo ao chamado da evolução. Assim, o ativista quântico, por meio da exploração criativa do significado, da prática da inteligência emocional, de uma maior percepção-consciente da ecologia profunda e da formação de circuitos cerebrais de aprendizado supramental, começa a contribuir diretamente para a produção e consumo, no setor sutil, de uma economia espiritual consciente que ainda não se estabeleceu.

Espero que essa seja uma motivação adicional para o ativismo quântico. Graças às nossas intenções e práticas, estamos abrindo espaço para uma mudança muito desejável de paradigma econômico, passando da economia materialista para a economia espiritual. A julgar pelo estudo do sociólogo Paul Ray (Ray & Anderson, 2000), um quinto dos norte-americanos está pronto para fazer a mudança de que estou falando.

capítulo 15

como os negócios estão mudando

Tudo muda, pelo menos no conteúdo, e os negócios não são exceção. Antigamente, os negócios focalizavam a agricultura; depois, vieram a indústria, a tecnologia e, finalmente, a alta tecnologia de hoje. Esse é um tipo de mudança, e alguns autores, dentre os quais se destaca Alvin Toffler, salientam enfaticamente essas mudanças. O que quero discutir é a seguinte questão: as mudanças ocorridas ao longo dos anos nas práticas empresariais refletem uma evolução da consciência? Dito de forma um pouco diferente: podemos ver a evolução da consciência, a evolução de nossa capacidade de processar significado na forma como os negócios mudaram nos últimos séculos? Creio que sim.

Na Índia antiga, as pessoas ligadas ao mundo dos negócios eram situadas numa casta separada, chamada *vaicia*. A casta *vaicia* podia buscar significados, mas havia um problema. A pessoa *vaicia* só podia buscar significados dentro do contexto ditado pela classe mais elevada, os brâmanes.

Outras culturas, especialmente as ocidentais, nunca tiveram um sistema de classes explícito, mas a mesma prática vigorava até a época de Adam Smith, o século 18. Na Inglaterra do século 18, onde Adam Smith nasceu, os reis (como George III, por exemplo, com quem os norte-americanos estão familiarizados) estabeleciam o contexto e os proprietários de terras, os comerciantes e os empresários realizavam suas buscas por significados dentro desses contextos. Em troca de sua lealdade ao rei, eles podiam manter um poder bastante concentrado e corrupto sobre a economia inglesa. Na terminologia de

Smith, esse era o "sistema mercantil". Uma das motivações para a criatividade de Adam Smith veio do desejo de eliminar essa corrupção. Em apenas um século, o resultado foi a transição da economia feudalista/mercantil para o capitalismo. No capitalismo, há muito mais pessoas envolvidas na busca pelo significado; o processamento de significados se expande. A consciência evolui na direção de uma preocupação crescente com o processamento de significados.

Smith percebeu claramente que as forças criativas e inovadoras que estavam se desenvolvendo havia muitas décadas podiam revolucionar a indústria, caso tivessem a possibilidade de fazê-lo. A corrupção do sistema mercantil significou oportunidades perdidas para a criatividade, e a solução foi deslocar o poder do estabelecimento de contextos (para processamento de significados), que apenas alguns detinham, para as "mãos invisíveis" da livre concorrência de mercado. Qualquer contexto é válido no novo sistema, qualquer ideia pode ser explorada para uma nova indústria se ela sobreviver à concorrência do livre mercado.

Assim começou a fase de sucesso do capitalismo. Nos Estados Unidos, o ápice desse sucesso foram os industriais inovadores, como Henry Ford e Thomas Edison.

Mas aconteceu uma coisa com a realização de Adam Smith na forma de uma sociedade capitalista perfeita. Sua versão do capitalismo foi substituída por uma versão materialista, que deu origem a problemas sérios. Já mencionei esses problemas no capítulo anterior: esgotamento insustentável de uma base finita de recursos por parte de uma economia de consumo sempre em expansão; poluição ambiental proveniente da finitude do ambiente; perda de liberdade do livre mercado; fechamento das duas aberturas que propiciavam à classe operária buscar significados, no caso, relativa afluência e mais tempo livre; e, finalmente, multinacionais deixando em completo caos os compromissos entre gerência e mão de obra por uma repartição do processamento de significados.

Assim, a economia precisa de uma mudança de paradigma, passando da economia materialista para aquilo que chamo de economia espiritual. Enquanto o capitalismo cuida da satisfação das mais básicas necessidades egoicas das pessoas, a economia espiritual trata do bem-estar holístico das pessoas (o que inclui as necessidades de energia vital, mental, anímica e espiritual, além da física). Assim, a pergunta é a seguinte: quais são os sinais de que chegou a hora dessa nova economia? Para Smith, o que assinalou a necessidade do capitalismo foi o espírito inovador que ele já via presente na sociedade. O que vemos agora como sinais de mudança, se é que vemos alguma coisa?

Neste capítulo, quero ressaltar que as próprias empresas estão mudando, que uma nova onda está a caminho, para usar a expressão de Toffler, abrindo espaço para uma economia espiritual, mais apropriada em termos evolucionários.

Tomei conhecimento disso há mais de uma década, quando estava pesquisando a criatividade, e encontrei um livro chamado *Criatividade nos negócios*, dos professores Michael Ray e Rochelle Myers, de Stanford (1986). Desde então, apareceram outros livros sobre o tema e agora sabemos que muitas empresas e corporações, especialmente empresas *high-tech*, estão incentivando a criatividade, não apenas em suas equipes de pesquisa como em sua administração.

Vamos voltar às questões mais básicas e analisar o costumeiro modelo capitalista do início de um empreendimento empresarial. Você tem uma visão inovadora para um produto ou serviço. Reúne pessoas que, segundo acredita, serão leais a essa visão; depois, encontra capital e monta seu negócio. Mas, quando passamos de uma sociedade industrial para uma tecnológica, esse modelo teve de mudar, pois a criatividade de uma pessoa (ou de alguns diretores) não era mais suficiente para sustentar a produtividade de um negócio. Assim, o fardo da inovação criativa passou da alta administração para a média gerência. Nesta nova onda do capitalismo, muito mais pessoas participam do processamento criativo do significado. É claro que isso sugere a evolução da consciência. Mas há mais. Indica que está florescendo uma nova economia espiritual, pois o processamento criativo de significados envolve um salto quântico da mente para o nível anímico (supramental) da existência. Ele serve não apenas ao ego, como envolve crucialmente a alma, serve ao propósito da alma. Além disso, aumenta a produção global de significado mental.

Outro desdobramento vital das atividades empresariais são as empresas "verdes", nascidas do movimento ecológico. A empresa verde tem dois componentes. O primeiro é a constatação de que preocupações ecológicas podem ser usadas para ganho econômico, para obter lucro. Um exemplo é a reciclagem – a Xerox Corporation teve um retorno decuplicado sobre seu investimento na reciclagem de cartuchos de toner. E o segundo é a constatação de que, no longo prazo, a sustentabilidade ecológica – a harmonização entre a atividade empresarial com aquilo que o planeta pode suportar – é uma meta positiva. Mais cedo ou mais tarde, ela será imposta pelos governos ou pela própria natureza, independente de qual se manifestar primeiro.

Mas em que se baseia a ecologia? Na ideia do relacionamento – semelhante a uma rede – entre vida e ambiente. É claro que os ecologistas falam apenas de conexões locais. Mas é preciso apenas um pequeno salto desde a ecologia para perceber que a conexão entre a vida e o ambiente é muito mais profunda. Não apenas por sinais materiais e locais, como também pela energia vital e, em última análise, pela própria consciência, por meio de uma conexão quântica não local.

Como vê, as empresas ecológicas também estão indo além da mera satisfação do ego e buscando a satisfação de necessidades mais sutis da consciência não local. Se a ecologia básica for tratada, será que a ecologia profunda ficará muito para trás? Empresas ecologicamente sustentáveis estão literalmente aumentando a produção global de energia vital.

A diretoria de uma empresa capitalista da antiga onda cuida de seus negócios para se assegurar do ganho egoísta e dos lucros materiais dos acionistas da empresa. A diretoria de uma empresa capitalista da nova onda não só aumenta o ganho material de seus acionistas, como contribui literalmente para que todos lucrem com energia vital e significados. Esse já é um bom começo para a economia espiritual.

Há ainda duas outras tendências que merecem menção. Uma é que as empresas começaram a perceber que os funcionários têm melhor desempenho se a sua estrutura de valores não conflita com a estrutura de valores da empresa, como exemplificado por seus produtos e práticas (Barett, 1998). Isso indica que as empresas estão percebendo o valor dos valores (a dimensão supramental da humanidade). A segunda vai além disso. Em vista de tantos escândalos recentes no mercado, muitas empresas estão se perguntando se não é mais lucrativo, mesmo em termos de relações públicas, adotar práticas éticas nos negócios. E elas não estão falando da ética do maior bem para o maior número, mas da ética real, tal como a ética é definida nas tradições espirituais. Desse modo, até a dimensão supramental vai entrando gradualmente nas empresas. E do que mais precisamos para completar a transição entre o capitalismo e a economia espiritual? Ainda temos alguns pontos a tratar. E creio que as empresas podem e vão liderar o caminho que leva a essa transição.

A meta da economia espiritual consiste em maximizar o lucro, não apenas na produção material, como também em nossa produção de energia vital e de significado mental, e na produção supramental. Mesmo com a inclusão da criatividade, da ecologia e da ética no local de trabalho das formas indicadas acima, teremos feito apenas uma mossa nas possibilidades.

No estágio seguinte, podemos incentivar a criatividade, não apenas para o pessoal administrativo ou de pesquisa, mas para todos. É verdade que só um profissional pode dar saltos quânticos de criatividade que produzem frutos no cenário exterior, mas todos podem ser criativos em seu cenário interior pela prática da criatividade interior. Se uma empresa incentiva a criatividade interior (da qual um importante componente é a transformação de emoções negativas em emoções positivas) de todos os seus funcionários, permitindo que abram-se para suas almas, o que acontece? O ambiente da empresa vai ficando cada vez mais feliz, repleto de vitalidade e significado. Isso tem valor? Evidentemente. Contribui diretamente para a produção de nossas dimensões sutis. E é sabido que pessoas felizes geram produtos melhores. E mais: a criatividade interior pode aumentar a criatividade exterior de pessoas que já são criativas exteriormente, um dos pilares de uma empresa inovadora. Assim, em última análise, a prática vai até melhorar a produtividade material e os lucros.

Além de, ou em vez de empregar um vigia da ética – provavelmente um filósofo acadêmico que prega a ética, mas não a vivencia – as empresas podem dar um passo além e criar uma divisão de energia sutil com alguns funcionários, cuja tarefa específica seria a produção de energia sutil, inclusive a supramental. Obviamente, tais pessoas seriam praticantes da ética evolucionária e seriam vigias muito mais eficientes da manutenção da ética do que meros filósofos.

Da sustentabilidade ecológica, o passo seguinte está na percepção-consciente do movimento evolucionário da consciência. Não só nós exigimos a sustentabilidade ecológica, como perguntamos: "minha empresa está contribuindo positivamente para o movimento evolucionário da consciência, ou, pelo menos, não o está prejudicando?" É a isso que dedicamos atenção explícita, não implícita, para criar uma produção tangível nos setores de energia vital, significado mental e valor supramental da economia humana.

Naturalmente, é preciso que muita coisa aconteça antes que as empresas deem esses passos restantes. A mudança de paradigma que transfere a primazia da matéria para a primazia da consciência precisa firmar raízes no mundo acadêmico e na sociedade. Nossa política precisa passar de uma política de poder para uma política de significado. Nossas instituições educacionais precisam parar de se preocupar em treinar para empregos, recolocando os valores de significado e da alma nas salas de aula. Nossas religiões precisam parar de dizer às pessoas como votar e influenciar políticos, voltar à busca do divino e ao seu ensino às pessoas e assim por diante. Acredito que tudo isso vai acontecer em breve, e já é possível ver o princípio dessas mudanças.

O capitalismo desempenhou um papel crucial para o estágio em que estamos hoje, e, como o próprio Adam Smith imaginou, as pequenas empresas são os sustentáculos do capitalismo e do livre mercado. Do mesmo modo, o caminho que conduz à economia espiritual também será pavimentado pelas pequenas empresas nas quais todos podem ser ativistas quânticos. Assim, não devemos perder a esperança pelo fato de as grandes multinacionais de hoje serem corruptas e que levará algum tempo até praticarem o que acabo de dizer. Não é muito diferente da corrupção da economia mercantil da época de Adam Smith. Mas a economia mercantil corrupta desintegrou-se quando surgiu um modo mais eficaz de fazer negócios que atende melhor às necessidades das pessoas. Agora, o mesmo vai acontecer ao capitalismo e à economia materialista. Ele vai se desintegrar diante de nossos olhos, abrindo caminho para uma economia espiritual. Há pressões evolucionárias, as "novas mãos invisíveis", guiando esta mudança. A ponta de lança da expansão econômica no século 21 vai envolver a energia sutil; quanto a isso não há dúvidas.

Novas sugestões de negócios para aspirantes a empresários

Épocas de rápida mudança social representam perigo para algumas pessoas e causam-lhes ansiedade, mas, para ativistas quânticos, constituem uma maré de oportunidades. Quais as novas oportunidades que se abrem para as empresas? Vou apresentar algumas sugestões. Lembre-se, porém, que talvez essas empresas que estou propondo não produzam um grande lucro material. Entretanto, vão proporcionar ganhos materiais adequados para um número razoável de pessoas, vão produzir lucros líquidos no setor sutil da economia para as pessoas envolvidas e também para a sociedade, e, mais importante ainda, vão proporcionar imensas oportunidades para transformações.

- A visão de mundo já está mudando, mas você pode ajudar a acelerar a mudança e, nesse processo, obter uma renda adequada para si e para seus amigos que estiverem em ressonância. *The Message Company*, de Santa Fé, Novo México, era uma das empresas que organizaram com sucesso conferências para elevação da consciência até a morte de seu fundador. Mas esse é apenas um modo de acelerar a mudança de paradigma. Pode haver muitos outros. Explore, explore.

- Estamos apenas começando a perceber nossas necessidades de energia vital. Esta é uma área bastante promissora para novas empresas envolvendo alimentos e nutrição, gerenciamento da dor, saúde e cura e saúde positiva.
- Outra área bastante promissora para novos negócios de ativistas quânticos é o gerenciamento da saúde. Chegou a hora de uma medicina integrativa que use o melhor da medicina convencional e da alternativa, mesmo que apenas por motivos econômicos, mas poucos perceberam isso. Esta é uma situação ideal para empreendedores. Com a medicina integrativa, você pode oferecer planos de baixo custo com uma cobertura que inclui prevenção e manutenção da saúde.
- Este também é grande – educação. Vai demorar um pouco até os sistemas convencionais de educação se adaptarem à nova visão de mundo. Enquanto isso, há um amplo espaço para pequenas empresas voltadas para a educação sob o novo paradigma. Uma grande vantagem é que tal educação pode ser transmitida pela internet.

Há ainda outro modo de abordar os novos negócios que estou propondo. Nas tradições espirituais do passado, fala-se muito do serviço altruísta; não há muitos a realizá-los. Nessas tradições, a cultura era tal que os ricos sustentavam as pessoas que prestavam serviços altruístas. Não é essa a cultura atual. Assim, o serviço "altruísta" terá de aparecer a algum custo para que os usuários de serviços possam buscar uma classe média que viva desses serviços.

Como disse antes, se você entrar nesse setor empresarial de prestação de serviços do plano sutil, é grande a oportunidade de transformação. Veja o que escreveu o poeta Rabindranath Tagore:

> Dormi e sonhei que a vida era alegria.
> Acordei e vi que a vida era serviço.
> Agi e, olhem só, serviço era alegria.

capítulo 16

do poder ao significado: o pensamento quântico pode salvar a democracia?

Democracia e capitalismo (juntamente com a educação liberal) são, até agora, as realizações máximas da era mental da evolução da consciência. Para a consciência dominada pela mente, a capacidade de processar significados é muito importante. Por isso, a sociedade progride quando essa capacidade é difundida. O processamento de significados por um grupo de seres humanos é facilitado se o grupo se assenta; por isso, a transição do nomadismo para a sociedade agrícola serve ao propósito da evolução. Mas as sociedades agrícolas promovem as divisões de classe do feudalismo – proprietários e servos. O desenvolvimento das sociedades industriais muda a natureza das classes – capitalistas, administradores e operários. Nas sociedades agrícolas, há um pequeno setor de serviços atendido pela classe média. Nas sociedades industriais, a população da classe média aumenta, não só por conta da criação do novo setor administrativo, mas também porque o setor de serviços é muito maior. Isso é crucial para a evolução do processamento de significados.

Vamos nos deter no conceito de como as pessoas usam predominantemente sua faculdade mental segundo as qualidades inerentes (*gunas*), que os orientais chamam de *sattva*, *rajas* e *tamas* (ver Capítulo 6). Proprietários nas sociedades agrícolas e industriais usam predominantemente *rajas* – a capacidade de construir impérios. A força de trabalho é dominada pelo condicionamento – *tamas*. Mas, na classe média, às vezes encontram-se pessoas de *sattva* – interessadas em criatividade e espiritualidade. São essas pessoas e sua classe – a classe média – que fomentam o movimento evolucionário no sentido de espalhar o processamento de significados para todas as pessoas. E este movimento evolucionário é que deu origem à democracia.

O credo fundamental da democracia é que todas as pessoas são criadas igualmente (leia-se com igual potencial), e a justiça exige que elas tenham oportunidades iguais de manifestar seu potencial, o que, neste estágio de nossa evolução, traduz-se como oportunidades iguais de processamento de significado. O significado da vida, da liberdade e da busca pela felicidade. Não importa se nasceu pobre, rico ou classe média. Você deveria ter a mesma oportunidade de acesso à educação – os centros primários onde aprendemos o processamento de significados. A educação liberal dirigida tanto para o *saber como* quanto para o *saber por que* é um ingrediente fundamental da democracia. Outro ingrediente importante, obviamente, é a ética; a pessoa precisa dar valor ao direito inato e geral de processar significados.

Tal visão da natureza idealista da democracia pode parecer novidade para você, uma vez que, depois de Platão, muita gente acha que a consciência ou o pensamento idealista podem levar ao sistema político da ditadura benevolente – uma sociedade dominada por ditadores que também são pessoas de *sattva*. Mas isso raramente funcionou. Houve algumas experiências na Índia sobre uma variação disso. Os indianos perceberam que pessoas de *sattva* nunca seriam boas para reunir ou usar o poder. Por isso, mantiveram o conceito mais pragmático de que pessoas de poder seriam sempre pessoas com predomínio de *rajas*. Mas tentaram pôr em prática a lei superior – que as pessoas de *sattva* seriam os árbitros supremos do poder. Isso funcionou durante algum tempo; mais tarde, porém, os supostos árbitros do poder começaram a usurpar o verdadeiro poder e o sistema tornou-se corrupto. Os índios norte-americanos também usaram uma variante desse sistema, que chegou a funcionar em sua cultura (embora sempre em pequena escala) até pouco tempo atrás. O poder ficava nas mãos do chefe, mas apenas com o apoio espiritual do xamã.

Em última análise, creio que o idealismo prefere a democracia porque, pelo menos em princípio, esta oferece a todos oportunidades iguais de processamento de significado.

Os primeiros gregos e romanos também fizeram experiências com variações da democracia. Os gregos tentaram a forma mais idealista de democracia – o poder era compartilhado literalmente entre todos. Infelizmente, isso funciona apenas em comunidades pequenas. Os romanos experimentaram uma forma que acabou sendo bem-sucedida após muitos séculos de dormência – a democracia representativa. Naturalmente, aprimoramos a versão romana da democracia de diversas maneiras significativas, dentre as quais o sistema de partidos políticos.

Por falar nisso, para que o sistema de partidos políticos funcione de fato na democracia, os candidatos dos partidos para os representantes eletivos também devem ser eleitos. Hoje, em muitos países (e a Índia é um exemplo), a democracia fica muito comprometida porque não existe processo eleitoral para escolher os candidatos dos partidos políticos para a eventual representação eletiva. Se alguém precisa escolher um dentre dois indesejáveis, a existência da escolha não tem muito sentido.

Espero que você perceba que os fundadores da democracia norte-americana se encaixam muito bem no modelo de idealistas da classe média. O maior deles, Thomas Jefferson, era aristocrata e proprietário de terras (e, como algumas pessoas adoram lembrar, proprietário de escravos), mas, em sua época, os ingleses eram a classe governante, e por isso não seria errado enquadrá-lo como membro da classe média do setor de serviços. O importante, naturalmente, é que Jefferson era um idealista – um dos maiores de todos os tempos.

Essa breve história da origem da democracia nos ajuda a identificar por que a democracia corre grande risco nos Estados Unidos e em outros lugares. As cinco razões fundamentais são as seguintes: (1) a marginalização do significado; (2) o consumismo e a ascensão de emoções negativas nas pessoas e na política; (3) a erosão da ética; (4) o comprometimento do sistema de pesos e contrapesos; e, mais importante, (5) a polarização da política. A seguir, examinaremos esses fatores com mais detalhes.

A marginalização do significado

Escolas e faculdades nos ensinam artes, humanidades, ciências sociais e ciência. Tradicionalmente, a ciência tem lidado com as questões mais densas do significado – o significado do mundo material. As ciências sociais nos ensinam o significado de nossos padrões sociais. As humanidades fazem a mesma coisa, mas num nível mais sutil; além disso, esses níveis tendem a ficar pessoais. As artes levam a investigação do significado a profundos níveis pessoais. As questões mais profundas sobre o significado, porém, como as da alma e do espírito, ficam para as religiões. O secularismo exclui as questões religiosas da educação pública, que, por isso, deixa de incluir as mais profundas questões de significado.

Mesmo assim, a divisão acima funcionou em países democráticos (principalmente do Ocidente) até a década de 1950. Tacitamente, até então a divisão cartesiana entre corpo e mente era aceita. E, assim, a ciência se mantinha mais ou menos dentro de seu território definido – o mundo material, o corpo. A mente e suas atividades eram deixadas para as ciências sociais, as humanidades e as artes, além da religião. Mas, como mencionei antes, a descoberta da biologia molecular tornou os cientistas, materialistas em sua maioria, tão ambiciosos que eles procuraram uma explicação no nível material daquilo que somos e fazemos.

No nível puramente material da física, não existe escopo para o significado, pois a consciência fica adormecida. Na biologia, os materialistas tentam devolver o significado pela porta dos fundos (a porta da frente está bloqueada pela física e pelo dogma de que a biologia deve estar totalmente baseada na física), afirmando que a capacidade de processar significados evolui porque pode ter valor para a sobrevivência. Mas, na psicologia, o significado é novamente ignorado por materialistas que alegam que todo comportamento é condicionado, e que só o comportamento, e não os processos interiores da psique, é importante.

Tendo a psicologia behaviorista como guia nas ciências sociais, não é à toa que a procura por significado assume valor duvidoso para as sociedades humanas, apesar das artes, das humanidades e das religiões. Na pior hipótese, essas atividades são vistas apenas como veículos de entretenimento. Na melhor, segundo os existencialistas, atribuímos "significado de faz de conta" para essas atividades.

Quando o significado é marginalizado dessa forma, a política torna-se basicamente a busca do poder pelo poder e é usada para dominar os demais. E a busca do poder isolada da busca de significados corrompe facilmente a democracia representativa, enfraquecendo-a.

Qual a última vez em que você viu alguém atribuir alguma importância ao significado na política presidencial norte-americana? É preciso recuar até Lyndon Johnson para encontrar algum interesse pelo significado no governo federal. Não é à toa que a era mais criativa da vida norte-americana recente foi o período entre as décadas de 1960 e 1970. Isso foi consequência direta dos programas idealistas de John Kennedy, que Johnson pôs em prática. Desde a década de 1970, temos visto um contínuo retrocesso.

Por que os fornecedores idealistas de significado – os artistas, os humanistas e os religiosos – ficam escondidos e não armam algum tipo de resistência contra essa erosão do significado da política nos Estados Unidos? Os músicos de rock protestaram, bem como os humanistas, que foram desenvolver novas formas de psicologia – a psicologia humanista e a transpessoal – na tentativa de destronar o behaviorismo. Alguns elementos religiosos também protestaram. Mas a grande maioria dos praticantes da religião dominante dos Estados Unidos, o cristianismo, talvez em virtude de seu cinismo ou suas limitações, também abriu mão do protesto e optou pela busca do poder a fim de dominar. Em suma, o resultado atual é uma colusão entre religião e política que o secularismo deveria evitar. Mas, se o poder exclui o significado, o que mais podemos esperar?

O Partido Republicano teve grandes ganhos no sul dos Estados Unidos, aliando-se aos fundamentalistas cristãos na busca pelo poder. Pessoas das artes, das humanidades e do mundo acadêmico em geral rumaram na direção do Partido Democrático, mas essa mudança não causou um efeito importante por causa da crise ideológica desse partido. Eles não são tão obstinados na busca do poder para dominação quanto os republicanos, mas também não ficaram comprometidos com a busca do significado. Falarei sobre isso mais à frente.

Se tanto a política como a religião nos Estados Unidos perderam-se na busca do poder para dominação, a educação tornou-se um balaio de gatos. As escolas e universidades públicas norte-americanas mantêm-se "liberais", mas, paradoxalmente, também são bastiões do materialismo. Como as atividades materialistas da ciência são projetos com muito dinheiro envolvido, a ciência materialista e suas ideologias têm profundo impacto sobre a administração das universidades, para que estas também fiquem vendidas ao materialismo. Essa cooptação passa para as escolas por meio dos professores e administradores, todos educados nessas instituições de ensino superior. Como resultado, o significado fica cada vez mais marginalizado em nossos centros de aprendizado, supostamente liberais.

Contudo, é errado considerar a ciência materialista como a única culpada por tudo isso. Muitos líderes religiosos, como os aiatolás do Irã, veem a ciência materialista e sua enteada, a tecnologia, como o "Grande Satã", e a batalha entre ciência e religião, como a batalha entre o bem e o mal. Nos Estados Unidos, os cristãos fundamentalistas combatem a ideia da evolução, tendo em mente a mesma batalha entre o bem e o mal, cegando-os e impedindo-os de aceitar dados e a simples lógica. Mas isso é excessivamente simplista.

Na verdade, você deve perceber que a ciência materialista também ajudou a evolução da consciência. A invasão materialista do território das ciências sociais, das artes, das humanidades e da religião levou, a princípio, a muita retração por parte desta última. Mais cedo ou mais tarde, porém, as reações a tal ataque sobre o próprio significado (como a ontologia materialista não deixa espaço para o significado, exceto no sentido trivial da necessidade de sobrevivência) não poderiam ser ignoradas. Finalmente, a física quântica, o apogeu da ciência materialista, deu azo a questões sobre significado que não apenas descartam a abordagem materialista, como prometem restaurar o *status quo* que havia antes ou até melhorá-lo. Vamos ver como (a seguir); mas, antes, discutiremos questões como consumismo e ética.

Consumismo

No seu entender, o que seria um bem de consumo? Cereais matinais, eletrodomésticos e carros? Numa era anterior, as pessoas pensavam de forma diferente. Veja este diálogo, extraído de uma peça do dramaturgo George Bernard Shaw:

> ELLIE: Custa caro manter uma alma; muito mais do que um carro.
> SHOTOVER: É mesmo? Quanto sua alma gasta com comida?
> ELLIE: Ah, um monte. Come música, quadros, livros, montanhas, lagos, coisas bonitas para vestir e gente interessante para fazer companhia.

Nessa época, além dos bens materiais, as pessoas da classe média consumiam conscientemente alimentos para a alma, alimentos que davam sentido estético para nossas vidas. E os valores que essas pessoas davam aos alimentos da alma permeavam toda a sociedade.

Não podemos dizer que paramos completamente de consumir alimentos para a alma. Tenho certeza de que a *The Metropolitan Opera*, de Nova York, continua popular como antes. Mas o alimento para a alma não é encontrado facilmente nos Estados Unidos da classe média, onde a TV é a rainha suprema.

Inegavelmente, há uma mudança – o processamento de significados (do novo) não é mais considerado importante. Hoje, o significado só é um bem de consumo se proporcionar entretenimento; se vende, tem impacto econômico. Atualmente, a maioria das pessoas vive ansiosa: é o medo de perder o emprego, a pressão do alto padrão de vida, a dificuldade de acompanhar a tecnologia que muda rapidamente, e assim por diante. Essas ansiedades povoam o chakra cardíaco com feixes de pensamento ansiosos e aleatórios; a falta de concentração leva a um movimento aleatório de energia vital para dentro e para fora do chakra cardíaco, e as pessoas se sentem sem base, sem corpo.

Então, para ganharem corpo, existe coisa melhor do que serem manipuladas pelo consumismo, assistindo a programas de TV que apelam para os três chakras mais inferiores – medo, sexo e violência?

Naturalmente, o maior culpado por essa mudança é o capitalismo mal orientado – a economia materialista (ver Capítulo 14). Mas o cinismo do pós-modernismo, o desconstrucionismo e o existencialismo também contribuíram. Como exemplo, pense em dois bons filmes das décadas de 1970 e 1980, *Nosso Amor de Ontem* e *Noivo Neurótico, Noiva Nervosa*. Nos dois, as heroínas buscavam significados (comparando-se com os heróis) e terminaram tragicamente (não ficaram com seus amados).

Quando o significado é marginalizado em nossa educação e em nossa sociedade consumista de modo geral, o resultado é a suspensão temporária da evolução da mente. Uma necessidade urgente dessa evolução é a integração entre nosso estágio evolucionário anterior, da "identidade corpo vital" com a "identidade mente-ego". Em vez de integrar o processamento de significados e o processamento de sentimentos, desistir do significado leva a um surto repentino de dominação irracional de emoções negativas e instintivas no modo como fazemos as coisas e como tratamos as pessoas. Já percebeu como a política está agressiva? Qual foi a última vez em que você viu políticos, especialmente republicanos, agirem de maneira razoável, em vez de tentarem se sobressair sobre o outro partido? As emoções negativas não só causaram o caos na política, como também na economia e nos negócios. Os negócios e a economia estão em queda hoje por conta da ganância e da competitividade desenfreadas, como discutimos antes.

Os três chakras inferiores estão ativos em nossas instituições sociais, não apenas a dominação do terceiro chakra, que vemos na busca do poder (de dominar) na política e na religião, mas também a dominação do segundo e do primeiro chakras. De que outro modo podemos explicar a preocupação com o sexo e a violência em Hollywood e na mídia em geral? Já percebeu que filmes recentes desenvolveram um gosto por apresentar pelo menos uma cena no banheiro, algo que seria considerado vulgar em outras épocas? Essa vulgaridade é um sinal da dominação do primeiro chakra.

A erosão da ética: pós-secularismo

A ciência materialista não pode confirmár a ética e não pode comprovar a universalidade das leis éticas; para isso, é preciso o pensamento quântico e reencarnatório (ver Capítulo 9). Mas a filosofia materialista permite uma versão míope da ética. Segundo os sociobiologistas e a ideia do gene egoísta, o altruísmo seria inteiramente devido ao condicionamento genético, e não tem valor ou necessidade universal. A sociobiologia também justifica nossa natureza competitiva. Logo, a busca do poder para a dominação que o político empreende é, ao que parece, derivada de nossa biologia, e não a busca do significado dentro de uma estrutura ética que o idealista propõe para a política.

A era da mente, no mínimo, tende a ser racional. Quando a lógica mostrou que a ética só exige que se fale dela, e não que a ponham em prática, os políticos abandonaram a ética em massa.

Pense nas eleições norte-americanas de 2004. Muitos analistas viram-nas como uma vitória do lado ético, o lado temente a Deus, sobre os ateus não éticos. Isso só comprova meu ponto. O lado que usou da forma mais cínica o valor de se manter uma fachada de crença em Deus e na ética ganhou. Mas ninguém demonstrou ser ético nessa eleição – nem o partido vencedor, nem o perdedor. Essa marginalização da ética é, hoje, uma das mais sérias ameaças à democracia.

A falta de ética leva à corrupção, primeiro em pequena escala, depois em grande escala. Primeiro de forma furtiva, e, depois, abertamente, como hoje. E a corrupção leva à concentração de poder, quem sabe à tirania. Isso já aconteceu na Rússia pós-comunismo. E os Estados Unidos chegaram bem perto.

A maioria das democracias adota alguma forma de secularismo. O secularismo tem duas conotações: a primeira é a completa independência entre o Estado e a religião, todas as igrejas. A segunda é que o Estado deve se manter equidistante de todas as religiões; ou seja, todas as religiões devem ser tratadas da mesma forma.

Essa segunda forma de secularismo é necessária, pois as religiões não conseguem se entender sobre questões sutis da religiosidade – a natureza de Deus e a natureza dos corpos sutis – e como investigá-las. Esse desentendimento também é esperado. É muito mais difícil desenvolver uma postura monolítica acerca de coisas sutis do que sobre coisas materiais e densas.

Por outro lado, o secularismo na primeira forma pode ter relação com a suspeita materialista de que a religião pode ser uma procura ilusória para os seres humanos (Dawkins, 2006). Se a religião for marginalizada dessa maneira, a ética religiosa sofrerá o mesmo destino.

A ciência dentro da consciência é a ciência da espiritualidade e da ética. É urgentemente necessário que passemos para uma era de pós-secularismo, na qual a espiritualidade seja distinguida da religião e a ética seja aceita como uma prerrogativa fundamental para os seres humanos.

Democracia, guerra e paz

O ato de agressão é uma das ações mais antiéticas. Logo, falando em termos éticos, a guerra de agressão é imoral. Contudo, se alguém declara guerra contra você, a guerra em autodefesa é justa. Mas, falando em termos éticos, é preciso travar a guerra em autodefesa sem ter violência no coração e sem nos tornarmos animais. Só assim a guerra pode fazer parte da prerrogativa moral do agredido.

Quando os seres humanos descobriram a democracia, no século 18, uma esperança foi a de que as guerras agressivas seriam coisa do passado tão logo todos os países se tornassem democráticos. A razão é óbvia. Se uma pessoa, um rei ou ditador, decide a guerra ou a paz, e essa pessoa tem a qualidade de *rajas* como um ponto alto, é grande a chance de optar por uma guerra agressiva, mais vantajosa do que uma guerra defensiva. Mas encontrar mais de 50% de uma população que prefira uma guerra antiética e agressiva é bem menos provável. Mobilizar mais do que 50% dos representantes eleitos de uma democracia para apoiar uma guerra antiética de agressão deve ser bem difícil.

Mas deve haver alguma coisa errada nesse cenário! Você está pensando na guerra dos Estados Unidos contra o Iraque. A guerra de agressão unilateral foi apoiada por incríveis 96% dos representantes eleitos do país! Como isso é possível numa democracia?

Se você costuma ler as colunas e os editoriais dos jornais, mesmo de tendência liberal, vai perceber que o presidente do país enganou e ludibriou as pessoas, especialmente os representantes eleitos, para receber a autorização para uma agressão unilateral. Mas isso também não bate com os fatos, porque havia muita informação disponível na época para lançar sérias dúvidas sobre a necessidade dessa guerra. Uma pessoa ética nunca abandona a ação ética caso haja uma dúvida razoável.

Políticos e críticos à parte, a guerra no Iraque deve ser o exemplo mais notável de como a ética se desgastou nos Estados Unidos. Atualmente, os dois partidos políticos norte-americanos não são éticos; quanto a isso, não há dúvidas. E é muito alarmante para qualquer um que se preocupe com a ética descobrir que a maioria do povo americano suportou essa guerra antiética por tanto tempo por conta do medo e de outras emoções negativas que os políticos conseguiram explorar. Este é um exemplo gritante de quão profundo foi o ferimento criado pelo materialismo nos norte-americanos.

O pensador político Noam Chomsky chamou os Estados Unidos de "Estado fracassado" por causa de sua evidente demonstração de jingoísmo na recente guerra do Iraque e de outros eventos. Antigamente, a expressão era usada apenas com países que fomentavam o terrorismo e outras ações violentas e antiéticas. Mas concordo com Chomsky. Uma guerra agressiva e não provocada é terrorismo apoiado pelo Estado.

Novamente: não podemos erradicar violência com violência. Não podemos eliminar energias emocionais negativas acrescentando mais energia vital negativa. Em última análise, só existe um meio de lidar com a violência e o terrorismo: uma transformação, algo que exige muitas emoções positivas, ética e amor.

Como podemos devolver o significado e a ética à política, agora que sabemos que o materialismo não é o único culpado, mas apenas metade da maçã da verdade?

A polarização dos partidos políticos

Se você é republicano, provavelmente deve ter pensado que o autor é um democrata e está usando a ciência para atacar veladamente a política republicana. Mas estaria enganado. Na verdade, a maioria dos democratas desconfia do conteúdo deste livro, pois não acredita na espiritualidade ou em Deus, ponto; são decididamente materialistas.

A situação parece desesperadora porque não conseguimos achar que qualquer partido dos Estados Unidos conseguirá devolver ao país valores idealistas, que são a base da democracia. Os democratas se esquecem desses valores porque procuram valores dentro das falsas filosofias do humanismo ou do existencialismo, que são compatíveis com o materialismo. Como mencionei antes, assim ficamos presos a algum tipo de bioética com base genética ou, na melhor das hipóteses, a uma ética humanista arbitrária, difícil de definir e sem qualquer base científica.

Os republicanos parecem saber que os valores idealistas vêm das ideias de Deus e da espiritualidade. Mas, apesar de toda a sua suposta crença em Deus, eles também adotaram o materialismo científico e tornaram-se cínicos. É por conta desse cinismo e dessa hipocrisia que os republicanos usam o conceito de Deus e de valores morais para se dedicar ainda mais à procura do poder, mesmo que o preço para isso seja vender a alma ao fundamentalismo religioso.

Se os dois partidos políticos dos Estados Unidos abandonaram Deus e o idealismo, então por que não criar um terceiro partido que, desde o início, esteja baseado no conceito científico acerca de Deus e da evolução da espiritualidade manifestada de que estamos tratando aqui? É que o sistema com dois partidos é mais adequado para uma sociedade e um governo idealistas.

A base idealista do sistema bipartidário

Lembre-se de que há três maneiras de processar significado mental: a criatividade fundamental (*sattva*), a criatividade situacional (*rajas*) e o condicionamento (*tamas*). A criatividade fundamental é tênue demais para ser usada diariamente por um partido político em seu *modus operandi* dominante. Mas a criatividade situacional, com a abertura para a criatividade fundamental quando esta se acha disponível como o *modus operandi*, pode ser a base de um partido político. Seguindo o modo chinês de pensar, podemos chamá-lo de partido *yang* – o partido da mudança. É o partido da criatividade, ou, pelo menos, defendendo, de maneira progressista, mudanças que levam à busca de significados.

O outro partido seria baseado no *yin* complementar – a estase condicionada – como seu *modus operandi*. Este partido, idealmente, deveria equilibrar o risco criativo e as aventuras do outro partido criativo, insistindo em manter-se junto ao básico, em manter o *status quo*. Assim, no idealismo, um governo idealista, a democracia, fica melhor gerido num sistema com dois partidos, um dos quais com postura criativa e progressista, fomentando mudança, e o outro mantendo o *status quo*, conservadoramente.

Este último partido, com razão, é chamado de partido conservador em algumas partes do mundo. Nos Estados Unidos, o Partido Republicano é o que se enquadra nessa descrição.

Infelizmente, é raro encontrarmos no mundo um partido político com o rótulo de progressista ou de criativo ligado a ele. Na verdade, um rótulo inadequado já causou muitos danos à imagem do partido da criatividade nos Estados Unidos e em outros lugares – o rótulo de "liberal".

A palavra liberal implica "abertura", que é um pré-requisito da criatividade, e isso é bom. Mas a palavra também pode significar permissivo (de conduta indisciplinada ou, mesmo, antiética). E isso é desastroso para a imagem do partido, e ainda mais desastroso se o partido decidir viver de acordo com sua imagem permissiva. Nos Estados Unidos, de fato, os democratas foram identificados como o partido da irresponsabilidade fiscal, da permissividade sexual e de atos eticamente ambíguos, como o aborto, e até como um partido de *hippies*, causando muitos danos à sua imagem. Mas a ética é obrigatória numa sociedade idealista, e o liberalismo como permissividade não é a ideia.

No entanto, o liberalismo também significa estar aberto aos ideais da democracia liberal, dentre as quais a principal é a justiça social – abrir a sociedade para que todos tenham acesso ao significado. Este antigo significado da palavra "liberalismo" é que precisa ser devolvido à política.

Com efeito, nos Estados Unidos, o Partido Democrático não é nem criativo, nem progressista, pois cada vez mais se resume apenas a falar da injustiça social, e fica cuidando de grupos de interesse especial. Um bom exemplo é como ele abandona prontamente os ideais de uma educação liberal para agradar um de seus grupos de interesse, o dos sindicatos de professores. Com efeito, ele é bem um partido liberal, no sentido pejorativo da palavra!

Mas o Partido Republicano de hoje também não é um partido conservador. Os republicanos podem ter começado como verdadeiros conservadores e podem ter permanecido assim por um longo tempo, exceto por desvios ocasionais. Entretanto, como o Partido Republicano de hoje pode ser o partido conservador se promove um financiamento da dívida sem precedentes e acumula um enorme débito nacional, quando apresenta uma agenda claramente antievolucionária, aumentando a lacuna de riquezas entre ricos e pobres?

E mais. A democracia norte-americana baseia-se na separação de poderes, na existência de poderes independentes. Os três poderes independentes, naturalmente, são o Executivo, o Legislativo e o Judiciário. O quarto poder, extraoficial, mas igualmente importante, é a mídia noticiosa. E talvez haja um quinto, a religião.

Mas veja o que os políticos do Partido Republicano têm procurado fazer (com certa ajuda dos democratas)! Eles apagaram a separação secular entre igreja e Estado; isso nós já comentamos. Igualmente alarmante é o fato de estarem tentando – e conseguindo – apagar a separação entre o Executivo e a mídia noticiosa. Com certeza, ainda não é o *1984*, de George Orwell, mas alguns autores já perceberam a tendência. Os republicanos também estão tentando mexer na independência do Judiciário, mas isso não é novidade. Seja como for, essas tendências não são *kosher* e, definitivamente, não são conservadoras.

Não, os dois partidos norte-americanos são partidos oportunistas; ambos se desviaram dos princípios idealistas e nenhum dos dois, em sua forma atual, pode revitalizar a democracia, devolvendo-lhe suas raízes idealistas. E qual é a solução? Fundar novos partidos causaria uma proliferação de partidos contra os princípios idealistas, e não daria certo. Assim, o único modo de sair disso é mudar os dois partidos existentes, devolvê-los aos ideais que os fundaram. Como fazemos isso? De dentro para fora.

Embora os republicanos não sejam mais efetivamente conservadores, em termos da manutenção de sua base de apoio principal eles têm sido eficientes (a coalizão entre o complexo industrial-militar, as multinacionais, os tradicionais conservadores "menos governo"), porém, atraíram os fundamentalistas religiosos para seu meio. Entusiasmados com esse sucesso, atualmente eles voltaram à nostalgia de temas antigos e muito retrógrados (em suma, o neoconservador) – as aventuras militares que lembram as cruzadas, e a criação de enormes lacunas entre ricos e pobres, lembrando as sociedades feudais. Isso é um recuo no tempo, vai contra a evolução da consciência, e é pouco provável seu sucesso. Na verdade, a coalizão republicana já mostra sinais de discórdia com os aventureiros neoconservadores. Assim, com a exceção do importante problema da separação dos cinco poderes na política norte-americana, a restauração do Partido Republicano já está a caminho.

Os democratas, por sua vez, não conseguiram manter seu apoio central. Para dar um exemplo, os membros dos sindicatos de trabalhadores são socialmente conservadores, e costumam votar contra sua carteira em função de alguma questão social. Os democratas também fazem muita confusão sobre o papel da religião e da moral na política. Finalmente, o Partido Democrático é o partido da agenda social progressista, da instalação da justiça social, uma tarefa na qual não estão se empenhando. Por isso, como um todo, os democratas precisam muito de uma redefinição. Numa palavra, o Partido Democrático não tem noção de onde deve ir, e é um terreno muito fértil para o ativismo quântico.

Do secularismo ao pós-secularismo

No passado, o secularismo trabalhou para a democracia. O Estado realiza o ideal democrático de levar significado para todos os membros da sociedade. A Igreja nos dá a cobertura ética sob a qual todos buscam significados. Infelizmente, a evolução do materialismo científico deixou esse equilíbrio em palpos de aranha.

Nos Estados Unidos, os democratas progressistas, que deveriam promover a busca de significado, seguem (corretamente) o veículo da criatividade para essa promoção. Mas a ciência deveria ser uma das atividades criativas apoiadas veementemente pelos democratas. Quando a ciência defende um materialismo sem Deus e um existencialismo sem significado, os democratas ficam completamente confusos. Muitos desses democratas confusos parecem ser antirreligiosos, ou mesmo antiéticos. Assim, como pessoas religiosas podem achar que eles serão equânimes com a religião e com a ética religiosa?

Os republicanos têm uma confusão diferente. Sendo conservadores, não são particularmente ligados em ciência ou em avanços científicos. Eles aceitam as dádivas oferecidas pela ciência à sociedade – a tecnologia –, mas não precisam aceitar a ideologia da ciência – o materialismo. Infelizmente, foi o que fizeram, começando pela presidência de Ronald Reagan (materialista, defensor da sobrevivência do mais apto, que odiava os pobres e qualquer ideia de dar-lhes acesso ao processamento de significados). Infelizmente, além disso, os republicanos também cresceram na atual sociedade materialista, e, no fundo, ficaram tão condicionados com os valores materialistas que se tornaram tão confusos quanto os democratas, ou até mais. Desse modo, os políticos republicanos desenvolveram uma dúvida muito pouco saudável sobre Deus e a ética religiosa, suficiente para convertê-los em cínicos alienados da ética religiosa. A partir dessa ambiguidade sobre a religião e a ética religiosa, eles podem proclamar definitivamente sua crença em Deus e na moral, sem deixar de ter condutas não idealistas, como bloquear o acesso a oportunidades iguais para os pobres. Consolidaram uma aliança profana de ricos e poderosos, por um lado, e de fundamentalistas cristãos por outro, mas aí os secularistas – aqueles que desejam manter a separação entre Igreja e Estado – perderam a confiança neles.

Qual a saída para esse labirinto, uma cisão quase meio a meio nas atitudes políticas norte-americanas? (E não se esqueça de que há uma dinâmica similar em outras partes do mundo.) Temos de voltar às raízes do secularismo e perguntar: o secularismo será relevante hoje?

Já mencionei um motivo para o secularismo na democracia – a liberdade de seguir uma religião minoritária. Mas essa não é a razão básica.

Você precisa perceber que a democracia evoluiu nas sociedades cristãs e que o cristianismo como religião foi antagônico a assuntos de Estado desde o princípio. Jesus não disse a seus discípulos "dai a César o que é de César e a Deus o que é de Deus"? Assim, no cristianismo, desde o princípio, as atividades mundanas não são consideradas espirituais, existe uma cisão entre Estado – o foco de atos deste mundo – e religião – o foco de atos do outro mundo ou transcendentes, que nos levam ao reino do céu (ver também Zohar & Marshall, 1995).

E o cristianismo não é a única religião do mundo com essa cisão. No hinduísmo, até Aurobindo, esse lado mundano foi rotulado como parte da ilusão, *maya*.

Mas esse tipo de pensamento deve dar lugar ao novo pensamento evolucionário, segundo Aurobindo. Esse aspecto mundano não é tão desprovido de significado como afirmam os materialistas. Também não é trivial, como pensam os cristãos e os hindus. Com efeito, essas ações mundanas acontecem com um propósito bem definido, o de desenvolver a capacidade de fazer a representação de valores espirituais no mundo manifestado. É importante seguir o propósito da transcendência ou do outro mundo, sem dúvida; sem essa dedicação, como teríamos sabido em primeira mão (antes da descoberta da nova ciência) o que é Deus, o que é a espiritualidade? Mas colocar em prática aquilo que descobrimos em nossa busca do sobrenatural neste mesmo mundo é igualmente importante. De que outro modo poderíamos fazer surgir o divino na humanidade?

Na nova ciência, a materialidade e a sobrenaturalidade, a imanência e a transcendência são comprovadas. Então qual é a relevância do secularismo, senão para evitar o monopólio religioso e para manter o Estado equidistante de todas as religiões? Precisamos passar para a era do pós-secularismo, na qual a espiritualidade será vista como algo diferente da religião.

Para evitar o monopólio de uma religião sobre outras, tudo que precisamos fazer é distinguir entre os conceitos de espiritualidade e de religião, entendendo claramente a religião como o caminho pessoal até Deus. A espiritualidade deveria designar considerações ontológicas e epistemológicas gerais de Deus, natureza divina, ética e questões correlatas.

Como, em nossa nova visão de mundo, a espiritualidade também é a base de nossa nova ciência, e a ciência já é apoiada pelo Estado e incluída em nossa educação, todos os conflitos e controvérsias atuais sobre essas questões devem desaparecer como o orvalho ao sol da manhã.

Um exemplo. Podemos ensinar o criacionismo em nossas escolas? Não, pois ele tem uma nítida conotação religiosa específica, a do cristianismo, e o secularismo exige que isso seja mantido fora de nossas escolas públicas. Mas podemos ensinar a teoria do desígnio inteligente? Claro, como uma das primeiras teorias da criação entre culturas que, infelizmente, não condiz plenamente com os dados. O neodarwinismo pode ser ensinado em nossas escolas? Pode apostar, também como uma teoria parcial que explica a evolução interna das espécies e a especiação na microevolução, mas não os gigantescos saltos evolucionários da macroevolução. A teoria da criatividade biológica da evolução proposta neste livro, na qual tanto a causação ascendente como a descendente têm seus papéis, pode ser ensinada? Com certeza, como uma teoria melhor do que as duas anteriores, sujeita a averiguações adicionais experimentais e teóricas para termos detalhamento e ajustes finos.

Analise outro exemplo. A prece comunitária deve ser incluída em nossas escolas? Sim, desde que seja genérica e não fira a sensibilidade religiosa de qualquer indivíduo ou grupo específico. A meditação pode ser incluída? Sim, é claro. A meditação é sempre genérica, pois é silenciosa.

Acredito que o Partido Democrático, voltando a ser o partido da criatividade e da mudança, será o primeiro a aceitar o novo paradigma científico da ciência dentro da consciência. Isso tornaria novamente progressista o Partido Democrático. Em vez de ser vistos como antirreligiosos, os democratas seriam entendidos como vanguardistas da espiritualidade. No início, os republicanos teriam muitos problemas com o novo paradigma por conta da forte presença de fundamentalistas cristãos em suas fileiras, mas isso também passa. A verdade conquista todos mais cedo ou mais tarde. Se as novas ideias acerca de Deus e da espiritualidade forem verídicas, como parecem ser sob rigoroso escrutínio experimental, mais cedo ou mais tarde todos irão aceitar sua validade.

Com a ciência dentro da consciência – a ciência idealista – a orientar a democracia e a política, nunca haveria o tipo de ataque frontal ao significado e à ética, que solapa a democracia na atualidade. Infelizmente, a mudança de orientação do poder em nome do significado para o poder em nome da dominação, que vemos hoje na política, exigirá mais do que uma mudança de paradigma de nossa ciência. Vai exigir algum grau de inteligência emocional (veja a seguir).

Equilíbrio do poder

A verdade é que, neste estágio mental de nossa evolução, estamos longe de ser capazes de dominar as energias do amor. Nesta era que os hindus chamam de *Kali Yuga*, é essencial termos alguém nos vigiando para nos mantermos honestos na busca de significados e de ideais democráticos em geral. Assim se originou a ideia do equilíbrio do poder. Na democracia, o poder deveria ser repartido entre diversas instituições distintas, cada uma vigiando as demais.

Mas, quando esse poder é buscado sem um significado e a ética sai do cenário, a colusão entre os diversos setores compromete o equilíbrio do poder. Foi o que aconteceu, nos primeiros anos do século 21, nos Estados Unidos sob a presidência de George W. Bush. Uma parcela significativa da mídia noticiosa foi convencida a abrir mão de sua responsabilidade de vigilância.

A mídia jornalística enfrenta agora uma imensa lacuna de credibilidade. Originalmente, ela se baseava nos ideais de verdade e justiça. A concorrência e a pressão econômica levaram ao aumento do valor de entretenimento das notícias, e os profissionais ligados à mídia começaram a comprometer a verdade para tornar seu produto mais interessante. Com o tempo, até a busca da justiça teve de ser sacrificada. Agora, há uma discussão aberta sobre o estabelecimento de uma supervisão da própria mídia jornalística – como se fôssemos colocar um observador para acompanhar o observador. Mas quem irá observar o observador do observador?

A principal causa da erosão da credibilidade da mídia jornalística é sua própria ambivalência sobre os ideais de verdade e justiça. A visão de mundo materialista afetou a objetividade e a ética da própria mídia jornalística.

Quando eu estava pesquisando sobre evolução para o meu livro *Evolução criativa das espécies* (2009), não pude deixar de notar que a mídia noticiosa começou a usar as palavras evolucionismo e darwinismo como sinônimos quando obviamente há controvérsias a respeito. De modo análogo, a mente tornou-se sinônimo de cérebro na cabeça de muitos jornalistas, apesar da polêmica.

A jornada que conduz a mídia jornalística de volta à credibilidade precisa começar com um salutar ceticismo em relação às alegações da ciência materialista e à sua visão de mundo, na qual o lugar de arquétipos idealistas como verdade, justiça e bem (a base da ética) já está comprometido. E fácil encontrar defeitos na *Fox News* ou em *Rush Limbaugh* porque eles exageram a distorção da verdade. No entanto, qualquer jornalista que, sem querer, tenha sido vítima do materialismo científico, já colocou em risco seus ideais, seja a verdade, a justiça ou a ética. Ambos os comportamentos originam-se da mesma tendência a agradar a maior parte do público, e isso não é nem objetivo, nem ético.

Inteligência emocional

Nas primárias de 1972, os democratas tinham um candidato da Nova Inglaterra muito promissor, Ed Muskie. Mas a esposa de Muskie foi repudiada por alguns jornais conservadores; Muskie reagiu a isso de forma emocional, chegou a chorar em público. Quando isso circulou na mídia, a carreira de Muskie teve fim. A percepção pública orientada pela mídia foi que Muskie não tinha maturidade emocional.

Acredito, como alguns *experts* analisaram na época, que a verdade talvez fosse o contrário: Muskie era mais maduro emocionalmente do que a maioria dos políticos. Mas Muskie perdeu porque desafiou a percepção do público norte-americano quanto ao significado de maturidade emocional. A maioria dos norte-americanos, provavelmente até hoje, confunde maturidade emocional com supressão emocional.

Portanto, deve ficar claro que é árdua a tarefa de levar a inteligência emocional – atribuir significado aos sentimentos com a clareza necessária do contexto arquetípico de ambos – ao cenário político dos Estados Unidos. Toda cultura precisa reavaliar a forma como trata as emoções – os malefícios de reprimir as emoções independentemente do contexto e do desejo de se atingir um equilíbrio. Depois, há a difícil tarefa de pôr em prática aquilo que é aceito conceitualmente.

Mesmo assim, é preciso fazer isso. O poder para dominar é uma emoção negativa. A menos que o façamos e que o equilibremos com a natureza positiva do amor, ele não vai se render. Nos Estados Unidos, durante a administração de Bush II, o poder estava tão envolvido pela negatividade que até a tortura de prisioneiros para obter informações, violando regras internacionais claras, não deixou de ser uma ideia vinculada à sua gestão.

Só quando equilibramos poder com amor é que o poder é capaz de ser usado a serviço do significado. Nossos líderes políticos devem compreender isso e agir de forma coerente, e nós, o povo, devemos insistir para que o façam.

A democracia deve conter a ética evolucionária

A ciência dentro da consciência proporciona uma base científica para a ética – se deixamos de ser éticos, causamos a proliferação da reencarnação (Goswami, 2008a). A ameaça da reencarnação é suficiente para manter as pessoas na linha? Duvido. Mas... e se as pessoas deixam para prestar contas em vidas futuras? O que acontece?

Felizmente, o medo da reencarnação não é o único incentivo; há ainda o movimento evolucionário da consciência que nos impele na direção da ética – a ética evolucionária. Essa pressão se expressa sincronisticamente na criação de condições críticas caso não ouçamos seus apelos. Se não obedecemos às necessidades da evolução, os sistemas sociais se rompem, como fizeram na antiga União Soviética.

Lideranças democráticas do mundo todo devem perceber que o cenário de crise com que nos defrontamos hoje acontece principalmente por causa da violação grosseira da ética evolucionária. Nossas ações contrárias à ética e à evolução criaram um bloqueio nas instituições progressistas da sociedade, tradicionalmente os marcos do movimento evolucionário do significado, como democracia, capitalismo e educação liberal. Há um bloqueio no movimento evolucionário do significado. O chamado da ética evolucionária para nossos líderes democráticos é alto e claro; não é mais um simples "seja bom, faça o bem". Agora, a questão é agir de modo a desbloquear o movimento evolucionário da consciência. É restaurar o idealismo à democracia, ao capitalismo, aos novos empreendimentos e à educação liberal.

Não é preciso ver uma contradição nisso. Com efeito, a antiga ética ainda é importante, mas seu propósito mudou. O propósito do modo de vida representado pelo "seja bom, faça o bem" não está mais direcionado apenas para a salvação ou a libertação pessoal, mas também para o movimento planetário da consciência como um todo.

Assim, enquanto o componente espiritual de nossa cultura for dirigido apenas à "iluminação" pessoal, o bloco da democracia, por causa da mudança na busca de significados para a busca de poder para a dominação, é inamovível. Só será possível o desbloqueio quando isso for confrontado com a força irresistível da pressão evolutiva da consciência. Só quando nós, como sociedade, reconhecermos a necessidade evolucionária da transformação das energias negativas de dominação nas energias positivas do amor e agirmos em relação a elas, exigindo essa atitude também de nossos representantes e líderes eleitos, é que seremos capazes de dar um salto quântico e de fazer progresso.

Em termos concretos, o que isso significa? Agora, a democracia está sendo cada vez mais praticada, de modo a deixar muitas pessoas fora do "grupinho", e elas não têm motivação para participar da democracia. Isso viola grosseiramente a ética evolucionária, que consiste em maximizar a participação das pessoas em processos significativos.

Devemos nos lembrar de que, numa democracia, os representantes eleitos são apenas guardiães do poder do povo, de nosso poder. Também devemos eleger líderes capazes de se antecipar às necessidades evolucionárias do movimento da consciência e que possam conduzir as pessoas para lá. Na Índia, Gandhi foi um desses líderes. Mikhail Gorbachev foi um líder assim na antiga União Soviética. Na África do Sul, esse líder foi Nelson Mandela. Abraham Lincoln e John Kennedy foram líderes desse quilate para os Estados Unidos. Qual a diferença entre esses líderes visionários e os líderes comuns, adstritos ao poder? Esses primeiros anteviram corretamente o modo como seu país poderia reagir às necessidades evolucionárias da consciência. Eles personificaram essas necessidades e agiram em sincronismo com sua *persona*. O resto é história.

No cenário político, também fica claro que, enquanto nos ligarmos a Estados nacionais, as emoções negativas sempre encontrarão raízes no conceito de patriotismo e incitarão as pessoas, prejudicando novamente a evolução durante algum tempo. Isso aconteceu nos Estados Unidos logo após o desastre de 11 de setembro e prosseguiu até 2006. Qual é o remédio?

Em curto prazo, o remédio é simples: livre-se da liderança demagoga e eleja aqueles que não vão usar o patriotismo como um chamado de clarins para bloquear o movimento evolucionário da consciência.

Em longo prazo, porém, só um movimento rumo ao internacionalismo, começando por unidades maiores do que uma nação, vai nos salvar de líderes míopes e nada éticos, que usam o patriotismo em seu interesse. Esse movimento pelo internacionalismo já está ocorrendo na Europa, na forma da União Europeia.

Plano do ativista quântico para salvar a democracia: um resumo

A tarefa consiste em afastar os políticos da busca do poder como forma de dominação e levá-los à busca do poder para a propagação do significado. Como fazer isso? Contemos as maneiras.

1. A democracia, um sistema idealista desde sua criação, funciona melhor num sistema bipartidário. A primeira e mais crucial tarefa para salvar a democracia é convencer os dois principais partidos políticos do país a se adequarem a um caráter idealista. Um partido deve ter a mentalidade criativa e progressista; o outro deve ser conservador. Devemos mudar o foco da comparação entre os dois partidos, passando do atual *conservador versus liberal* para *conservador versus progressista*.
2. Nos Estados Unidos, o Partido Republicano é o partido conservador, e seus adeptos ainda se ajustam a seus valores básicos, exceto por um segmento chamado de neoconservador. Este segmento está tentando trazer de volta sistemas muito antigos: a dominação mundial através de meios militares e a imensa lacuna feudal entre os que têm e os que não têm. Os neoconservadores são contrários à evolução, e seu poder dentro do partido republicano deve ser contido.
3. O poder gosta de ter companhia, e os republicanos uniram forças com a direita religiosa, chegando perigosamente perto de violar a separação entre Igreja e Estado, secularismo. Isso também precisa ser contido. Devemos levar a mensagem do pós-secularismo da nova ciência aos republicanos e trabalhar seu cinismo materialista como parte da agenda prioritária do pós-secularismo.
4. Os democratas são os equivalentes norte-americanos de um partido progressista, e seu principal problema é a falta de um leme. Sua confusão advém da aceitação integral da ciência materialista. Assim, eis uma imensa abertura para ativistas quânticos. Leve a nova ciência aos democratas. Com isso, não só eles terão um leme para sair da atual desorientação, como poderão ficar do lado certo de Deus e dos valores éticos, para variar. Democratas que desejam mudanças de verdade precisam perceber que a criatividade fundamental é a força por trás das verdadeiras mudanças, e é um dom da causação descendente de Deus.
5. Os dois partidos precisam ser levados a ver a importância de se manter o equilíbrio de forças entre os cinco poderes independentes – a presidência, o Legislativo, o Judiciário, a mídia noticiosa e a religião (independente do governo).

6. A mídia jornalística precisa se convencer de que deve abrir mão de sua adesão cega às crenças materialistas em favor do idealismo, e servir novamente à causa dos arquétipos da verdade e da justiça sem transigências.
7. A cultura de um país democrático deve almejar a inteligência emocional e equilibrar poder e amor. (Lembre-se do ditado: "transforme o amor pelo poder no poder do amor".) Então, seus partidos e líderes políticos poderão encontrar novamente o caminho que conduz do poder ao significado.
8. Os partidos políticos de um país devem seguir princípios éticos, e, para que os resultados sejam ideais, a ética evolucionária.
9. Os líderes políticos servem melhor à democracia quando dedicam seu poder a serviço do significado, quando praticam a inteligência emocional antes de pregá-la, e quando personificam a ética evolucionária antes de agir. Mas só podemos cultivar tais líderes políticos por meio da reforma do significado e da ética em nossa educação.
10. Mais cedo ou mais tarde, para ajudar a evolução da consciência, devemos buscar o internacionalismo e abrir mão do conceito de nações ou Estados soberanos tanto quanto possível.

capítulo 17

fazendo as religiões funcionarem: pós-secularismo

A religião é realmente necessária, caso desenvolvamos uma ciência da espiritualidade como a que temos hoje, revisada nas páginas precedentes? A resposta é um retumbante sim. No entanto, talvez seja necessária alguma explicação.

Pode parecer que, como Deus é objetivo em nossa abordagem científica, coerente com os místicos, Deus é o mesmo para todos nós. Deus não é *apenas* particular. Deus é a consciência não local; o Deus de todos é a mesma consciência quântica e cósmica não local. Mas não podemos ver de imediato Deus fora de nós, e por isso Deus não é público do mesmo modo que o mundo material o é. A questão é mais sutil. Deus é objetivo porque podemos experimentar a não localidade da consciência-Deus com outras pessoas; a companhia de outras pessoas que amam Deus ajuda-nos a vivenciar com mais facilidade o lado público da consciência-Deus.

Mencionei antes os experimentos de Dean Radin com geradores de números aleatórios. Radin levou geradores de números aleatórios a salas de meditação e descobriu que, de fato, seu comportamento desviava-se substancialmente da aleatoriedade. Isso comprova o que Buda tentou dizer com sua ideia de *sangha* (ou comunidade), o que os hindus queriam dizer com *satsang* (ou a companhia de pessoas em busca da realidade) e o que Jesus quis dizer com a frase "Pois onde dois ou três estiverem reunidos em meu nome, estarei no meio deles".

As religiões, comunidades de pessoas motivadas espiritualmente, nasceram da intuição da não localidade quântica da consciência-Deus!

Há um segundo motivo para que as religiões sejam importantes, caso consideremos a espiritualidade não como uma mística antiquada, mas como uma nova forma de ciência, à maneira de Aurobindo. Há uma dimensão social na espiritualidade. A espiritualidade não só satisfaz a meta pessoal de despertar para a consciência-Deus, como também para o desenvolvimento da essência da consciência-Deus – os arquétipos supramentais que chamamos de virtudes ou mesmo de natureza divina – no palco da consciência humana.

Por isso, a religião é necessária para ajudar-nos a religar, a reconectar. Reconectar com nossa própria divindade em nossa personalidade; reconectar com as qualidades divinas na evolução de nossas sociedades. A primeira exige criatividade; a segunda, amor.

Nesses dois casos, em termos históricos, as religiões ocidentais têm tido um desempenho um tanto fraco. O judaísmo, a raiz de todas as religiões ocidentais, foi um bom começo. Como seria apropriado, teve raízes na Cabala, com base no enunciado claro da filosofia não dualista. Mas depois apareceu o Antigo Testamento com seu conceito de um Deus irascível; o amor ficou limitado ao clã escolhido por Deus, e o judaísmo mergulhou na política do poder. Então, apareceu Jesus para reformar o judaísmo, ele era criativo e tinha um amor imenso (por toda a humanidade), mas veja a história do cristianismo. As pessoas criativas são abundantes nele, como Santa Teresa de Ávila, Mestre Eckhart, Thomas Merton, mencionando apenas alguns. E os difusores do amor também: São Francisco, Irmão Lourenço e Madre Teresa são gloriosos em seu amor! Mas a maioria dessas pessoas não foi bem tratada pela hierarquia cristã, e tampouco seus ensinamentos são enfatizados no modo como o cristianismo popular é apresentado. O mesmo comentário se aplica ao islamismo, que tem os sufis, dentre os quais os grandes pregadores do amor, Rumi, Kabir, Monsoor. E também tem 'Ibn Arabi, um dos xeques mais criativos que já existiram. Mas o sufismo não é e nunca foi criador de tendências populares no islamismo. Os aspectos que dominaram a história do cristianismo e do islamismo foram a conversão, o proselitismo, as cruzadas e coisas do gênero.

O fracasso das religiões organizadas, especialmente nos moldes do cristianismo e do islamismo populares, é que prejudicou a imagem da religião organizada aos olhos modernos. Conhece a história que Krishnamurti contava? Deus e o Diabo estavam caminhando. Deus pegou um papel em que se lia: VERDADE. O Diabo tomou-o da mão de Deus. "Não se preocupe, eu a organizo para você", exclamou.

As religiões do Oriente se saíram melhor, pelo menos até recentemente. Havia dualismo num nível popular, mas os ensinamentos não dualistas não eram exatamente desprezados. Mais importante ainda, aqueles que percebiam Deus – as pessoas criativas e as pessoas amorosas – eram reverenciadas no Oriente, e não perseguidas.

É possível até ver uma evolução no modo como o hinduísmo e o budismo progrediram. Primeiro, essas duas religiões se centravam nas jornadas interiores da autorrealização e negavam o mundo. Mas, quando vemos que alguns dos pensadores religiosos estão pensando em voz alta, "faz sentido uma pessoa se libertar enquanto o resto da humanidade está nas trevas? Afinal, a consciência é a mesma e uma só!". Assim, desenvolveu-se a ideia do *bodhisattva* – ninguém sai do mundo enquanto toda a humanidade não estiver iluminada. E então, com Aurobindo, a ideia da evolução da consciência finalmente recebeu alguma atenção.

No Ocidente, quem, se não alguns adeptos da Nova Era, conhecem os grandes *insights* evolucionários do cientista e místico jesuíta Teilhard de Chardin?

A história da segunda metade do século 20 é diferente. Nela, encontramos o Oriente sucumbindo lentamente ao materialismo, os místicos orientais migrando para o Ocidente e o Ocidente despertando lentamente para a consciência, sendo gradualmente curado do profundo ferimento criado pelo materialismo. Mas não podemos permitir que o Oriente adormeça ou sofra com o materialismo, do modo como o Ocidente sofreu. Precisamos de um esforço integrado, da integração Oriente-Ocidente.

Deus na segunda pessoa

Ken Wilber (2006), em seu inimitável estilo, escreveu recentemente sobre o 1-2-3 de Deus: o Deus na primeira pessoa, o Deus na segunda pessoa e o Deus na terceira pessoa. Quando nos reconectamos com Deus por meio da criatividade, em esforços da primeira pessoa, é a face de Deus na primeira pessoa conforme a terminologia de Wilber. E, quando estamos investigando Deus coletivamente, como em organizações religiosas e na ciência, estamos, na verdade, lidando com a face de Deus na terceira pessoa. Além dessas duas faces, Deus pode ser abordado na segunda pessoa, segundo Wilber. E Wilber tem razão.

Na segunda pessoa, como você pode deduzir facilmente, Deus é tratado num relacionamento na segunda pessoa. Deus no relacionamento íntimo de um enamorado, ou, como o filósofo Martin Buber colocou a questão, Deus num relacionamento eu-tu. Mas como o vivenciamos? Como mantemos um relacionamento íntimo tangível com um conceito? Não é à toa que isso gera muita confusão.

A tradição hindu reconheceu o Deus na segunda pessoa desde o começo (infelizmente, sem esclarecer muito o conceito), percebeu a dificuldade em praticá-lo e desenvolveu a tradição do guru como resposta, o que criou ainda mais confusão. A ideia parece boa. O que você procura fazer é abrir mão de seu ego, para que a consciência-Deus assuma suas ações. Então, todas as suas ações serão apropriadas. Como o ato de entrega a uma ideia nebulosa também é nebuloso, "entregue-se a uma pessoa numa relação hierárquica simples, um guru", dizem os fundadores do hinduísmo. E esse sistema de gurus ainda é forte na espiritualidade indiana. Só um guru pode dar-lhe a salvação espiritual, como qualquer hindu pode lhe dizer.

Ao que parece, Wilber segue a tradição dos gurus (Cohen & Wilber, 2009). E, como Wilber conquistou (merecidamente) muito respeito como filósofo espiritual, a ideia do guru está tendo um renascimento após anos de declínio, mesmo nos Estados Unidos, a terra dos céticos de autoridade.

E como fica o ativismo quântico em relação ao conceito de um guru, à ideia de nos entregarmos a um guru? Avisei anteriormente que os ativistas quânticos não deveriam aspirar a tornar-se gurus (ver Capítulo 9). Por quê? Essas questões são sutis e cheias de controvérsias, mas, mesmo assim, carecem de discussão.

Usando a física quântica e a ciência dentro da consciência, podemos decifrar alguns conceitos altamente esotéricos da literatura hindu. Mencionei antes o conceito de *samadhi* como a experiência superconsciente do *self* quântico. Mas, no hinduísmo, quando seus adeptos falam de *samadhi* na literatura esotérica, eles se referem a dois tipos diferentes de *samadhi*: *savikalpa samadhi* e *nirvikalpa samadhi*. Qual a diferença entre ambos?

Na experiência de um *insight* criativo, exterior ou interior, na consciência-Deus estamos escolhendo algo novo, sem o costumeiro filtro das reflexões no espelho da memória. Desse modo, qualquer experiência de *insight* será imediata. Esse imediatismo fica mais óbvio quando olhamos criativamente para a natureza da própria percepção-consciente.

O processo criativo é o mesmo que discutimos antes, só que agora a preparação consiste em meditar sobre a própria percepção-consciente. Assim, alternamos entre meditar sobre a percepção-consciente e relaxar – relegar o processamento à consciência-Deus. Essa alternância ser-fazer-ser-fazer-ser entre ego e consciência-Deus tem muito da intensidade do relacionamento *bhakti* (de amor) eu-tu de que falou o filósofo Martin Buber. É nesse estágio que ajuda ter um guru, um relacionamento hierárquico entrelaçado com uma pessoa em carne e osso. Em algum momento, nós entramos no estado de colapso primário da divisão sujeito-objeto. Como você se recorda, nesse estado o sujeito em questão é o *self* quântico. O que é o objeto? Ora, a percepção-consciente, naturalmente.

Mas quem pode ser um guru? O que experimentamos na culminação do processo de criatividade interior indicado acima é a unidade de tudo, como o sujeito e o objeto – o campo da percepção-consciente – surgem de uma identidade, a consciência. A experiência da "unidade" cria muita confusão. Algumas pessoas a interpretam (erroneamente) como a experiência suprema da realidade e declaram-se "iluminadas", "transformadas", qualificadas a ser gurus etc. Na literatura iogue (Taimni, 1961), porém, há clareza: essa experiência superconsciente é o que chamamos de *savikalpa samadhi*. *Samadhi* diz respeito à igualdade dos dois polos, sujeito e objeto. *Savikalpa* significa "com separação". Os budistas esclarecem ainda mais a situação: nesta experiência, tornamo-nos conscientes do surgimento simultâneo e dependente do *self* quântico universal e do mundo (objeto), embora o *self* (sujeito) já esteja separado do mundo (objeto). A física quântica torna o assunto ainda mais claro: nós nunca *experimentamos* a consciência isoladamente de suas possibilidades. Qualquer experiência, por definição, envolve a mensuração quântica em hierarquia entrelaçada, autorreferência e divisão sujeito-objeto. Em outras palavras, *savikalpa samadhi* é tão profundo (ou elevado) quanto nossa experiência pode nos levar.

Por sua vez, *nirvikalpa* significa sem separação (sujeito-objeto). Se não existe experiência sem separação sujeito-objeto, o que isso representa? Como podemos saber? É bem confuso.

Para compreender, pense no sono profundo. No sono profundo, não existe divisão sujeito-objeto e não existe experiência. Mas também não temos problemas para aceitar que dormimos. Não mudamos só porque dormimos. Fazemos isso sem esforço, e é um estado de consciência aceito universalmente.

No sono profundo ordinário, o ego mantém um controle tão severo sobre aquilo que processamos inconscientemente que, de modo geral, não alimentamos novas possibilidades. Mas, quando praticamos a submissão do ego, o que é novo é bem recebido pelo processamento inconsciente, mesmo no sono profundo, e Deus está lá para processá-lo. Isso precisa ser entendido como um sono mais profundo, às vezes chamado de *yoga nidra* (nidra é a palavra sânscrita que significa sono) na literatura, no qual ocorre um processamento inconsciente especial que é identificado no momento em que despertamos, resultando em sonhos lúcidos espontâneos, muito parecidos com experiências criativas. Mudamos, mas ainda mantemos a identidade do ego. Essa experiência não é tão rara, e agora muitos neurofisiologistas identificaram tais estados superiores do sono.

Agora, imagine que a submissão do ego é mais profunda ainda, e que tais estados de *yoga nidra* ocorrem no que seriam as horas de vigília. Se você não for um *connaisseur*, interpretaria esses episódios como eventos de *nirvikalpa samadhi* – *samadhi* sem separação, e, naturalmente, nesse nível profundo de submissão, o mundo deixa de ser importante, e os *flashes* criativos ao despertar são ignorados. Agora, há uma transformação, não existe mais o ego no sentido habitual. Em estágios de submissão ainda mais profundos, esses episódios tornam-se *sahaj*, palavra sânscrita que significa "fácil e sem esforço".

Há ainda outras sutilezas de que tratei em outros trabalhos e que o pensamento quântico ajuda-nos a decifrar (Goswami, 2008a). Vou discutir aqui apenas algumas.

Vamos recuar um pouco e perguntar: a que estamos nos submetendo? Há muita confusão, pois a tendência é imaginar que isso é como o relacionamento eu-tu, só que o relacionamento é com um "tu", que é "todo o universo" e que é "muito maior" do que o "eu" que está se entregando ou submetendo. A tendência é imaginar que esse "tu" é "aquele do qual dependo para qualquer bênção e qualquer graça, aquele que me conhece melhor... Este que supervisiona todos os jogos que eu possa jogar" (Patten, 2009). Esse tipo de imaginação é pouco melhor do que o do cristianismo popular, no qual Deus tem uma barba branca, pois Deus ainda tem a onisciência, a onipotência e a benevolência do antigo cristianismo popular. O pensamento quântico coloca-nos na rota: a quem nos submetemos? Ao Deus objetivo, ao movimento evolucionário e objetivo da consciência. E o que entregamos? Entregamos a tendência a resolver nossos conflitos a partir do ego, a tendência a obter aquilo que o ego/nós desejamos ou intencionamos.

Quando a submissão plena acontece, ela é chamada de "nirvana", o que significa um estado sem desejos. As tradições dizem que essa pessoa se transformou, tornou-se um *sadguru*. E esta pequena discussão deve dar-lhe uma noção de como esse estado é raro.

A submissão a alguém que é menor implica os riscos em que geralmente incorremos nos relacionamentos hierárquicos simples. Um *sadguru* é Deus personificado, um filho de Deus porque sua identidade passou efetivamente para o *self* quântico, e agora o ego está relegado a funções meramente triviais. Qualquer um que seja menos do que isso será um professor, e o relacionamento professor-aluno numa jornada de transformação precisa ser, o máximo possível, um relacionamento em hierarquia entrelaçada, uma vez que não se pode sempre evitar alguma hierarquia simples numa estrutura organizacional.

Do poder ao significado: a política de Deus

Com efeito, as religiões populares, mesmo no Oriente, sempre apoiaram a hierarquia simples que, em grande parte, exclui o amor. Na Índia, os brâmanes eram o escalão superior da hierarquia de castas. Na China, as famílias tornaram-se estritamente patriarcais, seguindo não apenas os ensinamentos do idealista Lao Tzu, como os de Confúcio, mais pragmático. No Ocidente, a Igreja esteve à frente de uma hierarquia, seguida pelo monarca feudal e pelos aristocratas, todos acima dos servos. Em outras palavras, ao longo de nossa história, as religiões jogaram o jogo do poder, e nem sempre em conjunto com o jogo do significado.

A política de Deus não consiste em buscar o poder para dominar os outros. O objetivo da política de Deus é levar poder a serviço do significado e do divino para todos. Assim, historicamente, as religiões não têm participado da política de Deus como deveriam ter feito.

A ciência surgiu do esforço popular de dar fim à insistência da Igreja cristã em confinar o processamento de significados a uma elite social selecionada. O que a ciência estudou foi a beleza e a ordem das leis de Deus no mundo material, leis que fazem parte da natureza divina do domínio supramental. Assim, com efeito, ciência e religiões nunca deveriam ter sido mutuamente antagônicas. Quem deu início a esse antagonismo foi a Igreja. Em vez de se entusiasmar com o progresso que a ciência fez na direção da verdade (as leis materiais), a Igreja procurou defender seu próprio dogma científico. Foram necessários quatrocentos anos para que a Igreja Católica reconhecesse a validade do trabalho feito por Galileu no século 16! O antagonismo aumentou muito com a discussão criacionismo-evolucionismo e com a filosofia do materialismo científico, que ameaçou derrubar os três fundamentos essenciais da Igreja: causação descendente, corpos sutis, virtudes divinas.

Mas com a física quântica, como mostrei nas páginas anteriores, não só os fundamentos do cristianismo, como de todas as religiões, encontraram comprovação na nova formulação da ciência dentro da primazia da consciência. Não está na hora de a igreja cristã ou, mesmo, de todas as religiões juntarem-se e declararem um armistício com a nova ciência, encontrando novamente o caminho que leva da política do poder à política de Deus? Sim, está na hora, e percebo com satisfação que alguns pensadores cristãos concordam comigo (Teasdale, 1999).

Fundamentalismo religioso, terrorismo e democracia

Além disso, é preciso perceber que qualquer forma de fundamentalismo, ciência materialista ou religião fundamentalista é incompatível com a democracia. Quando um governo democrático se deixa influenciar profundamente pelo complexo (materialista) científico, militar e industrial, tal como os Estados Unidos têm feito, ele tende ao totalitarismo, caracterizado pela hierarquia e pela intolerância. Um governo desses pode impor a democracia a qualquer cultura, imerso que está na hierarquia e na intolerância religiosa? Não.

É por isso que os Estados Unidos não podem impor a democracia no Oriente Médio do fundamentalismo religioso tal como não puderam impô-la à antiga União Soviética, que estava baseada no fundamentalismo materialista. Mas o sistema soviético fragmentou-se por causa de eventuais pressões evolucionárias internas. Mais cedo ou mais tarde, isso vai acontecer no Oriente Médio.

Os habitantes do Oriente Médio veem (acertadamente) a difusão da democracia ao estilo norte-americano como a difusão de um materialismo que poderia destruir sua cultura milenar. Isso eles procuram evitar. Naturalmente, por causa do movimento evolucionário da consciência, a cultura social vai acabar mudando, mas é prudente deixar que a mudança ocorra de dentro para fora.

Enquanto isso, em vez de uma intervenção armada, uma estratégia mais adequada para países democráticos consiste em limpar a própria casa e desenvolver uma política adequada acerca de Deus. Para os Estados Unidos, isso significa um exame atento do paradigma materialista que atualmente continua a conduzir a ciência, apesar de suas inúmeras anomalias e inconsistências. Se o paradigma materialista é uma descrição inadequada da realidade, ele deve dar lugar ao novo paradigma da ciência dentro da consciência, que tem o escopo de proporcionar uma política de Deus apropriada e funcional. É fato que o terrorismo é, em grande parte, uma resposta do fundamentalismo islâmico aos males do materialismo.

Permita-me aprofundar a ideia. Confrontadas pela rápida difusão da ciência materialista e da tecnologia consumista, as pessoas que vivem em sociedades religiosas veem-se num dilema. As religiões antigas, especialmente o islamismo, sem dúvida precisam mudar, por exemplo, em relação ao tratamento das mulheres, algo socialmente injusto e impróprio na cultura mundial atual. As pessoas educadas do islamismo, educadas de forma moderna, poderiam ajudar a produzir essas mudanças, não fosse pelo viés materialista que adotam ao receber a educação moderna. Esse viés materialista leva-as ao secularismo, tornando-as menos preocupadas com a ética. Como reação, o resto da sociedade preferiria voltar à religião opressiva a adotar o hedonismo. A luta contra o secularismo torna-se um movimento pela liberdade, que sempre foi algo que os oponentes chamariam de terrorismo. Veja que os secessionistas norte-americanos eram terroristas aos olhos da monarquia britânica no século 18.

Com uma política de Deus apropriada, o terrorismo torna-se irrelevante. Talvez, nessa elevada perspectiva moral, um diálogo entre a ciência não fundamentalista, adequadamente punida, e a religião fundamentalista possa apressar o processo de descongelamento desta última, aliviando muito sofrimento.

A verdade é que o novo paradigma da ciência dentro da consciência consegue distinguir espiritualidade (que é científica e, por isso, sujeita a uma concordância consensual) e religião (que não precisa ser científica e exige concordância consensual) e também adota a ética como parte do paradigma científico. Assim, a sociedade pode passar ao pós-secularismo, no qual a espiritualidade e a ética nos moldes da ciência podem ser adotadas sem a bagagem da religião. Com isso, mais cedo ou mais tarde, o terrorismo tornar-se-á desnecessário.

Etapas para a política de Deus

Quando as pessoas que estão no poder, seja na política, seja na religião, praticam hoje a política de Deus, perguntam incessantemente: "Será que Deus está do nosso lado?". Elas estão sempre ansiosas para proclamar que fizeram a pergunta e ouviram a resposta de Deus. "Sim,

Deus está do nosso lado", declaram. "Como seguimos valores morais, naturalmente Deus nos apoia contra toda essa gente imoral!"

Ah, mas a lição da física quântica é diferente. Como a solução para o paradoxo do amigo de Wigner (ver Capítulo 4) deixa bem claro, Deus é objetivo. Você pode estar do lado de Deus quando está pronto para dar um salto quântico criativo de suas escolhas condicionadas, pois elas são conflituosas e ambíguas, quando sua escolha ressoa com o movimento evolucionário da consciência. No momento em que os dois lados de uma questão, os lados ditos moral e imoral, estão apenas colocando em prática seu condicionamento sociocultural sem resolver os conflitos e ambiguidades de nosso tempo e espaço atuais, então Deus não tem favorito. Deus segue as escolhas feitas por um dos lados, para que cada um deles possa prosseguir mantendo sua ignorância. Deus preserva-se objetivo e indiferente, bem neutro.

A pergunta certa a ser feita não é "Será que Deus está do nosso lado?", mas perguntar profundamente, sempre que estivermos diante de opções conflitantes: "Qual opção privilegia o movimento evolucionário da consciência – a intenção de Deus?". Se a pergunta for recompensada com uma resposta e surgir um *insight*, a pessoa age de acordo e em ressonância com ele, que será verdadeiramente a palavra de Deus. Se não surgir um *insight*, a pessoa fará bem em usar a lógica e o sentimento para adotar a opção que sirva ao propósito evolucionário de Deus.

E, quando não houver conflito e a opção que favorece a agenda evolucionária de Deus for óbvia, as religiões deverão seguir a política de Deus segundo a agenda de Deus, e não sua agenda pessoal de poder. Só então a busca por significados vai retornar novamente às nossas religiões, e a atual busca pelo poder para dominar vai desaparecer.

Vamos analisar um exemplo, o problema da pobreza. De inúmeras formas, os pobres são deixados de lado da busca de significados, e um dos motivos é sua própria falta de iniciativa. Mas, independentemente dos motivos, o propósito da evolução no significado é fazer com que todos fiquem sob a égide onde o significado é explorado, sem deixar ninguém de fora. Nisso não há ambiguidade. Não podemos dizer, "Ah, os pobres são muito preguiçosos". Sim, são preguiçosos e, mesmo quando têm uma oportunidade, progridem lentamente; que seja.

Na história épica do *Mahabharata*, há um episódio muito bonito. O *Mahabharata* é a história dos irmãos Pandava. Nesse episódio, eles estão numa floresta e têm sede. O irmão mais velho, o príncipe coroado, senta-se para descansar e manda o caçula procurar água. Em pouco tempo, o irmão designado encontra um belo lago. Mas, quando se prepara para beber sua água e recolher um pouco para seus irmãos, seu caminho é obstruído por um poderoso ser angelical que diz: "A menos que você responda corretamente às minhas perguntas, não vou permitir que tome esta água. Se suas respostas forem erradas, você morre". Ocorre que esse irmão não conseguiu acertar as respostas e morreu. Um a um, o irmão mais velho manda os mais novos buscarem água, e nenhum deles volta. Então, o próprio príncipe sai à procura de água; ele encontra o lago e o ser angelical. Ele vê os corpos de seus irmãos e enfrenta as perguntas, pois o ser garantiu-lhe que, se as respostas forem corretas, não só ele terá acesso à água, como seus irmãos voltarão à vida e saciarão sua sede. Uma a uma, o príncipe apresenta respostas corretas. E vem a última pergunta: "Qual é o caminho da religião, o caminho até Deus?". O príncipe responde: "O caminho até Deus é sempre o mistério. Felizmente, grandes pessoas mapearam alguns caminhos, e os prudentes os seguem". Essa resposta satisfez o ser angelical, e os irmãos Pandava foram salvos.

Grandes pessoas que encontraram seu caminho até Deus e o divino fundaram todas as grandes religiões. Assim, seguidores de uma religião dispõem de um caminho mapeado, e devem sempre consultá-lo para obter parâmetros de ação. Do contrário, qual o propósito de ser seguidor de uma religião? Ao refletir sobre qualquer problema, todo cristão deve se perguntar: "O que Jesus faria? O que Jesus diria a respeito?". Se Jesus teve uma resposta e a resposta não foi ambígua, a prerrogativa cristã será seguir Jesus.

E sobre a questão de ajudar os pobres, Jesus foi ambíguo? Ele teria dito: "Só ajude os pobres se eles mostrarem alguma iniciativa"? Não, é claro. Desse modo, quando a direita religiosa dos Estados Unidos se alia com o partido político que favorece os ricos, e não os pobres, fica claro que não estão fazendo o que é cristão.

Na Índia, os fundamentalistas hindus decidiram seguir a política de Deus pela mão esquerda e descobriram que há mais alvoroço da mídia e apoio financeiro para ajudar a classe média e os ricos do que para os pobres. Felizmente, na Índia, os pobres são a maioria e votaram no partido de oposição, que explorou a situação. Portanto, os fundamentalistas hindus não conseguiram fazer prevalecer sua agenda antievolucionária. Nos Estados Unidos, porém, os fundamentalistas cristãos conseguiram fazer preponderar sua agenda antievolucionária porque manipularam cuidadosamente questões de moralidade social como forma de engodo. Vamos falar novamente disso logo adiante.

Da hierarquia simples à entrelaçada

A religião se parece muito com a cura. Pessoas que seguem ativamente uma religião (ou seja, que vão regularmente "à igreja") fazem-no porque sentem a separação em suas vidas. Mesmo essas pessoas que consideram a "igreja" basicamente como um evento social devem se sentir um pouco solitárias, pois, do contrário, para que ser sociável? Naturalmente, com a ênfase das religiões passando do poder para o significado para o poder para dominar, muita gente passou a fomentar o poder, mas é justamente isso que estamos tentando desenfatizar.

A tarefa do líder religioso consiste em ajudar a curar a separação. Nesse contexto, Deus representa a unidade. O buscador religioso de Deus vai à igreja para se sentir conectado a uma plenitude que ele intui. Como as pesquisas têm demonstrado, os rituais ajudam-nos a nos ligar a um centro cerebral (o ponto de Deus), sob cuja perspectiva sentimo-nos expandidos. Mas a expansão é só o começo.

Em última análise, assim como a cura física exige um salto quântico, a cura espiritual também o exige. Se o líder religioso se mantém hierárquico, superior, distante, ele não pode ajudar o paroquiano a dar o salto quântico para a plenitude. Como o médico quântico, o líder espiritual precisa estabelecer uma relação hierárquica entrelaçada com o paciente para que ambos possam proceder juntos à cura quântica.

Perceba como isso leva automaticamente a Igreja da ênfase no poder voltado para a dominação para a ênfase no poder voltado para o significado. A dominação exige a hierarquia simples. Quando a hierarquia simples é removida da equação, o jogo de poder da Igreja desaparece.

Como Jesus se comportava com as pessoas que o procuravam? Sabe-se que Jesus costumava lavar os pés de seus discípulos. E não era um gesto vazio, mas um ritual bem estabelecido para se chegar à hierarquia entrelaçada!

Um dos problemas das modernas religiões organizadas é o excesso de seguidores e a falta de líderes. Creio que, se os relacionamentos hierárquicos entrelaçados fossem estimulados, haveria mais gente pronta para o papel de liderança. Em última análise, a descoberta da essência da espiritualidade, Deus e a unidade de tudo, exige que mapeemos nosso próprio caminho para descobrir que não existe caminho que leve a um salto quântico, apenas um processo. Como disse Jiddu Krishnamurti: "A verdade é uma terra sem caminhos". Concluída a descoberta, o descobridor pode decidir permanecer na religião que o ajudou inicialmente. Depois, ele pode se tornar um líder.

Mas as religiões organizadas têm muito poucos líderes desse tipo, um dos principais motivos para seu declínio.

Problemas sociais

Eis o que dizem os fundamentalistas norte-americanos: "Nós apoiamos o partido político que se opõe aos pobres em função de sua posição a favor da moralidade em outras questões". Com certeza, essas questões são importantes para a religião – o aborto e o homossexualismo são as duas principais.

Essas questões são bons exemplos de questões moralmente ambíguas. Assim, vamos estudar cada uma delas em detalhes.

A ambiguidade da questão do aborto origina-se de diversos fatores. Primeiro, o feto tem vida? A ciência do passado, alinhando-se a Descartes, adotou mais ou menos a posição de que uma célula é uma máquina, e por isso o feto não tem vida. Portanto, o aborto é OK. Nessa mesma linha, porém na visão materialista, o ser humano adulto também é uma máquina. Portanto, também é correto tirar a vida de um ser humano adulto?

Nesse ponto, os médicos materialistas (os alopatas) mexem um pouco na questão e apoiam com unhas e dentes a ideia de se manter pessoas vivas em coma vegetativo indefinidamente, às custas de dispendiosos sistemas de suporte de vida (um dos motivos pelos quais os custos de planos de saúde aumentaram tanto).

Para falar a verdade, até o cristianismo popular acredita que qualquer coisa viva que não seja humana é uma máquina. Logo, a lógica rigorosa diria que o aborto também está de acordo com a crença cristã. Mas o que se ressalta é que o feto é uma vida humana em potencial e, por isso, não é uma máquina. O argumento é bom, mas é ambíguo, concorda?

A nova ciência, por sua vez, declara de forma inequívoca que até uma célula tem vida; a consciência se identificou com ela, e há matrizes vitais sendo representados nela. Contudo, também nesse caso, não é possível evitar a ambiguidade. É fato que, até a décima segunda semana, mais ou menos, o cérebro do feto não se desenvolve, e, portanto, não é possível fazer o mapeamento da mente. Isso significa que, até a décima segunda semana (muitos dizem que até a décima sexta semana), o feto tem apenas o potencial de um animal inferior, não de um ser humano dotado de mente. E, assim, o aborto pode ser permitido até o cérebro se desenvolver, o que hoje é mais ou menos a lei nos Estados Unidos. Poderíamos dizer que, se matamos animais inferiores para servir de alimento, como podemos ser hipócritas e tratar um feto de forma diferente? Mas a grande ambiguidade ainda está presente; o feto é um ser humano em potencial, tanto na concepção como na décima segunda semana.

Como disse antes, o argumento da direita cristã é bem lançado. Mas suponhamos que o aborto fosse proibido legalmente, o que iria acontecer? Nossas leis não podem controlar a sexualidade instintiva (os circuitos cerebrais) das pessoas ou os hormônios adolescentes. É mais fácil pregar a autodisciplina do que exercê-la. Veja todos os escândalos sexuais da Igreja Católica nos últimos tempos. Assim, algumas jovens sempre cometerão erros, ficarão grávidas e tentarão o aborto. Se o aborto legal não estiver disponível, vão voltar às clínicas clandestinas e enfrentarão o risco de morrer. É para isso que devemos criar uma lei que proíbe o aborto?

O que Jesus faria? Esta é a pergunta cristã. E a maioria vai concordar, espero, que Jesus pediria que fôssemos compassivos, não apenas com a vida do feto, mas também com a vida da jovem.

Para o novo aficionado pela ciência, a questão é a seguinte: o que favorece a evolução? Tomar a vida de uma adolescente em nome da vida de um feto não nascido? Não podemos ter certeza disso! E tampouco podemos ter certeza do contrário!

Assim, a ambiguidade desse tipo de questão não deixará de existir, pois é realmente complexa. Com efeito, é por isso que a solução atual, deixar a questão nas mãos da escolha pessoal da gestante em respeito à sua privacidade, é a única solução sensata. Pelo menos, estamos garantindo que nenhuma jovem vai morrer numa clínica clandestina tentando abortar seu feto indesejado, colocando em risco não apenas uma, mas duas vidas!

À medida que a nova ciência progride, podemos observar melhor as coisas. Levando a criatividade para nossas escolas, uma jovem grávida pode lidar melhor com a questão do aborto como uma questão criativa e espiritual de ética evolucionária, buscando um salto quântico para fazer uma escolha pessoal ética e sem ambiguidades. Mas a escolha será dela! Pois só se ela tiver liberdade de escolha é que poderá ser criativa, algo que a verdadeira ética exige dela.

Vamos discutir a questão do homossexualismo. O homossexualismo foi muito mal compreendido no passado, e por isso não deve nos surpreender o fato de muitas religiões adotarem uma postura adversa diante do problema. Talvez ainda não estejamos entendendo corretamente o homossexualismo. Os materialistas pensam que é alguma coisa programada nos genes ou no cérebro. Creio que se trata de uma confusão de gênero sexual herdada pela reencarnação. Mas, em uma coisa, tanto a antiga como a nova ciência concordam: é difícil um heterossexual tornar-se homossexual por opção. Há certo condicionamento profundo, quase instintivo, por trás dele. Se não é uma opção, então por que deveríamos discriminar o homossexualismo? A ciência, nova ou velha, votaria contra qualquer forma de discriminação.

O que Jesus diria? De uma coisa podemos estar certos, Jesus teria sempre compaixão e nunca discriminaria outro ser humano.

Perceba que nem a ciência, nem Jesus estão endossando o homossexualismo por parte de pessoas heterossexuais. Esse endosso nem é necessário, nem implícito para se opor à discriminação. A nova ciência é muito clara a respeito disso. Discriminar qualquer ser humano é negar-lhe o processamento de significados – uma atitude realmente antievolucionária e nada divina.

Infalibilidade

O problema da intolerância religiosa, e muitas religiões a demonstram, surge basicamente da doutrina da infalibilidade das escrituras religiosas. É como o dogma da exclusividade da causação ascendente defendido pelos cientistas.

Mas as evidências estão caindo sobre os ombros do cientista, comprovando a causação descendente. Do mesmo modo, as evidências científicas dizem que o capítulo do Gênesis do Antigo Testamento não pode ser tomado literalmente. Mas pode ser verídico em termos metafóricos e míticos.

E se analisarmos a questão da infalibilidade escritural do ponto de vista científico? Removemos um grande fardo. Sem dúvida, as escrituras religiosas vieram das intuições e dos *insights* supramentais de grandes místicos como resultado de encontros diretos e criativos com Deus. De fato, segundo entendemos hoje sobre a criatividade, Deus dita e o ego faz representações mentais, tornando efetivas as revelações. Mas há a questão inegável da precisão das representações mentais. A verdade é que uma representação mental do supramental nunca será completamente precisa, nunca será infalível. Toda religião precisa se entender com esse fato, e, quanto antes, melhor.

E, quando virmos apenas verdades metafóricas e míticas em nossas escrituras, também veremos que toda pesquisa, científica ou não, é feita para aprimorar nossas metáforas. Desse modo, libertarmo-nos da tirania da infalibilidade também nos liberta para apoiarmos a exploração criativa, as pesquisas sobre a natureza da realidade. Assim, as religiões poderão se entender facilmente com a ciência.

Diálogo

Pessoas diferentes, até os grandes místicos, então, veriam a verdade supramental de um modo ligeiramente diferente, e é essa visão diferente, essa representação mental, que cria as diferenças entre as religiões, o que ainda leva as pessoas a conflitos.

Precisamos aceitar o que os antropólogos culturais têm dito há algum tempo. Para coisas sutis, precisamos de pontos de vista múltiplos. Durante algum tempo, a ciência pareceu isenta disso, mas só porque limitamos a ciência ao domínio material e denso. Agora que estamos lidando com as dimensões sutis da consciência, fica claro que os antropólogos sociais estão certos, e que a biologia, a medicina, a psicologia e a religião, todos campos humanos de atividade que envolvem nossas dimensões sutis, devem preferir uma abordagem pluralística a uma monolítica.

A verdade é que, intuitivamente, sempre soubemos disso, e, desse modo, temos muitas religiões – o que é bom. Devemos ter orgulho disso, devemos aprender a tirar proveito disso.

Lembro-me da fábula dos cegos estudando um elefante. Um cego achou que o elefante seria como um muro. Outro pensou que ele seria duro e pontiagudo. Outro imaginou que ele seria macio e bastante flexível. Não somos diferentes quando estudamos o sutil. Será que os cegos podem estudar o elefante e descobrir sua natureza? Claro, desde que integrem tudo aquilo que aprenderem separadamente, desde que as partes individuais que analisarem sejam em número suficiente, e desde que usem habilmente a intuição para preencher as lacunas. O mesmo se pode dizer das religiões. Só podemos aprimorar nossa compreensão de Deus e do sutil se integrarmos aquilo que aprendemos separadamente e usarmos a intuição. E agora isso pode melhorar ainda mais, pois a ciência começou a participar da aventura. A ciência é muito boa para investigar esses aspectos de Deus e do sutil que podem ser submetidos a comprovações em laboratório.

Logo, podemos aguardar a era na qual nossa compreensão de Deus e do sutil dará um salto quântico. Mas só se as religiões aprenderem a cooperar mutuamente e com a nova ciência, dando início a diálogos.

A boa notícia é que esses diálogos já começaram sob a liderança de pessoas como Jiddu Krishnamurti e David Bohm, bem como o atual Dalai Lama e seus discípulos cientistas.

Encerro esta seção com uma história que me contaram. Um religioso foi para o céu e São Pedro esperava por ele no portão. "Sabe, está chegando um sujeito muito importante, deixe-me recebê-lo primeiro, depois cuidamos de você", disse, consolando-o. Não demorou para que chegasse o tal sujeito, com uma aparência bastante comum. Mas fizeram um grande alarido para recebê-lo. Depois, São Pedro olhou para o religioso que o aguardava e disse gentilmente: "Agora é a sua vez". O clérigo estava curioso. Ele disse: "Obrigado. Mas quem era aquele sujeito? Por que tanto alarido por ele?". "Ah, ele era motorista de táxi em Nova York", disse São Pedro. O religioso ficou estupefato e zangado. "Ora, você me deixou esperando por causa de um simples motorista de táxi? Dediquei toda a minha vida a serviço do Senhor!", respondeu. São Pedro comentou: "Sabe, as pessoas dormiam quando você fazia seus sermões. Quando as pessoas andavam no táxi dele, elas rezavam".

Ainda não decidi se essa é uma piada sobre os perigos de se andar de táxi em Nova York ou sobre como são monótonos os sermões de igrejas cristãs. Mas uma coisa eu sei. Os ventos da mudança farão bem à Igreja cristã – ou melhor, a todas as religiões.

Em suma

Vamos resumir o plano de ação que precisamos colocar em prática para mudar as práticas de nossas religiões.

- As religiões devem valorizar as pessoas de seus rebanhos que se dedicarem à descoberta criativa de Deus em suas vidas e vivenciarem sua descoberta pela exploração das energias do amor. Elas devem fazer dessas pessoas exemplos a serem seguidos. Devem permitir que sejam líderes, em vez de persegui-las.

- As religiões devem aceitar a importância da não localidade quântica e proporcionar aos membros de suas congregações oportunidades para a exploração não local da consciência-Deus.
- As religiões devem parar de lidar com o poder e voltar urgentemente à exploração do significado. A política de Deus, o único tipo de política aprovado por Deus (ou seja, uma política consistente com a evolução da consciência), é a política a serviço da disponibilização do significado para todas as pessoas. As religiões precisam sair da política do poder e adotar a política de Deus.
- A organização religiosa precisa aceitar a hierarquia entrelaçada de relacionamento entre "líderes" e "seguidores". Especificamente, precisa revisar seriamente suas organizações em hierarquia simples, tanto quanto possível.
- Questões sociais complexas exigem uma abordagem criativa, adequada à época. As religiões têm percebido isso e tomaram medidas apropriadas. Para começo de conversa, deveriam sempre se perguntar: o que nossos membros mais criativos fariam para resolver essa questão?
- As religiões devem reexaminar a questão da infalibilidade de suas escrituras em vista daquilo que conhecemos atualmente acerca da natureza da revelação (ou seja, que são *insights* criativos que o ego está traduzindo em significado e linguagem mental).
- As religiões devem começar a dialogar com outras religiões e com cientistas da nova ciência baseada em Deus. Percebi, com alegria, que está aumentando o número de conferências dessa natureza.

capítulo 18

ativismo quântico para uma boa saúde e uma vida melhor

Os praticantes da medicina materialista, como todos os outros cientistas de tendência materialista, não gostam de aceitar a responsabilidade por seus atos. Assim, sem medir as consequências de suas ações, nas últimas décadas, movidos pela cobiça e pelas oportunidades, venderam em massa suas almas às empresas farmacêuticas e aos fabricantes de dispendiosos equipamentos para diagnósticos. Isso os livrou de usar a intuição e a criatividade no diagnóstico e no tratamento de seus pacientes. Na verdade, foi algo coerente com a crença materialista de que a medicina deve ser a medicina das máquinas, consistente em coisas mecânicas (drogas, cirurgias e radiação) idealizadas para máquinas (os pacientes) e fornecidas por máquinas (as indústrias farmacêuticas, os fabricantes de equipamentos e os médicos). Contudo, isso é dispendioso, e os custos dos planos de saúde foram às alturas.

A ganância de alguns pacientes, em cooperação com seus gananciosos advogados, elevou o custo dos processos por erros médicos e selou a natureza mecânica da moderna medicina alopática. Isso fez com que as despesas médicas subissem ainda mais.

Enquanto isso, havia uma corrente oposta. Juntamente com a espiritualidade oriental, chegou ao Ocidente a medicina ayurvédica indiana e a medicina tibetana. Juntamente com o diálogo político e econômico entre a China e os Estados Unidos, chegou até os americanos a acupuntura e a medicina tradicional chinesa. Quando a medicina alopática ficou cara demais para as pessoas que tentavam em vão curar doenças crônicas, com as quais a alopatia não podia mais lidar, elas começaram a procurar soluções em outros lugares e descobriram a econômica medicina oriental, que pelo menos lhes proporcionou o controle de suas condições crônicas, quando não a cura. Em pouco tempo, as medicinas alternativas do próprio Ocidente – a homeopatia e a naturopatia – fizeram um retorno mais do que esperado.

Naturalmente, a medicina teve seu próprio grupo de pessoas que mudaram paradigmas, dentre os quais se destacaram Ken Pelletier, Larry Dossey, Herbert Benson, Dean Ornish, Andrew Weil e Deepak Chopra; a lista está longe de ser exaustiva. Esses e muitos outros pioneiros desenvolveram o novo campo da medicina mente-corpo, uma nova pedra no sapato da supremacia alopática. E, novamente, as pessoas começaram a desfrutar das técnicas dessa nova medicina, preferindo-as à alopatia tradicional.

Finalmente, o pensamento quântico também entrou no campo da medicina alternativa e proporcionou uma integração bastante necessária, definindo claramente os domínios de cada uma das diferentes formas de medicina alternativa (Goswami, 2004).

Quem teve um papel crucial nesse cenário foi a criação do fundo federal do governo dos Estados Unidos para pesquisas sobre medicina alternativa como parte do *National Institute of Health*.

Rumo a uma medicina integrativa

No mundo inteiro, a saúde e a cura estão em crise em função de custos elevadíssimos. Afirmo que os custos crescentes devem-se basicamente ao uso exclusivo de dispendiosos medicamentos alopáticos, ainda que estes tenham efeitos colaterais nocivos e mesmo que essa linha da medicina proporcione apenas um alívio temporário dos sintomas, especialmente para doenças crônicas, sem chegar de fato a curá-las, com o retorno da doença. Os custos também aumentam porque não há compreensão efetiva do que significa a cura nem do que significa a saúde. Essa incompreensão leva ao escasso uso do conceito da prevenção de doenças. Sem saber o que é a saúde, as pessoas não conseguem manter uma saúde positiva.

O principal defeito da atual filosofia da medicina alopática – a razão pela qual se considera exclusiva – é que ela se baseia no materialismo científico, a ideia de que todas as coisas, inclusive nossos corpos, são feitos de matéria e de suas interações. Em contraste, as práticas de medicina alternativa alegam que não temos apenas corpos materiais, mas também corpos sutis. Até recentemente, os praticantes da medicina alopática conseguiram negar o valor científico da medicina alternativa por causa do paradoxo do dualismo: como esses corpos sutis e não materiais podem interagir com o corpo material sem a mediação de sinais portadores de energia? Mas, se esses sinais estivessem realmente presentes, como a energia do próprio mundo físico poderia permanecer constante? Isso é uma contradição lógica, um paradoxo.

Foi feito um avanço revolucionário rumo a uma medicina integrativa, reunindo a medicina alopática e a integrativa sob uma única cúpula paradigmática, graças à aplicação da física quântica ao dilema. Na física quântica, todos os objetos – físicos, vitais, mentais e supramentais – são ondas de possibilidades, dentre as quais a consciência faz suas escolhas. A escolha consciente converte, ou "causa o colapso", das ondas de possibilidades em experiências concretas manifestadas e únicas (Goswami, 2000). A consciência que não se acha dissociada de suas possibilidades quânticas é o corpo sublime, uma interconexão não local que chamamos de consciência quântica.

Lembre-se de que os órgãos de nosso corpo físico são representações físicas dos campos morfogenéticos do corpo vital, que a consciência usa como matrizes das funções biológicas que irá depois representar no plano físico. De modo similar, a consciência faz representações de significados mentais no cérebro.

Com o paradoxo do dualismo resolvido e a relação entre corpos físicos e sutis esclarecida, abre-se a porta para uma teoria da medicina integrativa que reúne as práticas médicas convencionais e alternativas sob um mesmo paradigma. Os detalhes podem ser encontrados em outro trabalho (Goswami, 2004). A seguir, faço um resumo dos aspectos mais importantes da teoria para os praticantes do ativismo quântico, seja para transformação pessoal (para saúde positiva), seja para transformação social (para cuidados universais com a saúde a baixo custo).

Ativismo quântico e medicina integrativa

Repetindo pela enésima vez: ativismo quântico é a ideia de se usarem princípios quânticos, como a não localidade quântica (a comunicação sem sinais entre parceiros correlacionados) e saltos quânticos (movimentos descontínuos) para transformarmos a nós mesmos e a sociedade. É uma nova integração entre conceitos antigos de transformação espiritual para crescimento pessoal e conceitos do ativismo social.

No campo da saúde e da cura, o ativismo quântico começa com a análise do que é a saúde. O que é a saúde? Na medicina integrativa, somos capazes de definir a saúde de forma inclusiva. Saúde não é apenas um estado no qual os órgãos físicos funcionam adequadamente, mas também no qual todos os nossos outros corpos funcionam adequadamente em sincronia com suas representações físicas. Em termos específicos, mesmo a saúde física define-se não apenas pelo funcionamento adequado dos órgãos físicos, como também pelo funcionamento adequado de seus campos morfogenéticos correlatos e do corpo mental correlato (que dá significado às experiências físicas e vitais), tudo em sincronismo.

O ativista quântico deve perceber que as doenças ocorrem não apenas em função da genética (como no caso de defeitos genéticos) como de fatores ambientais (mudanças climáticas, bactérias e vírus), mas também devido a experiências internas e ao ambiente interno criado pela recordação dessas experiências. A recordação de experiências internas também cria padrões de condicionamento (Mitchell & Goswami, 1992) pelos quais tendemos a perder a liberdade de escolher possibilidades saudáveis. Desse modo, a doença pode ocorrer no nível do corpo vital (doença do corpo vital), no nível da mente (doença do corpo e da mente) ou, mesmo, nos corpos supramental e sublime. Consequentemente, são cinco os níveis de doenças, correspondendo aos cinco corpos da consciência. A doença de um nível superior desce pelos níveis inferiores. Desse modo, um significado mental errado pode causar bloqueios da energia vital, o que, por sua vez, pode afetar o funcionamento do corpo físico. Portanto, faz sentido que a verdadeira cura de uma doença deva envolver o nível no qual a doença teve início. Ou seja, há cinco níveis de cura, correspondendo a cada um dos cinco níveis de doença.

O ativista quântico percebe desde o início que a medicina integrativa baseada na física quântica é fundamentalmente otimista. Se o mundo consiste de possibilidades, e não de eventos determinados, podemos ter a esperança de escolher a saúde e não a doença. Doença ou cura não precisam ser completamente objetivas. As experiências subjetivas e nossas atitudes para com elas têm seu papel. Usando a criatividade, o ativista quântico aprende a mudar sua atitude, adotando uma que leve da doença para a saúde e da saúde ordinária para a saúde positiva.

Um defeito da biologia materialista e da medicina alopática é que ambas são incapazes de incorporar adequadamente um importante aspecto dos organismos biológicos: a heterogeneidade. Na biologia convencional, baseada no determinismo genético, todas as diferenças individuais têm origem genética. Na medicina do corpo vital e na medicina mente-corpo, as diferenças individuais também provêm das diferenças na individualização do corpo vital e o mental.

Já mencionei que nossos órgãos físicos são representações de projetos de funções biológicas no campo morfogenético vital. O modo como usamos esses campos morfogenéticos no período de desenvolvimento e formação é que nos dá nossos tipos físicos.

Na medicina tradicional chinesa, identificam-se dois tipos de corpos. O tipo *yin* ocorre quando o condicionamento é o princípio operacional do uso dos campos morfogenéticos; e o tipo *yang*, quando os campos morfogenéticos são usados criativamente para enfrentar os desafios das mudanças ambientais durante o desenvolvimento. Na ayurveda, faz-se a distinção entre dois tipos de criatividade: a situacional, na qual a criatividade é usada apenas como combinação e permuta daquilo que já se sabe em contextos conhecidos; e a fundamental, na qual a criatividade é usada com um salto quântico descontínuo para explorar uma forma totalmente nova num novo contexto em questão. Desse modo, a ayurveda tem um tipo de corpo tríplice (chamado *dosha*): *kapha*, correspondendo ao modo de condicionamento; *vata*, correspondendo à criatividade situacional; e, finalmente, *pitta*, correspondendo à criatividade fundamental. Essa forma de tipologia também caracteriza o modo como o significado mental é mapeado no cérebro em nossos anos de formação; em outras palavras, temos um tríplice *dosha* mente-cérebro – intelectualidade, hiperatividade e sagacidade mental (Goswami, 2004).

Na verdade, geralmente temos uma mistura de todos os *doshas* vitais/físicos e mentais/cerebrais. Na ayurveda, a mistura de uma pessoa específica é chamada de *prokriti* dessa pessoa.

Para o ativista quântico, a manutenção da saúde em nível pessoal começa com o conhecimento do tipo de *prokriti* do corpo da pessoa. Para isso, pode ser necessário consultar um médico especializado. Os detalhes do uso desse conhecimento para manter a saúde podem ser encontrados em livros sobre ayurveda e medicina chinesa tradicional, e em Goswami (2004). Sugiro-lhe que procure essas informações.

Os chakras

A seguir, na linha de pontos importantes para o ativismo quântico na área de saúde e de cura, temos a investigação dos principais pontos de chakras – os lugares do corpo onde sentimos o movimento de energias vitais de forma notável. Os chakras são o foco de estudo da medicina energética e da psicologia energética, campos que têm se desenvolvido rapidamente (Page, 1992; Eden, 1998).

Como vimos antes, há sete chakras principais (Figura 14). A nova ciência diz que os chakras são pontos nos quais a consciência causa o colapso das representações físicas, os órgãos, juntamente com seus campos morfogenéticos. O que sentimos é o movimento destes; nosso sentimento específico num chakra depende fundamentalmente das funções biológicas dos órgãos físicos nesse chakra.

Como ativista quântico, sua primeira tarefa será explorar seus chakras e constatar diretamente os sentimentos associados a cada chakra. Se quiser ir mais fundo, experimente um exercício que vai lhe mostrar rapidamente como discernir e explorar o movimento da energia vital. Esfregue as palmas das mãos e depois afaste-as mais ou menos um centímetro, no estilo do gesto indiano oriental do *namaste*. Você vai sentir um formigamento. Convença-se de que ele não se deve ao fluxo sanguíneo ou ao movimento de impulsos nervosos. Depois, peça a um amigo para se sentar confortavelmente à sua frente. Em seguida, ative as palmas como antes, esfregando-as e aproximando-as do chakra cardíaco de seu amigo. Feche os olhos e tente sentir alguma mudança nos formigamentos. Não houve muita, não é? Agora, diga a seu amigo para pensar numa pessoa querida, ou melhor, visualizá-la, durante alguns minutos. Ative novamente as palmas das mãos e aproxime-as do chakra cardíaco de seu amigo. Desta vez, você vai perceber uma mudança significativa. O que aconteceu? A visualização de seu amigo ativou o chakra cardíaco dele.

O bloqueio da energia vital de um chakra pode levar ao mau funcionamento de um ou mais órgãos daquele chakra. Se prestarmos atenção sistematicamente em cada um dos chakras, poderemos evitar esses bloqueios energéticos. Ter um corpo vital saudável consiste em manter o movimento energético equilibrado em cada um dos chakras.

Você pode praticar facilmente o equilíbrio dos chakras com a ajuda de um amigo que também se interesse pela aplicação do ativismo quântico à saúde e à cura. Diga a seu amigo para energizar as palmas das mãos e levar as palmas energizadas para perto de cada um de seus chakras durante alguns segundos, como se massageasse seus chakras sem encostar em seu corpo físico. Será melhor que você fique deitado durante o exercício e mantenha a mente relaxada, receptiva e lúcida. Seu amigo deve começar a "massagem" pelo chakra coronário e terminar pelo chakra básico. Depois, seria justo se você retribuísse a gentileza.

O gerenciamento da doença crônica

Estima-se que setenta por cento dos gastos anuais com saúde nos EUA devam-se ao elevado custo de tratamento de doenças crônicas. Não existe cura para a doença crônica na medicina alopática. Os médicos receitam os mesmos remédios caros que os farmacêuticos administram rotineiramente. No curto prazo, esses remédios aliviam sintomas como a dor. Mas você precisa tomá-los sempre, e com o tempo seus efeitos colaterais irão afetá-lo.

Muitas doenças crônicas fazem parte de nosso processo de envelhecimento; surgem em função do desgaste de nossos órgãos. Em alguns casos, dispomos da tecnologia de substituição de órgãos, que é sempre onerosa e nem sempre disponível. Existe alguma alternativa a esses procedimentos dispendiosos? Sim. A medicina do corpo vital.

Órgãos são representações físicas de campos morfogenéticos do corpo vital, que são as matrizes dos órgãos. Para termos saúde e vitalidade, o órgão e sua matriz morfogenética correspondente devem funcionar em sincronia. Quando os órgãos se deterioram com o desgaste, as energias vitais não conseguem manter mais a sincronia com seus órgãos correspondentes, e essa falta de sincronia é parte daquilo que experimentamos na forma de doença crônica.

Se não podemos fazer uma substituição, e se não é viável consertar o órgão afetado e restaurar sua sincronia com sua contrapartida vital, é possível manipular os movimentos da energia vital para fazer com que recuperem a sincronia com o órgão desgastado. Se preferir, pode chamar isso de criatividade situacional. É isso que a acupuntura, a massagem terapêutica e a medicina homeopática e herbácea mais elaboradas (originárias da China e da Índia) procuram fazer. São baratas e sem efeitos colaterais.

Em última análise, isso também é temporário, pois o desgaste do órgão vai prosseguir com a idade e os tratamentos da medicina vital terão de ser repetidos, embora não com a mesma frequência que os remédios alopáticos.

Em princípio, mesmo uma cura permanente de uma condição crônica não está fora de cogitação na forma da aplicação da criatividade fundamental ao problema, realizando o que chamamos de cura quântica. Esse aspecto exige muita pesquisa.

Seja como for, mesmo a partir desta breve exposição, deve ter ficado claro que a medicina integrativa – usando remédios alopáticos para alívio imediato, usando práticas medicinais estabelecidas para o corpo vital para alívio intermediário, e a cura quântica para alívio permanente – é o caminho para o gerenciamento de doenças crônicas.

Cura mente-corpo

O fato de a mente atribuir um significado errôneo a uma experiência ser uma possível causa de doenças já foi bem estabelecido (Dossey, 1992). Um adolescente leva um fora da namorada e sofre. Ele decide, então, que se apaixonar é ruim, e dali em diante descarta todas as oportunidades de manter relacionamentos afetivos. A falta prolongada de atenção para com o chakra cardíaco (o chakra onde o romance é vivenciado) bloqueia o movimento da energia do coração e produz doenças no órgão relacionado com o chakra cardíaco, que é a glândula chamada timo. O timo é uma parte importante do sistema imunológico. Quando o sistema imunológico se descontrola, o corpo perde a capacidade de distinguir células potencialmente cancerosas e de matá-las. Isso pode levar a um crescimento maligno, ou câncer.

Como você impede que sua mente atribua um significado errôneo a uma situação? Há diversas práticas de manutenção da saúde mental, mas a principal é a meditação. O propósito da meditação é desacelerar a mente. Essa redução da atividade mental ajuda precisamente onde você sente dor. Ela nos impede de saltar até um significado errôneo; com efeito, ensina-nos a pensar bem antes de atribuir significado a uma experiência.

E se alguém adquiriu uma doença mente-corpo, como podemos curá-la? Tratamentos no nível físico ou mesmo no nível vital só vão eliminar os sintomas, não a causa. Contudo, se foi estabelecido um significado errôneo, produzindo bloqueios da energia vital num chakra e o consequente mau funcionamento de um órgão físico, não podemos curar a doença no nível mental.

O médico Deepak Chopra (1990) descobriu como acontece a cura espontânea (a cura sem a intervenção de procedimentos médicos). É a cura quântica, segundo ele. A cura quântica consiste num salto descontínuo desde a mente até o supramental – o reino dos contextos arquetípicos do significado mental.

Vamos voltar a nosso suposto jovem, cujo pensamento errôneo sobre o amor produz um bloqueio da energia vital em seu chakra cardíaco, levando-o a ter câncer. Para curar o câncer, ele precisa dar um salto quântico desde sua mente e suas representações mentais conhecidas do amor, até o supramental, encontrando diretamente o arquétipo do amor e redescobrindo novamente o valor do amor. Só assim a cura quântica poderá ocorrer!

Pesquisadores da criatividade mostraram que tais saltos quânticos do pensamento são muito facilitados seguindo-se as etapas de um processo criativo: fazer (preparação), ser (relaxamento), alternar fazer e ser (fazer-ser-fazer-ser-fazer), *insight* (salto quântico) e manifestação (integrar o *insight* a seu estilo de vida).

Quando estiver diante de uma doença mente-corpo, o ativista quântico, mesmo submetendo-se ao tratamento dos corpos físico e vital, respectivamente, com praticantes da medicina alopática e da alternativa, também deve participar do processo criativo, tendo em mente a cura quântica. E, quando estiver curado, deve manifestar o *insight* obtido em seu estilo de vida.

Nutrição para os cinco corpos

O ativista quântico precisa conhecer a importância da nutrição, não apenas do corpo físico, mas de todos os corpos: físico, vital, mental, supramental e o todo. Para nós, isso é nutrição holística, e é ela que pode nos proporcionar saúde positiva.

Boa parte do sucesso da medicina moderna deve-se ao fato de compreendermos a higiene, evitando estímulos e ambientes físicos nocivos. Do mesmo modo, devemos evitar estímulos mentais e vitais nocivos.

A psicóloga iogue Uma Krishnamurthy (2010) disse que "as emoções são tão contagiosas quanto bactérias e vírus". Por isso, uma boa estratégia para a saúde positiva é evitar ao máximo possível pensamentos e estímulos emocionais negativos.

Voltando à nutrição. A maior parte de nossos alimentos tem um componente físico e um vital a ele associado. Quando ingerimos alimentos, devemos nos lembrar também do componente vital, motivo pelo qual alimentos frescos são melhores do que os guardados, mesmo que no congelador. O modo como a carne é produzida nas culturas modernas sugere que não a comamos. Gado confinado será um gado irado (Robins, 1996), emoções que ficarão correlacionadas com a carne física. Quando comemos essa carne, estamos literalmente ingerindo bife "zangado"!

De modo geral, também sou contra alimentos geneticamente manipulados, pois não tenho certeza de que esses alimentos preservam o necessário ingrediente vital original do produto cultivado dessa forma. Será preciso pesquisar mais.

Além do alimento físico, a nutrição do vital é obtida por meio de relacionamentos emocionais positivos. Os alimentos para a mente são bons livros, boa música, arte evocativa, discussões estimulantes, e assim por diante.

Podemos também praticar diversos exercícios para cada corpo. Além de exercícios físicos para manter o corpo físico em forma, o ativista quântico dedica-se à *hatha yoga*, a exercícios respiratórios, ao *tai chi* e a artes marciais para exercitar o corpo vital. Para o corpo mental, o principal exercício é a meditação.

O objetivo do exercício vital e mental é desacelerar os pensamentos e as energias vitais para que haja mais momentos "inconscientes" entre pensamentos conscientes. Os pensamentos são objetos quânticos – ondas de possibilidades de significado. Entre dois pensamentos ou entre eventos de colapso, as ondas de significado proliferam em possibilidade, abrindo caminho para a escolha criativa. As escolhas criativas equivalem a saltos quânticos ao supramental, que é como "alimentamos" o supramental.

Para nutrir a plenitude que habita em nós, temos o sono profundo como parte de nossa existência manifestada. Se conseguirmos aprender a dormir criativamente (Goswami, 2008b, ver Capítulo 17), podemos nutrir todo o nosso *self* de forma bastante eficiente.

Impacto social

O impacto social dessas mudanças pessoais não pode ser menosprezado. A medicina integrativa abre a oportunidade para transformar uma sociedade orientada para a negatividade e o sofrimento numa sociedade orientada para a positividade e a felicidade. Não esperamos sofrer para nos preocuparmos com a saúde. Cuidamos da saúde continuamente, pois a saúde é um aspecto essencial da felicidade e, em última análise, da santidade.

Com a mudança de paradigma e a transformação da sociedade como indicado, nossos custos com a saúde vão baixar drasticamente. Em nossa jornada rumo a esse futuro, precisamos nos esforçar para que as organizações ligadas à saúde aceitem a medicina integrativa.

capítulo 19

nosso caminho de volta à educação liberal

Em toda essa conversa sobre mudança, a reforma da educação é uma prioridade, pois a educação norte-americana saiu de suas raízes liberais, orientadas para o significado, e rumou para um programa materialista e orientado para o trabalho, priorizando a quantidade sobre a qualidade, os mensuráveis sobre os intangíveis e a informação sobre o significado e a transformação.

De modo particular, o dogma materialista – tudo é matéria, todas as características são genéticas, tudo o que experimentamos internamente é produzido pelo cérebro, evolução é sinônimo de darwinismo, não há nada em nosso *self* além de condicionamento genético e psicossocial, e nossa própria consciência é um apêndice operacional sem qualquer poder ou eficácia causal – é ensinado desde cedo em nossas escolas, em parte de forma direta, em parte de forma indireta. Por isso, os jovens de hoje demonstram uma permanente dissonância cognitiva – falta permanente de sincronismo entre suas experiências e o sistema de crenças com o qual eles filtram suas experiências. Pode ser pior do que a educação recebida por uma criança de uma família fundamentalista religiosa. Pois, no caso desta, as escolas públicas apresentam um ponto de vista diferente, e pelo menos o estudante tem a vantagem de ter dois pontos de vista.

Felizmente, vemos novamente um movimento da consciência em ação. E, de forma inesperada, a ajuda está vindo dos cristãos fundamentalistas, do conflito entre cientistas orientados para o criacionismo ou para o desígnio inteligente e os darwinistas. Em muitos

Estados norte-americanos, as secretarias de educação e as assembleias legislativas não estão mais aceitando a hipótese de que uma exposição multicultural à ciência faz mal para o estudante.

O ativista quântico deve transferir essa inovação no caso do ensino da teoria da evolução para o ensino de todas as teorias científicas sempre que houver controvérsias, sempre que houver alternativas. Antes que um aluno aceite o dogma que diz que a consciência é um fenômeno do cérebro, que ele possa observar com equilíbrio os fatos (como o condicionamento, por exemplo) que apoiam abertamente a visão materialista e os fatos (como a criatividade) que contrariam abertamente essa posição. Que ele tenha a mesma exposição às teorias mecânicas e às teorias baseadas na consciência, tanto para o condicionamento como para a criatividade. Que a criatividade seja tão enfatizada na sala de aula quanto o aprendizado condicionado de rotinas, e que o estudante se decida quanto à fonte da criatividade – se a causação descendente ou a ascendente. Temos esse dever para com os nossos filhos.

Neste momento, é imperativo que comecemos a distinguir espiritualidade de religião, uma atitude que está sendo cada vez mais identificada como um pós-secularismo. Como demonstra este livro, a espiritualidade é científica, objetiva e universal. A religião, por sua vez, é apegada às escrituras, subjetiva e paroquial. É a religião que, com razão, deve ser proibida em nossas salas de aula, mas não a espiritualidade.

Na mesma medida, o materialismo científico que exclui outras metafísicas sem paradoxos, como a apresentada aqui, deve ser aceito pelo que ele é, ou seja, um dogma fundamentalista, tal como o fundamentalismo cristão ou de outra denominação, e uma atitude pós-secular também deve ser estimulada na prática e no ensino da ciência. Em outras palavras, a atitude multicultural e pós-secular deve prevalecer na ciência, sempre que seres humanos estiverem envolvidos.

Um ponto em questão é a educação na área da saúde. Neste momento, a maioria dos estudantes aprende apenas a visão alopática, enfatizando somente o corpo material. Devemos insistir para que a visão da medicina alternativa sobre a importância do corpo vital não material e da mente não material obtenha a mesma ênfase. Isso também vai abrir caminho para os aspectos emocionais do ser. Nesse momento, a educação está focada na cabeça, prejudicando os artistas e humanistas em potencial. Precisamos de uma ênfase equilibrada entre razão e emoção, cabeça e coração, para fazer justiça à parte sensível e emocional da população estudantil (que pode muito bem ser a maioria).

Do mesmo modo, os educadores sexuais das escolas devem complementar suas orientações materialistas e mecânicas com ensinamentos sobre aquilo que é sutil – que fazer sexo também é fazer amor. Quem sabe isso abra as portas para a educação sobre a educação parental; quem sabe as jovens compreendam seus instintos maternais e os jovens conheçam a sensibilidade paterna.

Da máquina para a mente: da informação para o significado

Em 2005, foi feita uma enquete, por meio da qual se descobriu que a compreensão do significado está decaindo rapidamente entre os adolescentes norte-americanos, que não conseguem sequer entender uma simples tabela de dados. Os pesquisadores não conseguiram descobrir o motivo. Creio que a causa está na cultura atual, que não proporciona ao estudante condições para se manter atento. Nem todos sofrem do distúrbio do déficit de atenção, que é uma condição patológica. Mas é fato que a maioria dos estudantes atuais tem dificuldade para prestar atenção. E o principal culpado disso é o vício em máquinas como computadores, celulares e televisão. No computador e na TV, tudo se move depressa, o celular pode se manter sempre ativo, quem tem tempo para algo que exige um pouco de paciência, como o processamento de significados?

Nas histórias em quadrinhos, Zits, o herói adolescente, reclama com seu pai sobre a tarefa de casa, a leitura de *Grandes esperanças*, de Dickens. Ele resmunga que os autores deveriam ser capazes de fazer algo significativo em até cem páginas. "Estou dizendo que, se você não conseguiu dizer em cem páginas, talvez não mereça ser dito." Essa é a atitude típica dos estudantes atuais.

A verdade, acompanhando a posição do professor Alan Bloom, é que hoje ensinamos literatura às crianças mais como informação do que como transmissora de grandes significados, coisas sobre as quais deveríamos ponderar. Assim, os alunos recebem enormes trabalhos de leitura e quase não têm tempo para ler, muito menos para assimilar seu significado e ponderar sobre ele.

Tanto a criatividade como o processamento de significado sofrem por causa da velocidade da vida educacional de hoje. Isso precisa mudar. Na Itália, percebi o início de um movimento *slow food* para equilibrar nossa propensão a refeições rápidas. Do mesmo modo, precisamos de um movimento de volta às raízes para a desaceleração da educação. Se ela não preparar nossos filhos com treinamento adequado para trabalharem nesse ambiente profissional acelerado, paciência. A mudança irá torná-los inteligentes, a ponto de mudarem os locais de trabalho, algo que se fará cada vez mais necessário com a mudança da economia atual – voltada para o consumismo – para a economia mais espiritual e equilibrada.

O retorno à ênfase sobre o processamento de significados também exige que o foco da educação mude da atual ênfase no treinamento profissional para administração, ciência (inclusive ciências sociais) e tecnologia para a antiga ênfase sobre artes liberais, na qual as artes e as humanidades eram tão enfatizadas quanto a ciência e os negócios. Em outras palavras, precisamos complementar a educação do saber-como com o saber-por quê. Podemos fazê-lo sem sair do foco sobre o saber-como, que é importante para lidarmos com o mundo dominado pelas máquinas que criamos. Mas devemos equilibrar a educação do saber-como com o saber-por quê, com a metafísica, a mitologia e o significado, para que tenhamos consciência do quem somos de fato.

Ensinando inteligência emocional

Li esta história. Um jovem estava brincando no computador. De repente, sua mãe entrou no quarto. Ele viu a mãe e lembrou-se de algo que foi discutido numa aula, não fazia muito tempo. Impetuosamente, ele disse: "Mãe, se eu me tornar dependente de uma máquina para me manter vivo, tire-a da tomada. Não quero ser mantido desse jeito". A mãe calmamente tirou o fio do computador do jovem da tomada.

Na vida real, porém, quantas mães de hoje estão conscientes dos perigos de as crianças crescerem diante de computadores e máquinas de modo geral? Hoje, literalmente, vemos rapazes e moças andando juntos e conversando animadamente, não um com o outro, mas em seus celulares. Conversar com uma máquina ou escrever em uma máquina (como nos *e-mails*) é confortável e seguro para nossos jovens. Eles estão evitando o encontro com pessoas reais, pessoas com sentimentos.

Devo dizer que precisamos urgentemente de percepção-consciente nessa área e começar algum ensinamento ativo da inteligência emocional, embora isso requeira uma profunda discussão sobre como fazê-lo. Uma possibilidade é fazê-lo por meio da educação sobre a saúde, ampliando o conceito de saúde para que abranja a saúde emocional e a mental.

Ensinando valores e ética

Finalmente, vamos discutir a questão do ensino de valores e ética. No passado, podíamos contar com as religiões para o ensino de valores e ética a nossos filhos. Depois, a educação secular exigiu que valores e ética não fossem ensinados nas escolas públicas, pois fazem parte da "religião". Mas, agora, o ensino religioso não faz mais parte da experiência de vida de muitas crianças. Então, com quem eles vão aprender valores? Para piorar, vemos a contínua chuva de dogmas materialistas na mídia, apontando para uma natureza global existencialista e sem significado. Da televisão e dos jogos para computador, eles recebem o cinismo diante da violência. Dos pais, eles recebem a vida agitada, fazer-fazer-fazer, sem tempo para lazer, significado e espiritualidade.

Não é de espantar, portanto, que, na eleição presidencial norte-americana de 2004, muitos eleitores tenham votado num partido com base da "aparência" de ênfase em valores desse partido.

O que será justo? Como tornar a educação baseada em valores acessível a todos, não apenas à população religiosa? Aceitando, e ensinando em nossas escolas públicas, a ideia de que existe uma nova ciência baseada na primazia da consciência, restabelecendo o valor do significado e dando sólidas bases científicas para a ética. O outro lado da moeda também é válido. Se os materialistas quiserem ensinar sua versão e dizer que não existe significado no mundo, e que não precisamos seguir ética alguma, que tenham sua oportunidade.

Resumindo, eis nosso plano para o ativismo quântico como promotor de mudanças em nosso sistema educacional.

- Precisamos ficar de olho na furtiva introdução de quaisquer dogmas materialistas nos livros de consulta das escolas públicas (semelhante à vigília que mantemos contra o ensino de dogmas religiosos). Sempre que forem encontrados tais dogmas, insistamos para que sejam equilibrados com alternativas apropriadas, inclusive espirituais (mas não religiosas).
- Devemos voltar a enfatizar as artes liberais, diminuindo um pouco a atual ênfase na ciência orientada para a matéria e os negócios. Isso é essencial para que haja uma integração interior-exterior na educação.
- Devemos complementar a atual educação "rápida" de treinamento para informações com a educação "lenta", exigida pelo

processamento de significados. Também devemos complementar a ênfase educacional no saber-como com o saber-por quê.

- Precisamos entender que a educação deve ser um equilíbrio entre o ensino do condicionamento e o ensino da criatividade. Juntamente com as três habilidades convencionais (ler, escrever e fazer contas), também devemos enfatizar os três "I" (imaginação, intuição e *insight*) para a educação nas escolas públicas.
- Devemos levar a energia emocional para a educação, equilibrando a excessiva orientação para o pensamento, harmonizando cabeça e coração. Provavelmente, isso pode ser feito mediante uma educação de saúde com a abrangência levemente aumentada. Isso vai dar início ao processo de integração masculino-feminino que será muito importante para a nossa evolução.
- Precisamos fazer com que a educação da ética e dos valores espirituais seja reconhecida como parte integrante das escolas públicas. Assim, a integração do transcendente e do imanente pode começar mais cedo.

capítulo 20

2012 e além

As pessoas estão excitadas com a ideia de que, aparentemente, um dos calendários maias conhecidos termina no ano de 2012. Será o prenúncio de um apocalipse?

Como seres humanos, adoramos cenários apocalípticos. As nossas principais tradições espirituais vivem deles. Os cristãos têm sua Segunda Vinda, o judaísmo tem o surgimento do Messias, os hindus têm o conceito da mudança de *yugas* com a vinda do avatar Kalki, os budistas têm a vinda do *bodhisattva* Maitreya e os seguidores de Zoroastro ainda colocam nesse cenário apocalíptico a ideia de um grande adeus e de uma saída coletiva. Será que 2012 é a culminação de todas essas previsões, o que significaria que não seria apenas o ano do fim do mundo como o conhecemos, mas o início de uma nova era?

Já vimos essa excitação antes; como disse, parece que adoramos cenários apocalípticos. Ficamos bastante agitados quando o novo milênio começou no ano 2000, com a previsão de colapso mundial dos computadores e coisas do gênero. Falando de modo realista, como cientista da evolução, o que posso acrescentar às crescentes especulações sobre o significado de 2012?

Se analisarmos os dados fósseis, veremos como é notável que as maiores eras de progresso macroevolucionário ocorreram em associação com catástrofes geológicas. Mas todas tratam da evolução da dupla vital/física. A evolução humana tem sido a evolução da capacidade mental de processar significados (ver Capítulo 6). As etapas de tal evolução não estão associadas a nenhuma mudança das espécies; não foi necessária nenhuma criatividade além da criatividade mental para as etapas evolucionárias já percorridas, e não existe registro de nenhuma catástrofe geológica ou, mesmo, histórica associada a nenhuma delas. Por que a próxima etapa da evolução da mente, passando da mente racional para a intuitiva, deveria ser diferente?

No Capítulo 11, compartilhei com você meu cenário futurístico de como se dará a próxima etapa da evolução. Pela evolução lamarckiana, os campos morfogenéticos de circuitos cerebrais de emoções positivas que desenvolvemos agora serão compartilhados universalmente por todos os seres humanos num período de seis a sete gerações, ao mesmo tempo em que praticamente todos os seres humanos vão nascer com circuitos do amor em seus cérebros. Quando começarmos a dominar as energias do amor, o centro de massa de nosso processamento de significados vai passar para os arquétipos supramentais e terá início o último estágio da era mental.

Será que 2012 é uma metáfora para tal deslocamento evolucionário? Pode ser. Mas não consigo deixar de pensar. Será que vai acontecer alguma coisa em 2012 que poderia ajudar o cenário evolutivo descrito acima? Se não for um *big bang*, pelo menos uma grande lamúria? Lembre-se, a frase importante é esta: "o mundo como o conhecemos vai terminar em 2012". Richard Bach não escreveu: "O que a lagarta chama de fim do mundo o mestre chama de borboleta"?

Suponha que, estimulados pelo sucesso de instalar o ativismo quântico como agente de mudança viável, numa bela manhã de 2012 (que será um ano eleitoral nos Estados Unidos), o presidente Obama faça uma declaração, dizendo que, dali em diante, as agências governamentais serão orientadas para conceder verbas substanciais de pesquisa sobre a ciência dentro da consciência. Seriam verbas para a pesquisa de assuntos, como a autenticidade causal da causação descendente, a relação entre ciência e religião num mundo pós-secular, medicina integrativa, cura quântica, economia espiritual, criatividade na educação, e assim por diante.

Digo que isso produziria uma reação em cadeia, como podemos observar a seguir.

- Da noite para o dia, as universidades norte-americanas fundariam departamentos de pesquisa da consciência; expulsariam economistas matemáticos de seus departamentos de Economia, substituindo-os por economistas espirituais. Elas também exigiriam que seus pesquisadores cognitivos começassem a estudar os estados superconscientes. E, em pouco tempo, as universidades do resto do mundo iriam acompanhá-las.

- Empresas, inclusive grandes empresas, fundariam divisões de produção de energia sutil.
- Os CEOs de todos os bancos financeiros renunciariam em massa.
- O Papa admitiria a autenticidade do conceito da evolução criativa quatro anos após a publicação do conceito, em vez de esperar os 150 anos que o Vaticano demorou para admitir a teoria de Darwin.
- O Congresso dos Estados Unidos aprovaria uma lei sobre a saúde realmente abrangente, incluindo a medicina alternativa como o sistema padrão para todas as condições crônicas. E o mundo se rejubilaria. Finalmente, a limitação dos custos com a saúde estaria em nossas mãos.
- Os políticos do Oriente Médio de todas as denominações sentar-se-iam diante de uma mesa de conferências e começariam a fazer um *brainstorming* dedicado a invocar a consciência quântica para solucionar seus conflitos.
- A história da descoberta científica de Deus se espalha pela mídia como fogo no mato.
- Aquecimento global...

Devo estar sonhando. Será?

bibliografia

ABURDENE, P. *Megatrends 2010.* Charlottesville, VA: Hampton Roads, 2005. [Megatrends 2010. Rio de Janeiro: Campus, 2006.]

AGER, D. The nature of fossil record. *Proceedings of the Geological Association,* v. 87, 1981, p. 131-159.

AMABILE, T. Within you, without you: the social psychology of creativity and beyond. In: RUNCO, M. A. & ALBERT, R. S. (Eds.). *Theories of creativity*. Newbury Park, CA: Sage, 1990.

ASPECT, A., DALIBAR, J. & ROGER, G. Experimental test of Bell's inequalities with time varying analyzers. *Physical Review Letters,* v. 49, 1982, p. 1804-1086.

AUROBINDO, S. *The life divine.* Pondicherry, India: Sri Aurobindo Ashram, 1996. [La vida divina. Buenos Aires: Kier, 1980. 3 v.]

BACHE, C. *Dark night, early dawn.* Albany, NY: SUNY Press, 2000.

BARRETT, R. *Liberating the corporate soul.* Boston: Butterworth- Heinemann, 1998. [Libertando a alma da empresa. São Paulo: Cultrix. 2000.]

BASS, L. The mind of Wigner's friend. *Hermathena,* n. 112. Dublin: Dublin University Prsss, 1971, p. 52-68.

BATESON, G. *Mind and nature.* Nova York: Bantam, 1980. [*Mente e natureza.* Rio de Janeiro: Francisco Alves, 1986.]

BEHE, M. J. *Darwin's black box.* Nova York: Simon & Schuster, 1996. [A caixa preta de Darwin. Rio de Janeiro: Zahar, 1997.]

BELL, J. S. On the Einstein, Podolsky, Rosen paradox. *Physics,* v. 1, 1965, p. 195-200.

BLOOD, C. On the relation of the mathematics of quantum mechanics to the perceived physical universe and free will. Camden, NJ: Rutgers University, 1993. (Preprint.)

______. *Science, sense, and soul.* Los Angeles: Renaissance Books, 2001.

BLOOM, A. *The closing of the American mind.* Nova York: Touchstone, 1988. [El cierre de la mente moderna. Barcelona: Plaza y Janés, 1989.]

BOHM, D. *Wholeness and implicate order.* Londres: Rutledge & Kegan Paul, 1980. [*Totalidade e a ordem implicada.* São Paulo: Madras, 2008.]

BOLEN, J. S *Goddesses in everywoman.* San Francisco: Harper & Row, 1984. [*As deusas e a mulher.* 8.ed. São Paulo: Paulus, 2012.]

______. *Gods in everyman.* San Francisco: Harper & Row, 1989. [*Os deuses e o homem.* São Paulo: Paulus, 2002.]

BRIGGS, J. *Fire in the crucible.* Los Angeles: J. P. Tarcher, 1990.

BYRD, C. Positive and therapeutic effects of intercessor prayer in a coronary care unit population. *Southern Medical Journal,* v. 81, 1988, p. 826-29.

CAPRA, F. *The tao of physics.* Nova York: Bantam, 1975. [*O tao da física.* São Paulo: Cultrix, 2011.]

CHALMERS, D. *Toward a theory of consciousness.* Cambridge, MA: MIT Press, 1995.

CHOPRA, D. *Quantum healing.* Nova York: Bantam-Doubleday, 1990. [*A cura quântica.* 44 ed. Rio de Janeiro: Best Seller, 2008.]

COHEN, A. & WILBER, K. The second face of God. *EnlightenNext,* n. 45, 2009, p. 44-53.

CSIKSZENTMIHALYI, M. *Flow:* the psychology of optimal experience. Nova York: Harper & Row, 1990. [*Fluir.* Lisboa: Relógio d'Água, 2002.]

DARWIN, C. *On the origin of species by means of natural selection or the preservation of favored races in the struggle for life.* Londres: Murray, 1859. [*A origem das espécies.* São Paulo: Martin Claret, 2014.]

DAWKINS, R. *The selfish gene.* Nova York: Oxford University Press, 1976. [*O gene egoísta.* São Paulo: Companhia das Letras, 2007.]

D'ESPAGNAT, B. *In search of reality.* Nova York: Springer-Verlag, 1983. [En busca de lo real. Madrid: Alianza, 1983.]

DEVALL, B. & SESSIONS, G. *Deep ecology.* Salt Lake City, UT: G. M. Smith, 1985. [Ecologia profunda. Águas Santas, PT: Sempre em Pé, 2004.]

DOSSEY, L. *Space, time, and medicine.* Boulder, CO: Shambhala, 1982. [*Espaço, tempo e medicina.* São Paulo: Cultrix, 1998.]

______. *Meaning and medicine.* Nova York: Bantam, 1992.

EDEN, D. *Energy medicine.* Nova York: J. P. Tarcher/Putnam, 1998. [Medicina energética. 3 ed. Barcelona: Obelisco, 2011.]

______. *Energy psychology.* Putnam: J. P. Tarcher, 1999.

EINSTEIN, A., PODOLSKY, B. & ROSEN, N. Can quantum mechanical description of physical reality be considered complete? *Physical Review Letters,* v. 47, 1935, p. 777-780.

ELDREDGE, N. & GOULD, S. J. Punctuated equilibria: an alternative to phyletic gradualism. In: SCHOPF, T. J. M. (Ed.). *Models in paleobiology.* San Francisco: Freeman, Cooper, 1972.

ELIOT, T. S. *Four quartets.* Nova York: Harcourt, Brace & Jovanovich, 1943. [*Quatro quartetos.* Lisboa: Relógio d'Água, 2004.]

FERGUSON, M. *The aquarian conspiracy.* Los Angeles: J. P. Tarcher, 1980. [A conspiração aquariana. 14.ed. Rio de Janeiro: Nova Era, 2009.]

FEYNMAN, R. P. Simulating physics with computers. *International Journal of Theoretical Physics,* v. 21, 1981, p. 467-88.

FRIEDMAN, T. L. *The world is flat.* Nova York: Farrar, Straus & Giroux, 2005. [*O mundo é plano.* São Paulo: Companhia das Letras, 2014.]

GOLEMAN, D. *Emotional intelligence.* Nova York: Bantam, 1995. [*Inteligência emocional.* Rio de Janeiro: Objetiva, 2001.]

GOODWIN, B. *How the leopard changed its spots:* the evolution of complexity. Nova York: C. Scribner's Sons, 1994.

______. *Resilient economics.* Totnes, UK: Schumacher College, 2009.

GOSWAMI, A. Creativity and the quantum theory. *Journal of Creative Behavior,* v. 22, 1988, p. 9-31.

______. The idealist interpretation of quantum mechanics. *Physics Essays*, v. 2, 1989, p. 385-400.

______. *The self-aware universe:* how consciousness creates the material world. Nova York: Tarcher/Putnam, 1993. [*O universo autoconsciente:* como a consciência cria o mundo material. 2 ed. São Paulo: Aleph, 2008.]

______. *Quantum creativity.* Cresskill, NJ: Hampton Press, 1999. [*Criatividade para o século 21.* São Paulo: Aleph, 2008.]

______. *The visionary window:* a quantum physicist's guide to enlightenment. Wheaton, IL: Quest Books, 2000. [*A janela visionária:* um guia para a iluminação por um físico quântico. São Paulo: Cultrix, 2006.]

______. *Physics of the soul.* Charlottesville, VA: Hampton Roads, 2001. [*A física da alma.* 2.ed. São Paulo: Aleph, 2008.]

______. *The quantum doctor.* Charlottesville, VA: Hampton Roads, 2004. [*O médico quântico.* São Paulo: Cultrix, 2006.]

______. Toward a spiritual economics. *Transformation,* n. 2, 3, 4. World Business Academy, 2005.

______. *God is not dead.* Charlottesville, VA: Hampton Roads, 2008a. [*Deus não está morto.* São Paulo: Aleph, 2008.]

______. *Creative evolution.* Wheaton, IL: Theosophical Publishing House, 2008b. [*Evolução criativa das espécies.* São Paulo: Aleph, 2009.]

GREEN, E. E. & GREEN, A. M. *Beyond biofeedback.* Nova York: Delacorte, 1977.

GRINBERG-ZYLBERBAUM, J., DELAFLOR, M., ATTIE, L. & GOSWAMI, A. Einstein Podolsky Rosen paradox in the human brain: the transferred potential. *Physics Essays,* v. 7, 1994, p. 422-428.

GROF, S. *The holotropic mind.* San Francisco: HarperSanFrancisco, 1992. [*A mente holotrópica.* Rio de Janeiro: Rocco, 1994.]

______. *The cosmic game.* Albany, NY: SUNY Press, 1998. [O jogo cósmico. São Paulo: Atheneu, 1999.]

HARMAN, W. *Global mind change.* Indianapolis: Knowledge Systems, 1988.

HARMAN, W. & RHEINGOLD, H. *Higher creativity.* Los Angeles: J. P. Tarcher, 1984. [Máxima creatividad. Buenos Aires: Aletheia, 1986.]

HO, M. W. & SAUNDERS, P. T. (Eds.). *Beyond neo-darwinism:* an introduction to the new evolutionary paradigm. Londres: Academic Press, 1984.

HOFSTADTER, D. R. *Gödel, Escher, Bach:* the eternal golden braid. Nova York: Basic Books, 1980. [Gödel, Escher, Bach: um entrelaçamento de gênios brilhantes. Brasília: Ed. UnB, 2001.]

JAHN, R. The persistent paradox of psychic phenomena: an engineering perspective. *Proceedings of the IEEE,* v. 70, 1982, p. 135-170.

JAHN, R. & DUNN, B. On the quantum mechanics of consciousness, with application to anomalous phenomena. *Foundations of Physics,* v. 16, n. 8, 1986, p. 721-772.

JUNG, C. G. *The portable Jung.* Nova York: Viking, 1971. J. Campbell (Ed.).

KEYNES, J. M. *The collected writings of John Maynard Keynes.* Londres: Palgrave Macmillan, 1977.

KRISHNAMURTHY, U. *Living with the sacred.* 2010. (Manuscrito não publicado).

KUMAR, Satish. Economics of place. Resurgence & Ecologist, n. 253, Mar./Apr. 2009.

LASZLO, E. *Science and the akashic field.* Rochester, VT: Inner Traditions, 2004. [*A ciência e o campo akáshico.* São Paulo: Cultrix, 2008.]

LIBET, B. Unconscious cerebral initiative and the role of conscious will in voluntary action. *Behavioral and Brain Sciences,* v. 8, 1985, p. 529-566.

LIBET, B., WRIGHT, E., FEINSTEIN, B. & PEARl, D. Subjective referral of the timing for a cognitive sensory experience. *Brain,* v. 102, 1979, p. 193.

LIEM, I. *Interdependent economy.* Holland: iUniverse, 2005.

LOVELOCK, J. E. *Gaia:* a new look at life on Earth. Oxford: Oxford University Press, 1982. [Gaia: um novo olhar sobre a vida na terra. Lisboa: Edições 70, 1987.]

MASLOW, A. H. *The further reaches of human nature.* Nova York: Viking, 1971. [La amplitud potencial de la naturaleza humana. 2. ed. Mexico: Trilhas, 1990.]

MITCHELL, M. & GOSWAMI, A. Quantum mechanics for observer systems. *Physics Essays,* v. 5, 1992, p. 526-529.

PAGE, C. *Frontiers of health.* Saffron Walden, UK: C. W. Daniel, 1992.

PATTEN, T. Cross training for the soul. *EnlightenNext,* n. 45, 2009, p. 83-94.

PENROSE, R. *The emperor's new mind.* Nova York: Penguin, 1991. [A nova mente do rei. Rio de Janeiro: Campus, 1995.]

PERES, A. & ZUREK, W. H. *American Journal of Physics,* v. 50, 1982, p. 807.

RADIN, D. *The conscious universe.* Nova York: HarperEdge, 1997.

______. *Entangled minds.* Nova York: Paraview Pocket Books, 2006. [*Mentes interligadas.* São Paulo: Aleph, 2008.]

RAY, M. & MYERS, R. *Creativity in business.* Garden City, NY: Doubleday, 1986. [*Criatividade nos negócios.* Rio de Janeiro: Record, 1996.]

RAY, P. & ANDERSON, S. *The cultural creatives.* Nova York: Harmony Books, 2000.

REPS, P. *Zen flesh, zen bones.* Rutland, VT: C. E. Tuttle, 1957.

RING, K. *Heading toward omega.* Nova York: William Morrow, 1984. [Rumo ao ponto ômega. Rocco, Rio de Janeiro, 1996.]

ROBINS, J. *Reclaiming Our Health.* Tiburon, CA: H. J. Kramer, 1996.

ROBINSON, H. J. A theorist's philosophy of science. *Physics Today,* v. 37, 1984, p. 24-32.

SABEL, A., CLARKE, C. & FENWICK, P. Intersubject EEG correlations at a distance – the transferred potential. In: ALVARADO, C. S. (Ed.). *Proceedings of the 46th Annual Convention of the Parapsychological Association,* Nova York, 2001, p. 419-422.

SABOM, M. *Recollections of death:* a medical investigation. Nova York: Harper & Row, 1982.

SAMUELSON, P. A. & NORDHAUS, W. D. *Economics.* Boston: Irwin/McGraw-Hill, 1998. [Economia. 19. ed. Porto Alegre: Mcgraw-Hill, 2012.]

SCHMIDT, H. Observation of a psychokinetic effect under highly controlled conditions. *Journal of Parapsychology,* v. 57, 1993, p. 351-372.

SCHUMACHER, E. F. *Small is beautiful.* Londres: Blond and Briggs, 1973. [*O negócio é ser pequeno.* Rio de Janeiro: Zahar, 1983.]

______. *A guide for the perplexed.* Nova York: Harper & Row, 1977. [Um guia para os perplexos. Lisboa: Dom Quixote, 1987.]

SEARLE, J. Minds and brains without programs. In: BLACKMORE, C. & GREENFIELD, S. (Eds.). *Mind waves.* Oxford: Basil Blackwell, 1987.

______. *The rediscovery of the mind.* Cambridge, MA: MIT Press, 1994. [*A redescoberta da mente.* São Paulo: Martins Fontes, 2006]

SEN, A. *Development as freedom.* Nova York: Knopf, 1999. [*Desenvolvimento como liberdade.* São Paulo: Companhia das Letras, 2010.]

SHELDRAKE, R. *A new science of life.* Los Angeles: J. P. Tarcher, 1981. [Uma nova ciência da vida. São Paulo: Cultrix, 2014.]

SMITH, A. *The wealth of nations.* Nova York: Modern Library, 1994. [*A riqueza das nações.* 2 ed. São Paulo: Martins Fontes, 2012. 2 v.]

SMYTHIES, J. R. *The walls of Plato's cave:* the science and philosophy of brain, consciousness, and perception. Aldershot, UK: Avebury, 1994.

STANDISH, L. J., KOZAK, L., JOHNSON, L. C. & RICHARDS, T. Electroencephalographic evidence of correlated event-related signals between the brains of spatially and sensory isolated human subjects. *Journal of Alternative and Complementary Medicine,* v. 10, 2004, p. 307-314.

STAPP, H. P. *Mind, matter, and quantum mechanics.* Nova York: Springer-Verlag, 1993.

STEVENSON, I. *Twenty cases suggestive of reincarnation.* Charlottesville, VA: University Press of Virginia, 1974. [Reencarnação: vinte casos. São Paulo: Vida e Consciência, 2010.]

______. Research into the evidence of man's survival after death. *Journal of Nervous and Mental Disease,* v. 165, 1977, p. 153-183.

______. *Children who remember previous lives:* a question of reincarnation. Charlottesville, VA: University Press of Virginia, 1987.

TAIMNI, I. K. *The science of yoga.* Wheaton, IL: Theosophical Publishing House, 1961. [*A ciência do yoga.* 5.ed. Brasília: Teosófica, 2015.]

TEASDALE, W. *The mystic heart.* Novato, CA: New World Library, 1999.

TEILHARD DE CHARDIN, P. *The phenomenon of Man.* Nova York: Harper & Row, 1961. [*O fenômeno humano.* 14.ed. São Paulo: Cultrix, 1995.]

TILLER, W. A., DIBBLE, W. E. & KOHANE, M. J. *Conscious acts of creation.* Walnut Creek, CA: Pavior Publishing, 2001.

TOMS, M. & TOMS, J. W. *True work:* the sacred dimension of earning a living. Nova York: Harmony Books, 1998.

VON NEUMANN, J. *Mathematical foundations of quantum mechanics.* Princeton, NJ: Princeton University Press, 1955.

WACKERMANN, J., SEITER, C. & HOLGER, K. Correlation between brain electrical activities of two spatially separated human subjects. *Neuroscience Letters,* v. 336, 2003, p. 60-64.

WALLAS, G. *The art of thought.* Nova York: Harcourt, Brace & World, 1926.

WILBER, K. *The spectrum of consciousness.* Wheaton, IL: Theosophical Publishing House, 1977. [*O espectro da consciência.* 7.ed. São Paulo: Cultrix, 2010.]

______. *Up from Eden.* Garden City, NY: Anchor/Doubleday, 1981. [Éden: queda ou ascensão?: uma visão transpessoal da evolução humana. Campinas, SP : Verus, 2010.]

______. *Integral psychology.* Boston: Shambhala, 2000. [*Psicologia integral.* 3 ed. São Paulo: Cultrix, 2011.]

______. *Integral spirituality.* Boston: Integral Books, 2006. [*Espiritualidade integral.* São Paulo: Aleph, 2006.]

WYLLER, A. *The creating consciousness.* Denver, CO: Divina, 1999.

ZOHAR, D. & MARSHALL, I. *The quantum society.* Nova York: Harper Perennial, 1995. [*Sociedade quântica.* 2 ed. São Paulo: Best Seller, 2006.]

TIPOLOGIA: Candida [texto]
Ocean Sans MM [entretítulos]
PAPEL: Pólen Soft 80 g/m² [miolo]
Supremo 250 g/m² [capa]
IMPRESSÃO: Paym Gráfica [novembro de 2019]
1ª EDIÇÃO: julho de 2010
2ª EDIÇÃO: setembro de 2015 [3 reimpressões]